珍藏本
纪念版

汉译世界学术名著丛书

经济学与经济政策

〔英〕阿列克·凯恩克劳斯 著

李琮 译

商务印书馆
SINCE1897
The Commercial Press

2017年·北京

Alec Cairncross
ECONOMICS AND ECONOMIC POLICY
本书根据 Basil Blackwell Ltd 1986 年版译出

汉译世界学术名著丛书
（120年纪念版·珍藏本）
出 版 说 明

2017年2月11日，商务印书馆迎来120岁的生日。120年前，商务印书馆前贤怀揣文化救国的理想，抱持“昌明教育，开启民智”的使命，立足本土，放眼寰宇，以出版为津梁，沟通中西，为中国、为世界提供最富智慧的思想文化成果。无论世事白云苍狗，潮流左右激荡，甚至战火硝烟弥漫，始终践行学术报国之志，无改初心。

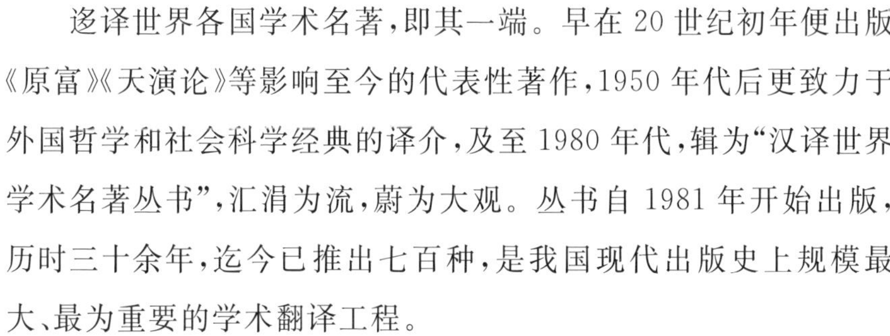

迻译世界各国学术名著，即其一端。早在20世纪初年便出版《原富》《天演论》等影响至今的代表性著作，1950年代后更致力于外国哲学和社会科学经典的译介，及至1980年代，辑为“汉译世界学术名著丛书”，汇涓为流，蔚为大观。丛书自1981年开始出版，历时三十余年，迄今已推出七百种，是我国现代出版史上规模最大、最为重要的学术翻译工程。

丛书所选之书，立场观点不囿于一派，学科领域不限于一门，皆为文明开启以来，各时代、各国家、各民族的思想与文化精粹，代表着人类已经到达过的精神境界。丛书系统译介世界学术经典，引领时代思想，为本土原创学术的发展提供丰富的文化滋养，为推动中国现代学术和现代化进程做出了突出的贡献。

为纪念商务印书馆成立120周年，我们整体推出“汉译世界学术名著丛书”120年纪念版的珍藏本，寄望既利于文化积累，又便于研读查考，同时向长期支持丛书出版的译者、编者和读者致以敬意。

两甲子后的今天，商务印书馆又站在了一个新的历史时间节点上。我们不仅要铭记先辈的身影和足迹，更须让我们的步伐充满新的时代精神。这是商务人代代相传的事业，更是与国家和民族的命运始终紧密相连的事业。我们责无旁贷，必须做好我们这代人的传承与创造，让我们的努力和成果不仅凝聚成民族文化的记忆，还能成为后来人可以接续的事业。唯此，才能不负前贤，无愧来者。

商务印书馆编辑部

2017年10月

译者序

《经济学与经济政策》一书，是当代英国著名经济学家阿列克·凯恩克劳斯的一部重要著作。

阿列克·凯恩克劳斯爵士，1946—1949年曾任英国贸易委员会经济顾问，1949—1950年任经济合作与发展组织经济顾问，1964—1969年任英国政府经济咨询服务委员会主席，以后从事教育工作和学术活动。曾任牛津圣彼得学院院长，现任格拉斯哥大学校长。他著作颇多，其中包括《经济学导论》(1944年出版，现已出至第6版)、《经济管理论文集》(1971年)、《恢复年代》(1985年)等。他曾于1979年率领英国学术院代表团访华。此后，他又多次应邀来我国参加各种学术活动，包括1985年的“巴山轮讨论会”，对我国的经济改革和建设，提出了不少宝贵的建议，对促进中英两国间的学术交流做出了贡献。

本书是一本演讲集，共收录了作者近些年来在各种场合所发表的演讲13篇。这些演讲涉及西方经济学和经济政策中广泛的理论和实际问题，包括如何看待经济学理论，如何把理论应用于经济政策的制定，如何发挥经济学家的作用，如何使经济学家与实际工作者相结合，对市场调节和国家调节二者短长的分析，如何使二者相配合，对凯恩斯主义的评介，计划工作应遵循的原则，如何在变化不定的条件下进行计划工作和进行决策，影子价格的作用，技

术创新在经济发展中的重要性,技术和自然资源在经济发展中各起什么作用,对经济发展理论的评价,货币政策和财政政策的比较,对作为政策手段的汇率的分析,就业政策的历史演变和如何对付失业问题,等等。这些既是西方经济学所讨论的重要理论问题,也是西方国家制定经济政策所要考虑的重要实际问题。由此可知,本书的特点在于,它既不是经济学的纯理论论述,也不是西方国家经济政策的客观介绍,而是作者根据自己多年从事英国政府经济政策咨询工作的丰富经验和切身体会,对各种问题提出的观点和做出的结论。虽然作者主要联系英国的实际,但也反映了他对西方国家经济理论和政策问题的一般看法。

目前我国正在深入进行经济体制的改革和对外开放。我们要解决的重要问题之一是把计划和市场机制适当结合起来,运用各种经济杠杆,宏观加强控制,微观搞活。在这些方面,西方的经验是值得我们认真研究的。正是出于这种想法,我们特将此书译出,并请作者为中译本作序。相信广大科研工作者和经济工作者会从中吸取到一些有益的东西。当然,这种吸取,应以马克思主义作指导,采取分析态度,并充分考虑到我国的实际情况,而不是机械地照搬。

由于本书系作者在英国的演讲集,其原来对象当然不是中国读者。因此,中国读者可能会对书中某些章节和段落感到生疏,但本书各篇演讲的基本内容还是比较容易理解的。

目　录

中文版序

我希望中国读者对本书中的文章感兴趣。这些文章本来是为西方的不同听众而写的。他们比较熟悉西方近些年来遇到的各种经济问题，也比较熟悉为应对这些问题所采取的各种政策手段。然而，中国经济的许多问题，虽然其表现形式和解决办法不一样，但从根本上说，与其他国家的问题是相同的。

本书所涉及的问题分四类。头两篇文章讨论经济学家在经济政策的制定中的作用，其后四篇论及经济计划的各个不同方面，再后三篇是有关经济发展和增长问题的，最后四篇阐述了宏观经济政策的目的和手段。虽然对本书读者来说，显然要求他们事先具备某些经济学的基本知识，但我希望，即使是并不内行的人也能看出文章论述的标准，从而感到每篇文章的要点是明白易懂的。

假如我是个中国读者，我就宁愿先把前两章放在最后去读，而从第三章开始，这一章是讨论人们所熟悉的关于国家的作用与支配市场的经济力量的关系问题。近十年来，全世界人们的意见都倾向于更多地依靠市场力量，而减少国家控制。但是，在这种舆论的转变中有一种风尚的因素，人们必须要问根据什么要在这二者之间保持一种令人满意的平衡。这个问题在下一篇文章中进行了讨论，那里说明了凯恩斯对这些问题的观点。在这之后讨论了人们在组织经济活动的事务中的无知和不确定性带来的后果。文章认为，不确定性越大，也就越需要吸收各方面的代表人物，即使代表会使计划工作和协调更加困难。这一组文章的第四篇考察了一种可能的方式，即让市场力量自由运行，而通过影子价格保持某种形式的中央控制。所谓影子价格，即反映对社会价值的判断的价格，它不同于市场价格，是在政府进行决策时使用的(例如，在评价公共投资项目时)。

第七章到第九章所组成的第三组文章论述了决定经济增长和发展的力量。这些文章特别强调了创新，或者如中国经济学家们所说的，现代化。当市场在扩大且必要的资金易于获得时，创新就进行得更快。它也取决于对改进的机会能否自由地做出反应，以及生产者对这些机会的警觉。但是，经济发展并不是一种纯经济现象。它也取决于人们的态度和反应。人们对变革和创新可能会有抵制，或者相反，公众也可能会渴望推进现代化，并全心全意地支持它。

最后四章中国读者可能感到吃力些，因为它们讨论的是更加专门的西方的观点和问题。但是，在中国现在也有如何把货币政策和财政政策相结合的问题，也有如何调节汇率以及如何保证充分就业或近似充分就业的问题。中国越是更多地依靠财政手段进行控制，而不是更多地依靠行政调节，就更加迫切地需要了解这些手段如何使用，它们有怎样的潜力和怎样的局限。

最后，我要说的是，我希望中国读者会真正喜欢读这本书。如果果真如此，它将使作为作者的我感到无比高兴。

阿列克·凯恩克劳斯

序

本书所包括的文章是过去十多年中对英国或国外的听众偶然所作的讲稿，或是为纪念文集或类似的专题文集所写的文稿。这些文章不是作为对当代各种问题的评论，而是作为一个经济学家对经济政策持久争论的问题的概括的看法。

所涉及的问题归为四个主题。头两篇文章讨论致力于经济政策研究的经济学家的作用，接着的四篇文章是论述制订经济计划的各方面问题，下面的三篇是论述经济的发展和增长，最后四篇文章是论述宏观经济政策的目的和手段。这些文章显然适合于那些已经熟悉基本经济学的人，但我希望，甚至一般的读者也会发现其论述的标准从而感到每篇文章的中心思想是明白易懂的。

有三篇文章，即“不确定条件下的计划工作与决策”、“有没有经济发展的一般理论?”、“就业政策的浮沉”，过去从未发表过。其他文章，有些是难于看到的，有些是分散发表于各类刊物上的。

我感谢梅休因公司同意将原载于《经济政策观念的变化》一书中的“学者和决策者”一文纳入本书；感谢牛津大学出版社同意将“市场与国家”一文修改后从同名书中转入本书；感谢麦克米伦出版社同意将原载于《凯恩斯与自由主义》中的“凯恩斯与计划经济”一文，以及原载于《就业、收入分配和发展战略》一书中的“影子比率的限度”一文纳入本书；感谢里兹大学出版社同意将原载于《通货，膨胀、发展与一体化》中的“创新、模仿和增长”一文修改后纳入本书；感谢联合私人出版有限公司同意将原载于《对经济发展和社会变化的看法》一书中的“技术和自然资源在发展过程中的作用”一文纳入本书。我也要感谢美国经济协会同意重印我的理查德·伊利讲稿“经济学的理论与实践”。其余三篇文章是奥本大学、英国学术院和《三家银行评论》同意发表的。

我在准备这些文章的过程中，思想上受到的恩惠太多，不能在此一一列举。然而，我必须向伊利·德文斯表示我的感激之情，即使他在我的这些文章写就之前 20 年已经逝世了。我在技术和技术变革方面的思想很多应归功于迈克尔·福雷斯的帮助。我还要感谢几年前我从财政研究院主办而由我主持的有关货币和财政政策的关系的多次会议中受到的教益。最后，我应感谢沃尔特和迈克尔·萨伦特以及托马斯·威尔逊教授对“经济学的理论与实践”的草稿所提出的很有帮助的意见。

我还要感谢安妮·鲁宾逊夫人把我模糊难以辨认的文字变为清晰而漂亮的打字稿。

阿列克·凯恩克劳斯

一、经济学的理论与实践

我的孩子，你不知道管理这个世界的智慧是多么少吗？

——奥克森斯蒂娜

让我们正视这个世界！不管经济学过去怎么样，它现在实际上是一种行业。它包括理论家们创立的新模式到实践家们提出的意见、预测、建议和计划，它主要是适应企业和政府的决策者的市场需要。在经济学行业里，特别是它的理论，市场力量的作用是微弱的。竞争过程从价格的调整中得不到多少利益，而供货者往往远离市场，感受不到市场的压力。但是，通常增长和发展的现象总是不断出现的，如投资、规模经济、技术创新和市场扩大的相互影响。我们的同行中有些人把他们的活动只限于生产，而另外一些人则从事于包装和销售业务。劳动分工在水平和垂直两方面都已有了迅速的进步。一方面我们有经济学各分支学科的专家：宏观经济学、工业经济学、运输经济学、保健经济学、国际经济学、数理经济学，等等。另一方面在那些置身于理论云端中的传教士式的人和那些在华盛顿、白厅等地奋斗于仕途的世俗者之间有一大批

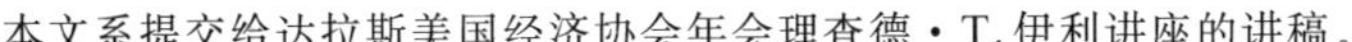

本文系提交给达拉斯美国经济协会年会理查德·T.伊利讲座的讲稿。

中间层次的人。那里有很多工作者，他们的成就值得深入研究，可作为经济学的又一分支。

今天，我不想承担解说各种经济学这样一个艰巨的任务。我一生有一半时间是连续在政府部门和国际机构工作，我想最好让自己做件较为适当的事，为经济建议的需要，我作为中间层次的人来谈谈我自己的经验。我想只限于考察理论和实践之间的联系，也就是在那些以自己的模式探索掌握经济的内在秘密的理论家和那些置身于时间珍贵、认识有限、情况变化不定、非经济考虑常起重要而有决定性作用的活动中的实践家之间的联系。

活动可以有两种方式。或者只不过是政策的介绍，或者也包括采取决策。谈到实践家，一般我想的是那些考虑应采取什么政策的人，他们或者是职业经济学家，或者是非职业的，而不是那些最后的决策者。但是，有时我感到不能不注意决策者在利用经济建议时的困难，而无须注意他的经济顾问们给出这些建议的困难。

看看各个地方，理论与实践往往相离甚远。在许多国家甚至在机构上是分离的：理论家待在他们的大学里，实践家待在他们政府的各个部门，二者之间很少接触。而既然思想最自由的传播是通过个人的接触，机构上的分隔就带来思想的分离。政策顾问们的思想许多都同学术研究人员的思想相隔离。甚至在有些国家大学和政府之间虽有一些交流，某一类的经济学家同另一类的经济学家也有一些交往，但各方都有要按自己的常规行事的强烈倾向、内部奉行的思想方针，不考虑外界的意见。

既然理论和实践的出发点很不一样，它们之间存在某些分歧就并不奇怪了。例如，在医学、工程学或人类其他的活动中，根据个人对理论或实践的兴趣,或者会问"问题的实质是什么?",或者问"我该怎么做"。一个在商业公司或政府部门工作的经济学家,除非他对研究部门完全隔膜,他感到在他所处的环境中实际行动比理性思考更重要。对实践家来说,待解决的问题往往是"该怎么做?",那是纯理论家可能拒绝回答的问题,因为他感到没有特别的能力这样做。他可能赞同纳索·西尼尔的看法:"不管经济学家的结论的普遍性和正确性如何,不允许他加进任何建议的片言只语。"[①]但这不是一个可以回避的问题,而且经过经济学方面的学习可能有助于对这个问题的回答。

理论能有多大用处?老实说,很少。理论可以解释,但肯定不能解决关于经济政策的有争论的问题。一个明显的例子是,在20世纪70年代初英国是否应参加共同市场的争论,学院经济学家有一半人写信签名表示赞同,另一半人写信反对。或者还可指出相信货币政策的人和认为货币政策不可靠的人之间的争论,或者拥护浮动汇率的人和反对者之间的争论,或者支持法定收入政策的人和反对者之间的争论。甚至理论家意见都一致的时候,政策问题仍不能决定。普遍认为,在理论上,支出税比所得税更可取。不过,就我所知,世界各国政府的财政部仍不加改变。没有人急于改行支出税,只有印度和斯里兰卡两个国家采纳过,而几乎马上又放弃试行这种税。

当有人要求我为高级管理人员(他们来华盛顿六个月要尽可

① 约翰·朱克斯:"经济学家和公共政策",载《劳埃德银行评论》,第28期(1953年4月),第29页。

能多学习关于他们国家应实施的经济政策)组织一次讲课时,我深切地感受到经济学理论的局限性。他们不想学这种经济学理论,实际上他们也没有时间去钻研理论,他们感兴趣的是对经济思想的实际结果和经济发展的预测。他们问一些十分简单的问题,例如,其中有些人以随便的口吻问:“通货膨胀能促进或阻碍经济发展吗?借多少外债才是稳妥的?什么样的税制最有可能有利于经济发展?”我发现,像你们可能预计到的那样,经济学理论对分析他们的问题是必不可少的,但是,它很少让人能有信心地得出政策结论。

后来,我又遇到类似的一个小组,他们是来研究投资估价的,而且熟悉了贴现现金流动理论。但是投资估价包含比经济学理论更多的东西。我问这个小组的人,他们回去将采用什么样的利率。长时间没有人回答,只有一个人勇敢地说:“银行利息。”没有人反驳他,也没有人提出其他的意见。

在更早的一个时候,1940 年我参加英国战时内阁秘书处工作,我曾问我自己,我能将我的经济学理论知识作何用途呢。一个较小的专业经济学家小组对战时政策无疑会有深刻的影响。然而我从未看到经济学理论的较为精练和深奥的部分得到充分利用。我得出的结论与我的同事——已故的伊利·德文斯所说的一样:“经济学理论是很有用的,既能使我们懂得现实社会,也可帮助我们进行决策,它是简明的、最基本的,从某些方面来说是问题最清楚的判断。”但是,他又谨慎地接着说,在简明的判断成为部分正常思考过程的一部分,并且不再是“单独的所谓‘经济学理论’”之前,[①]对问

① 伊利·德文斯:“应用经济学——应用什么?”,载于《经济学文集》(伦敦:乔治·艾伦出版社,1961 年),第 13—14 页,第 25—26 页。

题的熟悉程度需要大大超越基本水平。莱昂内尔·罗宾斯也说过不少大致相同的话，他说："……当最有用的经济原则以最一般的形式阐述时，这些原则往往看起来不过是些老生常谈，这些原则在争论中形成，又几乎是在难于解决的争论中的一种'突降法'，然而，经验似乎表明，如果不受系统的训练来应用这些老生常谈，最敏锐的思想也容易误入歧途。"①

我发现，有那么两三个我原以为对每个人都会是很熟悉的非常基本的经济概念却往往不能完全被非经济学家很好地理解，而这些概念对制定政策具有特别的意义。其中，我认为头等重要的是供给、需求和价格的相互关系，机会成本的概念，以及边际价值理论。后来，我得出结论，能考虑到在经济体系中起作用的市场力量，而且能认识到价格机制的协调职能，这甚至是更为重要的。许多其他基本概念，特别是宏观范围的概念都同样十分重要，不过这些例子已足以说明问题。

非经济学家在他们的思想上很少考虑供给和需求对市场价格是如何起作用的，而且不能本能地重视价格机制的功效，也就是它的必要性。相反，他们对经济问题常常倾向于采取组织的和政策的手段。他们喜欢固定价格，因为他们似乎觉得这是加进一种稳定性和可预见性因素。第二次世界大战期间和战后，当有些东西变得稀少的时候，商人和官僚们随即做出的反应几乎总是喜欢采取控制和定量配给的办法，而没有考虑到价格的某些提高可能解

① 阿列克·凯恩克劳斯：《经济管理文集》（伦敦：乔治·艾伦和昂温出版社，1971年），第203页。

除或终止短缺现象。例如，在1947年英国实行工业国有化时期，煤的定价丝毫没有注意到燃料的长期短缺以及那种短缺会抑制工业恢复的危险，正像最终发生的那样。外汇价格也几乎同样是脱离市场压力，并且继续被大臣们看作是心理上的或组织上的问题：他们相信，做计划和实行控制能够起到货币贬值所能起的所有作用。

当然，经济学家们可能会犯相反的错误，认为听任市场力量自发地起作用，总会达到预期的目的。在第二次世界大战将结束时，除美国以外，几乎每个国家都有国际收支逆差。当时有人认为美元的短缺是政府造成的，是它们决定把本国货币定价过高，从而延长美元短缺。汇率应下降多少，这种下降的结果又会怎样，却很少研究。在战后的头几年，由于正在进行复员和产出大大低于生产能力，进行币值的总调整和随之而来实行的价格结构的修改，能大大有助于恢复收支平衡，但这也不是完全不说就明白的，而后来证明这是必要的。相反，也有充分理由采取措施限制进口，鼓励出口，发展可选择的供应来源，约束资本输出，即宁可利用计划，而不利用价格。

同样，在战争爆发的时候，单靠市场力量不易做到必要的人力再分配。通过变动不同部门和机构所支配的资金行事，这在理论上也许是可能的，但是，如果政府打算着重对市场施加影响，这将因采用直接方法而得到更快、更可预计的结果。哪儿要求有大变动，哪儿市场力量的作用就显得缓慢并且有盲目性。

机会成本是非经济学家自然不会想到的另一种概念。很少有人想到“成本”的内在含义，或者习惯地在可选择的基础上决定行动方针。然而，根据我的经验，这个概念对政策分析是不可少的，而且可以广泛地应用。边际成本的概念同样如此，一般人考虑平均值，而不考虑增值，而且常常因此而偏离到错误的方针上去，特别是在涉及定价和确定投资的问题上。

不管怎样，这两种概念都需要细心掌握。边际理论通常告诉人们单一边际，而实际上边际是很多的。没有一个实业家认为产量和价格是他仅有的变量，即使他这样想，也必须考虑它们中任何一个的变动在整个时间序列中的影响。机会成本也有忽略全部可能性的类似危险。卡尔多勋爵最近利用这个概念来证明在严重失业的情况下高成本的煤矿能继续生产。而他的论证方法的合乎逻辑的结论是，只要有大量失业，就不该允许一家公司关闭，也不该允许一个人被解雇，因为有些生产总比没有要好。比较可供选择的方案必须注意全部后果，而不是只注意直接的后果。

当我看到关于影子价格的文章时，我颇有类似的感受，机会成本的概念可能用得太多。与资本、劳力或外汇的机会成本相适应的抽象价格，可以在政府控制下在有限的经济部门实施，但是，那将导致受控制部门和非控制部门之间关系失常，从而阻挠政府意图的实现。此外，远远脱离市场价格的影子价格甚至在被控制的部门里实施也是很不容易的。下属机构在决定他们的投资计划时往往不大注意影子贴现率，而是根据他们必须支付的借款利率来定投资总额，这些借款会由于中央政府的任何一些补贴而减少。要使一种影子贴现率在国营部门生效，中央政府用没有以影子贴现率提供的资本所支持的命令未必有多大成效。

经济学家最大的优点是他们的思想方法。考虑可供选择的方案，在一种经济体系的合乎逻辑的结构内探索可供选择的行动方针的内容，这对他们来说是当然的事。他们注意到在那种体系内的各种经济力量之间的相互作用，因而他们也很注意决策的全面的经济影响。像首相艾德礼一样，他们不难懂得，在国内经济如此活跃时，国际收支方面就会有这么大的麻烦。像拉德克利夫勋爵（也许是他这个时代最杰出的律师）那样，他们不需要让人说服，对货币体系作用的调查就包括对资本市场作用的研究（然而，我必须承认，有一些专业经济学家甚至现在似乎还同意拉德克利夫勋爵的观点）。

在第二次世界大战后，在中央经济计划的争论中突出地说明了一个恰当的思想结构的重要。行政官员和政治家在热心制订计划时都往往忽略价格机制的作用。当代最杰出的人物中的两位，奥利弗·弗兰克斯爵士和斯泰福·克里普斯爵士（一位是高级行政官员，后任驻华盛顿大使，另一位是著名的工党财政大臣）发表了中央计划问题的说明，没有一点谈到经常有一些强大的力量在消除供需差额中起作用，也没有提到这些力量很值得注意。[①] 除非学过经济学的，几乎没有行政官员或政治家认为必须完全依赖政府计划或依赖价格机制，而且真正的问题常在于如何把两者结合起来。

像在战时那样，价格机制可能只起很小部分的作用，因为政府的优先考虑必须放在个人消费者要求的前面；在这种情况下，价格

① 奥利弗·弗兰克斯爵士：《战时和和平时期的中央计划和管理》（伦敦：伦敦经济学院，1947 年），斯泰福·克里普斯爵士的评注载于《1947 年经济评论》，未署名（7046 号指令）。

的作用就可能被忽视。也有可能有这样的情况，经济学家们非常迷信于价格机制以致在政府计划中的种种现象值得同样重视时，他们的注意力却只限于研究市场力量。正像行政官员可能不懂得价格机制的作用一样，经济学家易于忽视组织对经济活动的影响。公司、政府部门、内阁内部发生了什么情况往往不予理会。而这就不能使他们注意研究市场的缺陷，而且对各种协调机构的弱点也不进行系统的分析。

我刚才已对四个基本概念——供给与需求、机会成本、边际和经济体系做了论述，可以再加两句人所熟知的谚语，例如，“过去的事永远是过去的事”，“没有像免费午餐那样的事”。这些谚语对身居高位的人消除糊涂思想也是很有帮助的。它们构成经济学家小部分但又不可缺少的储备品。全部工具最能发挥作用的地方是经济预测。在这里实际工作者确实必须与当前的理论保持密切的联系。在经济预测方面理论和实践之间的关系引起许多有趣的问题，因为那些准备预测而且也许完全有准备对差错的风险进行估计的人可能同那些利用预测而且根据预测进行冒险的人很少接触。但是，经济预测对我来说是个过于大的课题，我只能稍稍涉及。

回过来考察经济学家在将他们的理论应用于实际问题时，为什么会感到困难的一些原因。具有丰富经验的雅各布·瓦伊纳在几年前就曾强调说：“经济理论家作为公共政策的参与者，其不利条件的一览表……是令人沮丧地长。”①这些不利条件中有些是由

① 雅各布·瓦伊纳：《长期和短期观点》(格兰科自由出版社，1958 年)，第 109 页。

于在试图制定一个合适的政策时利用经济理论所遇到的实际困难而产生的;另外一些不利条件与政策的提出有关,这要具有说服力,要得到支持;还有一些不利条件出于在制定合适的政策时必须把经济的和非经济的考虑密切结合。让我依次谈谈这方面的问题吧。

经济理论的局限性

经济理论基本上是以假设表达的模式和概念关系的一种探索,是必须从现实社会的许多特征中提取的抽象观念。没有抽象和简化就不可能着手思考经济问题。这里就不能不省略对有些人可能看来是非常重要的东西了。威克塞尔曾指出,不能希望经济理论根据外行人眼里的重点来确定现实社会各种特征的意义,因为“详尽地叙述显而易见的事物,这不是科学的目的”[①]。不过抽象化也会做得过头的。理论家可能顺着把他引向离现实社会愈来愈远的小道走,使之濒临某个经济学家称之为“理论枯萎病”[②]的危险。他可能倾向于选择这样一些问题,这些问题使他不根据实践的重要性,而是要求他进行深奥的技术分析,而且他会沉溺于赞赏他所发展的概念体系,而不考虑借以构成这些概念体系的不现

① 克努特·威克塞尔:《政治经济演讲集》(伦敦:乔治·劳特莱杰父子出版公司,1934年),第1卷,第19页。

② E.R.沃克:《从经济理论到经济政策》(芝加哥:芝加哥大学出版社,1943年),第57页。

实的前提。他也可能使做错的事情成为共同的错误，或者他可能不考虑实际的问题或暂时不考虑这些问题。此外，他可能错误地以为他知道事情该如何起作用，而事实上，是模式被误解了。一旦有人提出了理论，它也可能是“一条建立起来的使人过于自信地走向错误的道路”。理论要成为有效的指南，必须把偶然的东西同真正有意义的东西正确地分别开。

另一方面，经济政策必须处理实际问题和具体的情况。可以发展针对这些问题和情况的经济学专科，称之为应用经济学，这一分科仍然是经济理论的一部分。它仍是由一系列逻辑连贯的问题和从许多可能在实践中影响执行政策的情况提取的抽象概念所组成。该做些什么，从来不是一个简单的理论推理。

1945—1946 年冬季，我在柏林参加保罗·钱伯斯爵士（后来帝国化学工业公司董事长）和威廉·H.德雷珀将军（当时是克莱将军的经济顾问）之间的辩论，我深切感到从理论得出结论需要慎重。保罗爵士是国内税收统计情报局局长，他能预测预算税收的准确性受到怀疑，他对我们做了概率论的简单说明。他说：“如果你扔一个钱币，连续十次掉下来是背面，那不影响下次可能是正面，或然率仍是对等的。”德雷珀将军拿出一个钱币说：“我们可以试试吗？您愿意猜吗？”保罗爵士猜了十次是正面，而钱币每次掉下来都是背面。在钱币再次抛出之前，德雷珀将军做出一种神态，使用一点小手法就可以影响钱币落下的情况。在应用理论之前，调查理论的假设对身边的情况是否适用，这总是必要的。如果实际情况不符合理论的预期，这可能需要调查事实，而不是理论的问题。

不管经济理论有多少局限性，它还是非常有影响的，经济理论越是有影响，也就越带有普遍性。我们想要理解任何经济体系，绝不能没有经济理论。假如我们进入一个迷宫，那就需要一条线索引导我们进去，而理论的目的就是提供那样的指南。另一方面，单凭理论，我们不能指望太多。从理论世界走向现实世界不注意这两者之间的差异，是有严重危险的。一种危险就是理论可能过时了。这不仅仅是因为实践家可能成为某个已过时的经济学家的奴隶。甚至在某个政府部门埋头于日常工作的专业经济学家也必须靠智力资本生活，而这种智力资本正迅速贬值，需要一个在学术环境中重新建设的机会。也可能有这样的时候，与此相反，实践家注意到，在流行理论中被忽视的实际情况。理论可能因对重点的曲解或者因把错误的可变因素、错误的问题或问题错误的表述放在重要位置的离奇的智力方式而受到损害。这样，理论本应论述的问题得不到重视。如果发生那种情况，就该认为理论不仅是不中肯的，而且是糟糕的：因为理论原先的目的是帮助我们提出问题，而如果我们被引向错误的问题，理论就会使我们失望。

对实践家来说，最严重的问题是：理论家们甚至在技术性的经济问题上都有不同看法。对经济如何起作用——是什么支配产量、就业或价格的水平——没有一致的看法。这些看法同他们目前的做法一样极其不同，在技术性问题上，很难有权威的说法。我没有必要详细讲述在政策建议中产生的这些问题。

然而，有时我不知道在经济理论家之间分歧的程度即使在现在是否这样深，如同当他们面临那些时常影响政府政策的异端邪说时他们团结的程度一样。举个极端的例子，我们可能争论货币供应是否过多或过少，但是，政府怎么样呢？曾有一些政府，它们或者试图把货币全部取消，或者像社会信贷派那样，一旦上台，就宣传货币永远不足。在拉德克利夫委员会上全国矿工协会主席阿瑟·斯卡吉尔的一位前任的讲话使我有更深的感受，他说："你们这些人似乎对利率怎么定才好感到困惑。而我的会员们不知道究竟为什么要有利率。"同样还是利率的问题，财政大臣像休·道尔顿一样大喊大叫："你们不能在反对高工资率的同时容许高利率。"我们该怎样理解他的话呢。在经济学家之间对该怎么做的问题有时比对理论问题更容易取得一致意见。

实践家所面临的更大的困难不在于理论，而是关系到经济信息。在行动方案形成之前，经济理论往往必须同大量的事实结合起来，但是，这些事实往往是模糊的、有争议的，由于每个人生活经验不同而有不同看法，而且远远超出了经济学家分析这些事实所处的有限的经济范围。

此外，理论家控制着他的出发点，因为他随意提出自己的假设；而实践家从不很明确他是站在哪一点上。正像曾担任英国政府14年顾问的罗伯特·霍尔勋爵常常说的，"很难预测，你现在在哪里"。其实，你甚至不知道你过去在哪里。官方统计学家用"走"这个字忙于改写历史，他们从不停手。例如，我回顾第二次世界大战以后的三年英国的国际收支逆差时，发现经常项目的数字第一次发布合计达12.45亿英镑，1953年修改为总额7.4亿英镑，在后来的30年中继续修改，一直缩小到5.85亿英镑。不是在1945年华盛顿贷款谈判精确设想的那个水平，现在累积的逆差不到一半，而这一时期英国的资本输出总额估计比当时设想的高1.5倍，即比从美国的借款高2/3[①]。另一个例子是1964年直到9月份的9个月中英国的每月工业生产指数都是十分平稳的(10月举行大选),但是其后两年做了修改,在1966年官方发布的资料中急剧上升,后来又继续修改,一直到现在,这个指数重又像1964年那样平稳。

我列举这些很容易会增大的变动情况,表明如果将来情况不确定,那么过去也是不确定的。我常常很有兴趣观察经济学家们是如何耐心地说明,什么是绝不会发生的,如果新的信息是可信的,还有那些不是经济学家的人又是如何对各种可靠的数据一律同样对待的。实践家承认他所掌握的信息的多变,只能有限地了解眼前是什么情况。他必须很好使用这些不完全的、不一贯的和变化不定的数据,依靠人的判断,得出当前形势似乎可能的、自相一致的状况。他很可能像我一样发现,使数据一致的最好方法就是必须先预测未来的情况,作为决定基本趋势的方法,然后再回过来对现状做推论性说明。他做这种判断,就如我曾举过的例子中说的,可能对政策的选择是至关重要的。例如,如果你认为经济停滞了,那么你就选择与适用于迅猛扩大的经济状况完全不同的政策。

更大的一种困难就是经济从来不是长期以完全一样的方式发展的。你可能相信你能说明不久前的经济是如何发展的,而且用经过仔细估算的所有系数、滞后等因素将你的结论列成方程式。

① 原文为“higher...by $\$2\frac{1}{2}$”(高2.5美元),疑误。——译者注

但是,正如凯恩斯所说的,人的行为是“随着时间而不同的”①。不管你认识与否,你总以过时的关系在处理事务,而不知道这些关系是怎样过时的。某一天,当价格上涨时,你可以指望人们的花费增多,而后来你发现他们的花费减少了。某一天,当空缺数字下降时,失业数字上升,而后来这两种数字一起上升。经常需要警惕对正常形态的某种偏离,注意大动向中的小事。它们都可能比任何统计都更早地揭示新因素在起作用或现有因素的加强。分析这些因素必须有善于观察细小事物的眼光。

此外,由于需要具体的分析而有局限性,特别是在涉及特定的数量或特定的时间时更是如此,因此在经济学中有许多较重要的概念并不涉及数量或时间。它们可能对想了解应朝哪个方向走的政府有帮助,但它们一般说来对想知道应走多远的政府并没有多大帮助。

例如,也许可以根据一般的理由指出政府会从增加税收出发来考虑问题,但是具有实际意义的问题是,应该增加多少呢?这就要求深入分析大量的详细的统计资料,提出经济作用的非常明确的观点,而不是从多年前流传的经济学教科书中找办法。

此外,还有一整套税收措施的内容。什么样的税应该增加?增加了会有什么效果?增税的同时还有什么其他行动?如果有的话,打算以后采取什么其他措施?

另外一些问题是涉及时间的选择。什么时候政府采取行动?

① 凯恩斯:《致哈罗德书信集》(1973 年,第 296—297 页),引自伯纳德·科里,“经济思想史上的凯恩斯”,载于《凯恩斯和放任主义》(伦敦:麦克米伦出版社,1978 年),第 5—6 页。

什么时候有可能断定这些行动是否有效？是否很可能以后需要采取进一步的措施？

要花费时间去认识形势的变化，估计起作用的因素的强度，准备做出适当的反应。不能等待情况明确后再干，但是，当判断可能证明是十分错误的时候，过早地采取行动也是错误的。延误可能避免不了。1967 年 11 月英镑贬值后，消费者的开支骤然增加，有人叫嚷要及早采取措施加以遏制。当然采取行动的合适时间是 11 月，但是，当错过那个时机，由于技术上的原因，要在圣诞节前几个星期之内立即去征收附加税来挽回这种差错也不是容易的。在 1 月份尽一切努力为降低政府开支而斗争看来似乎更合适。但只是到这个月底前几个星期才看到预算。因此，虽然对必须采取行动没有争论，但在一整套合适的办法能够采用之前，已过了四个月。

困难的另一个根源是：要从经济学家们那里寻求建议的许多问题与传统的经济学很少相关。我发现内阁大臣们并不问你准备好回答的问题。他们想知道人民对形势和他们的政策会有怎样的反应，会不会发生罢工，汇率会下降还是上涨，各种政策方针是否可能得到支持。

我断定观念正像价格一样重要，经济政策必须包括努力改变观念，而不仅仅是努力运用好市场力量。正像经济事件和政策可能在经济作用以外有它们最大的影响那样，如世界性经济萧条为希特勒开辟道路，经济政策最有效的手段有时就要绕过市场，运用信心和舆论、估计和观念。同样，像经济学家在工业经济的讨论中往往忽视信誉一样，他们也常忽视政府的声望、信用、地位、权力

（随你叫什么），忽视精神和努力受费用以外的因素影响的途径。

表达的困难

下面我就说说表达的问题。这有两个方面的问题：理论家方面的问题和实践家方面的问题。

理论家局限于创作理论的业务，而不十分注意这些理论的市场需要。但是，把应用经济学应用到实践中时不可能忽视消费者的重要性。必须注意有可能有人提出行动方针，这些人是有权按此方针行事的，从短期的意义来说，这显然是正确的。不提供有用答案的那部分经济理论往往很少得到企业和政府的关心，而声称阐明实际问题并指出处理这些问题的特殊方法的这部分经济理论则受到尊重和关心。这从更广泛的意义上说也是正确的。

实践家面临一个大不相同的表达问题。政府对说什么和如何说差不多同对做什么一样关心。实际上，他们所说的比他们所做的对市场有更大的影响。他们仅仅声称他们打算削减公共支出，他们就可能被认为实际上削减了。甚至在撒切尔夫人执政的头四年公共支出继续增长的时候，也是这样。类似的情况是，当他们所采取的措施会导致国际性萧条，从而使进口价格下跌时，他们都可能被认为控制了通货膨胀。公众对政府所宣布的目标如同在演说中提出的一样，往往不详细查问这些目标实施的成效。这样，经济学家就既不能忽视政策是怎样提出的，也不能忽视市场舆论是怎样可能限制政府行动的范围。巧妙地提出政策可能有额外的影响，而它必然会因政府可能有变为市场舆论的俘虏的危险而抵消，政府不得不去适合那种舆论指定给它的任务，从而变成一种合理的期望，否则，这种期望就没有合理的基础。

当政策有较大变化时，表达的问题显然是非常重要的。例如，如果提出包括提高税收的紧缩政策，财政部长就必须注意用有说服力的词句来说明此事，以便政府能被说服，并且在公开辩论中为新政策进行辩护。常有这样一个问题：怎样才能提出增税，而对政府的信誉和权威的损害却最小，使政府能将它的计划的其余部分贯彻下去。该说什么？该怎么说？决策的运用和表达是决策本身的一部分，不能把这看作是不相干的而不予考虑。这部分是因为用简单的话不易说明的那些经济理论是难以找到用途的。

税收提供了许多表达问题的实例。我还记得尼日利亚的首脑费斯托斯描述他是怎样必须撤销一种化妆品税的，他举起他一只肥大的手解释说，这是因为“我多事而吃了苦头”。在英国 1965 年实行的选择就业税六年后被取消了，或多或少是因为证明这种税是合理的那种经济逻辑，对一般公众来说不能理解。或者采用公司税。经济学家们可能同意，公司税在理论上根本没有有力的论据。但是，一个取消这种税的建议一定会被政治家们置之一笑，而对一般公众来说是难以理解的。

我着重说明表述和可接受的问题，不是想被人看作是为任何政策措施迎合人意和随波逐流地受到赞同而辩护，这些政策是很可能得到公众赞成和议会多数支持的。不论是议会还是公众，对经济事务都没有天赋的知识，不管民主理论可能有什么含义，对健全的政策的考验绝不能仅仅凭合意与否。相反，正像马歇尔强调指出的，经济学家的观点受大家欢迎而且所有人都称道他的时候，他很懂得警惕。[①] 他把这归之于他的职业要他明确说出他认为对的东西，谴责他认为错误的政策，并且如果他的建议被忽视的话，要努力说服那些处于危险之中的当权者。但是，如果他希望人家听他的意见，他就必须知道，什么时候他保持冷静，什么时候坚持他的主要观点。有时政策必须取消，因为根本就没有要求采用这些政策的领导人；有时经济学家在研究时看来似乎是正确的政策，可能会引起相反的反应，而对此他却很少或没有考虑到，但可能他使这些政策变得荒谬。也有另外一种情况，即一些新的思想被用来填补政策真空，先前不能接受的东西能流行，拿出上市。

实际上，政策的选择很少就是好事或者坏事，不利的或有利的事。这些选择往往是各种考虑的平衡，而各种经济因素在其中并不是决定性的。我不知道，大学生在毕业考试的最后一刻钟对向他们提出的问题作何考虑。但是，如果他们难于得出确定的结论，那他们是好样的。人们能够及时对各种经济政策在任何方面提出理由——通常是很不错的理由，辩论未必能驳倒每个理由，剩下没有被驳倒的理由就是无可争辩的“正确的”。的确，经济学家们意见不一致是众所周知的。因此，他们在思想上应协调的，通常并不是未能证实政治家某些方法的错误，而是未能进行正当抵制从而不能以充分的信心去斗争，去应用罗伯特·霍尔勋爵曾指出的“恰当的论调”。经济学家就像律师一样观察事情，可能赞同，可能反对，去掉他原有的作战精神。他必须经常指出，事情并不完全像政

① A.C.庇古引自《阿尔弗雷德·马歇尔备忘录》(伦敦:麦克米伦出版社，1925年)，第89页。

治家们设想的那么简单，必须经常强调隐蔽的困难。政策没有正确的或错误的，而只有较好的或较差的，而且往往只是介于两者之间的。他必须克服的职业病，不是随波逐流，而是信心和责任感的衰退。

经济政策中的非经济因素

下面我谈谈政府政策受政治问题限制这一明显事实的含义。如果你考虑政府应做些什么，那你不免要考虑到你的政府是哪一类的，你希望的是什么样的政府。你指的是圣・克劳斯的政府、斯大林的政府，还是混合的政府，这是大不相同的。一个政府可能是仁慈的，另一个可能是独裁的，第三个可能是无能做出决定的。它们都有它们的人员成分、行政和官僚政治上的弱点。

政府是政治动物，是政治思考推动它们行动的。它们必须问自己，它们能够做什么，这就可能排除了许多其他使人感兴趣的措施。它们必定有一些承诺——对其他政府，对特殊的利益集团，对支持它们上台的政党。它们不能坚定地接受流行的看法和舆论。它们对直接的压力和短期的考虑比长期的需要更关心，而且往往宁可等待坏日子的到来。甚至当它们如同做一次出人意料的赌注那样急切地要干件“正确的”事，或者当它们对长期目标比短期目标更优先考虑的时候，它们也往往以一种对它们的希望是致命的顽固方式去行事，这或是因为它们对特有的症结缺乏了解，或是因为它们害怕使人不安的意见和担心失去它们所需要的支持而下不了决心退却。决策中最困难的问题之一是了解要坚持到什么程度，什么时候可以妥协。过多的承诺比机会主义更糟。

不管怎样，经济学家必须承认，政策不是在真空中形成的，而是在一种具有一些分明的组织特性的机构内形成的，经济学家要尽力去了解这些特性。政府不是数学方程式中能被解为二次微分的最优化的机构。它更可能是一些秃了头的、多少有点糊涂的人们的集体，他们围坐着一张桌子，烦恼着，没有闲暇，满脑子的疑虑和教条，有着成功的政治家的所有长处和弱点。这些人可能长期保留下来，除了对强使他们注意、要求立即决定的问题做一系列具体答复外，他们根本制定不出任何政策。

所以，如果经济学家想对政策施以影响，并且问在哪里产生政策，回答可以是任何地方，也可以是没有地方。对“谁制定政策?”这个问题不能有明白的答案，对于这个结论研究政府部门的政治理论家们不是不知道的。部门内部或部门之间在接连不断争论的问题上不断地进行较量，可能有十分激烈的争吵，涉及不同集团和不同时期，除了后来的某些历史学家出于无知而强加的以外，他们的争论结果可能没有一致意见。或许决策是由统治集团内某个人随意采取的，而他却完全觉察不到他已做出了什么决策(如此决策什么事也干不了)，虽然问题在其不断提高的层次上(直到内阁)可能会争辩明白，但是部长们可能没有选择自由，只能接受不可避免的结论，即使他们很少有意去认识自己的软弱无能，以致他们对进一步的辩论和精心制定的决策茫然无知。这是政府的一种奇特之处，明明是由于种种情况形成的事，时常被认为是任意的和有意的抉择。

这并不是说，政策本身不过是一种幻觉，不值得为它操心。对

政府能做些什么，以这种荒谬可笑的形式很难进行讨论。问题在于，人们必须懂得政策的范围、可能影响它的时机，以及控制它的各种压力。同样，人们也必须对那种官僚主义气氛有所了解，经济问题就是在这种气氛中出现和处理的。这种气氛与大学生活较为宁静有点不一样。许多年前，我曾描述过“许多政府的不同部门是怎样松散地联结起来的，这些部门的职责界限不清楚，几乎每星期都减少或增加工作人员，它们又时时分为新的科室，而且面对成堆的新问题要提出意见，新事件要裁决，新政策要实施”。

这无疑有点夸张，但提出了这种有权势的庞然大物的某些特征，对此经济学家往往会忽略。这些特征决定了经济理论应用于政策的方式，特别是限制了利用极其复杂的理论的机会。

其次要考虑到政治环境，如果你是在企业工作的，你就需要猜测政府下一步要做些什么，或者，你在政府部门工作，你就该想到政府如要继续执政，什么是它该做的或可行的。对于该做什么的明智的决定，不是根据经济的推理或某些模式做出的，这些模式不考虑政治权力的分配、公众思想的状态或执政党的政治抱负和渴望。

例如，假定一个人像我的一位剑桥的可尊敬的同事那样，认为经济情况要求采取进口限制，他可以开始发起一场经济辩论。然后他必须考虑政治形势。如果在 1973 年 1 月 1 日英国刚刚参加欧洲经济共同体时，他必须问，劝大臣们在一星期后实行进口限制是否有意义，这种限制将严重影响从共同市场国家的进口。如果在 1975 年 6 月就是否继续留在共同体举行公民投票，而内阁在这一问题上分为两半，他必须再次问一问，在公民投票开始之前的 4

月催逼大臣安排进口限制是否有什么意义，特别是如果同样的方法在两年前的非常不同的环境中是适宜的话。如果这个意见被接受，一场国际争吵引起英镑挤兑，大臣该怎样向国际货币基金组织解释他的措施是为了汇率的更加稳定，他又该怎样向他的大陆同行们提出（欧洲大陆多数国家正在与比英国更严重的失业做斗争），说他迫于难以承受的失业程度，不得不放弃他承担的条约规定的义务。

不仅组织的和政治的情况是重要的。经济问题还应从它们的制度情况来看。不考虑银行制度和所实行的信贷控制方法，就不可能（或者不该）讨论货币政策，正像如果不考虑工资商议和提出影响商议实力的各种法规（如有关最低工资、工会和雇主联合会的权力和实践、过剩劳动力、劳动力的流动等的法规）的方式，就不能或不该讨论工资理论一样。

弗兰克·奈特在晚年常痛感作为一个经济学家的无用。他怀疑社会是否会从经济学家提出的解决社会问题的建议中得到什么好处。其他人如马克斯·普兰克因为经济学的惊人的复杂性而离开了经济学。还有一些人由于对得出结论不抱希望而放弃了它，他们因这门学科无确定的结果而对它生厌。这就是威克塞尔所谓的截然相反的观点之间的“无休止的战争状态”。[①] 其中任何观点都不会被征服或从战场上消失，就像自然科学中的情况一样。这里没有被普遍接受的原理，只有一个“思想技巧”。

① 克努特·威克塞尔：《经济理论文选》（伦敦：乔治·艾伦和昂温出版社，1958年），第52页。

尽管如我所说，经济理论作为政策指南有其限度，但在我看来，它所能做出的贡献仍然是很有价值的。对这一点的任何怀疑都很快地被掌权的非经济学家的生活所消除。此外，就是经济学的没有确定的结论对解决被同样没有确定的结论所统治的世界事务来说也有其价值。在政府和企业中很少有结论性的答案；相反，有一种同样持久的“战争状态”。据已做出答案的证据，甚至是事实，也会是无明确结果的，因为在那些号称对事实做总括的统计资料中是很少有任何最后结论的。需要在根据不确定的和往往相反的证据所提出的可供选择的方案之间做出决定。诚然，这种决定很少完全是根据经济的考虑。但能评价经济考虑的作用就大有益处，正像能用经济理论产生的洞察力看到那些起作用的基本关系对数据进行检验，也是大有益处一样。

把经济学应用于实际问题时，这种洞察力需要有想象力和准确的观察力来加强。想象会被好的理论照亮，但如果提供给它不适当的或不准确的信息，想象就会是无力的或有害的。在社会科学中没有什么东西能代替把事实搞准，因此观察至少与推理处于同样高度。多数理论家都往往过于轻视获得和提供做出完善决定所必需的信息的困难。如果你想了解经济如何运行，你需要能分辨出有关的信息，而且因为出乎意料的事不断发生，你必须掌握最新的信息。像凯恩斯这样的经济学家，其荣誉可能来自他作为一个理论家的创见。但是在我看来，他之所以比他同时代的其他经济学家更杰出，至少也是由于他在挑选有意义的统计资料时具有鉴别能力（这些统计往往来自任何其他人看来是含糊不清的资料），并用推测性算术把这些统计数据串联起来，揭示当时尚未完全意识到的危险。其他最知名的经济学家都共同具有类似的能力,能从不为人所熟知的数字中令人吃惊地看出事物发展的新的前景。

有些人能全部完成他们的准备工作,并且掌握每一片段似乎有用的信息,但如果没有想象力,不能设想不同的政策方案,不能看到为什么这些方案不能像所期望的那样起作用的原因,这种人是没有多大用处的。他们不能利用所得到的信息,因为他们意识不到这些信息的现实意义,忽视或曲解重要的关系。例如,在战时,实行价格控制本身显然不足以消除通货膨胀的危险。但在第二次世界大战中,为此目的需要相当大的想象力去制订三个新方案——战后信贷(强制储蓄的可被接受的形式);定量配给(发行一种新货币,仅限于购买配给品);实行补贴,以稳定重要商品的价格,形成一种硬性配给。所有这些都是权宜之计,不打算无限期地实行下去。但它们确实能有助于收入和价格的普遍稳定。

结　　论

我的题目的一部分是,经济学在分析方面比作为一种处方更有用。因此我提出几点建议以改进我所叙述的情况也就不奇怪了。我只有三点很小的意见。

头一个可以用一个词来表示——交流。实践家需要与理论家相结合,反之亦然。不仅如此,实践家还应时常从他们的事务中解脱出来,以便有机会跟上理论的发展。应该让他们休假,或使他们能参加讨论会,或者至少应有时间读读报刊。也应给他们以鼓励和机会，使他们对当前的理论争论做出自己的贡献。反之，学者也需要有一点制定政策的经验。在政府中或企业中工作一段时间可以产生奇迹，使理论家改变他如何最好地利用他的时间的看法，改变他对所要研究的问题的选择，以及他对所采取的行动的限度的看法。然而，在有些国家，包括我自己的国家，进入或走出政府是很困难的。二十年前英国有很大一部分高级经济学家有在政府中供职的经历。今天已很少交流。在我看来，这是在错误方向上迈出的一步。

其次，我想重新估价和改善专业和公众之间的中间媒介的工作。例如，金融报刊是一种日益需要的技术，大战以来，它已变得更复杂、更专门，也更有影响了。报刊也刊载专业经济学家的文章，有些专门出版物重印（或代办）他们的有助于说明当前问题的文章。但是很多大众传播媒介不注意这一趋势。也许是对此没有什么可做的。但我确实认为对那些有才干把专业的思想（连同所有的怀疑和争论）传达给普通百姓的经济学家来说，这里是大有用武之地的。

最后，我们不要因我们的意见分歧而不知所措，我们也有许多一致之处。正如我已经指出的，往往是在经济学的最根本的原理上，我们全都是意见一致的，而这些原理是与实际目标有关的。同样，我们不应低估在经济分析中所养成的思维习惯的价值，即使这些思维没有形成共同的行动计划。在我们仍有分歧的地方，让我们努力相互理解和缩小我们之间的差异，要经常记住，我们负有向我们的公民提供尽可能最好的建议的责任。

二、学者和决策者

经济决策这种活动正像任何其他活动一样，其中包括竞相向市场供给的生产者和希望其需求得到供给的消费者。经济学家生产意见，他们的意见可能在公务级或部级被采纳。但是，政策指导可能与经济学家们提出的意见很少关系。它可能受非经济考虑的支配，或受非经济学家的意见支配，或受早被驳倒的、声名扫地的教条所支配。而经济学家们所说的却可能受到漠视，因为它与政策的关系不清楚，有争议，有分歧，或者是不够准确的，因为经济学家的结论是根据错误的和不当的假设做出的，因为他们不适应决策者的需要；或者因为，由于种种原因，几乎没人听他们的意见。决策者一般说来都有点听不进话——噪音太多了。

在一个卖方市场上，那里经济学家受到信任，认为他们有能力改变形势，他们因获得成功而享有威信，那里非经济阻力对他们意见的传播可能是被淹没或变得微弱。但是当事情显然已在进行，而经济学家们似乎无能为力，他们就会失去先前他们受到的那种好感和重视。这种趋势的变化在第二次世界大战后是很明显的，

本文曾于1981年在牛津圣彼得学院举行的“经济政策观念的变化”会议上提出，刊载在同名书中（伦敦：梅休因出版社，1981年出版）。

这是有竞争的市场上的平常现象。

另一种市场阻力可能通过产品的区分而表现出来。同类产品供给中的竞争是一件事:基于共同的正统观念的经济建设可能没有反对地被接受。但是,当经济学家们互相以各种学说进行竞争,他们掌握的可能只限于他们自己的特定市场,这个市场可能包容决策的中心,也可能不包容。

对经济学家来说,他们很容易埋头于研究和开发之中,对自己的成果孤芳自赏,而与政策没有任何联系。但是做出成果,不论它是有关经济稳定和需求管理的,还是有关劳动力市场的,或是有关报纸上讨论、会议上提出的任何问题的,只是事情的一部分。如果我们要精通我们的买卖,我们需要研究市场及其特点、政策形成和被接受的方式、生产者和消费者之间不断发生的变化,以及二者之间的媒介的作用。

1911 年的市场

让我们先看看消费者。70 年前他们的需求是不大的。大臣们感到不需要专家的服务。政府的目标也是有限的。很容易转化成政策措施,而且主要是长期的,因此有充裕的时间对当前的问题进行争论,要做的决定并不多,也不复杂。没人认为政府应当管理经济,当时的经济基本上是自行调节的。由于市场力量被看作是几乎完全有益的,因而政府进行干预以推动经济增长的范围有限,那时利用公共工程来稳定就业的意见刚刚提出;通货膨胀是(私有的)英格兰银行的事,而不是财政部的事。对个别部门实行保护和给予补贴都是受谴责的，福利国家几乎完全刚刚冒出地平线。

70年前政府活动的规模有限，从预算的大小可以明显看出来。1911年收入税率刚刚被劳埃德·乔治大大提高，从1先令提高到1先令2便士。公共部门的开支，包括中央和地方，一年为2亿英镑，约占国民生产总值的10%，其中大约一半以债务利息的形式支付过去的战争费用，或以防务开支的形式支付将来可能发生的战争。当时如要求体力劳动者交纳收入税是不能想象的（虽然要求他们交纳间接税，或者那种间接税应成为政府收入的主要来源，并不是完全不能想象的）。

关于就业问题也可以这样说。当时中央政府雇用人数占有工作能力人口的1.5%（不包括人数更多的军人），地方政府雇用的占3.5%（包括教师、警察等）。这二者总计不到100万人，其中有全日工作的，也有部分时间工作的。但是情况变化很快，在前20年内，政府雇用人数增加了两倍多。[①]

在这种情况下，1911年，不论政府还是政府部门实际上都没有特意聘用一位职业经济学家，这是不令人吃惊的。当时英国（像印度一样）中央政府机构是很小的。政府雇用的行政人员不多，雇用的各种专家就更少了。有的年份，甚至在30年代，英国民用服务局的政务级人员没有新增一人。财政部在第一次世界大战前只有行政人员20人（许多人都已年过90了）。其中包括霍特里，一个时期还有凯恩斯，这是事实。但是，他们两人谁也没参加过大学

① M.阿布拉莫维茨和V.埃利亚斯伯格：《公共就业的增长》，国家经济研究局，普林斯顿出版社，1957年。

的经济学考试。在1911年，谁也不能说他是个经济学家。

当时企业显然也同样不需要经济学家。典型的企业都是小型的，没有听取经济学家的意见的必要。头一批跨国企业刚刚出现，宏观经济学还没有形成。市场环境并不复杂，政府对市场的干预只是偶然的和不普遍的，市场较稳定，较易预测，更重要的是，较全面。

需求的缺乏在供给方面反映出来。事实上，在第一次世界大战前，没有一个英国经济学家（也许鲍利除外）获得博士或其他高级经济学学位。在30年代，剑桥是世界上经济研究的主要中心，但教师中没有一人有经济学的高级学位，而在这10年[①]之初，这个大学的经济学博士没有一人在世。当罗纳德·沃克于1933年获博士学位时，前一年进大学的研究生曾为他举行庆贺晚宴。全国经济学教师席位不多于20个，有的大学一个也没有。假如那时政府要吸收一批训练有素的有学术声望的经济学家，那是很困难的。

不仅是政府未曾想过要这样做，经济学家们都忙于教学，而政府忙于行政，除战争时期外，二者之间没有任何交往。偶尔要任命一个经济学家参加咨询委员会或皇家委员会，这个报告往往要在一代人之后才批下来。信息交流或者是在个人之间进行，或者通过报刊。也可在皇家统计学会或政治经济俱乐部的会议上进行接触。但是，一般说来，少数几个对政策感兴趣的经济学家如果想引起公众对他们的意见的注意，只能满足于给泰晤士报写信。

① 指20世纪80年代。——译者注

经济和金融报刊是很不发达的。经济新闻刊载在严肃的报纸上，评论的问题则登在日报上，或是《经济学家》和《统计学家》等周刊上，以及某些杂志和刊物上，如《银行家》之类。但是很少有可视为经济分析的东西，而差不多所有详细了解情况的评论员都只是对特定部门或特定问题感兴趣。金融报刊撰稿人中没有一人想要取得经济学家的地位，也许除了罗伯特·吉芬爵士（他早在1900年前很久就已经放弃金融新闻业）、哈特利·威瑟斯（他是《经济学家》的编辑）或他的接班人沃尔特·莱顿。

事实上，当时的政策问题很少要求进行精密的经济分析。无论如何，经济学作为一门学科，并不是为了直接应用于实际问题而设想的。在经济政策中有争论的问题主要限于有关货币（纸币和退回到1821年的金币、银行规章、复本位制、黄金储备的集中）或保护贸易（科恩法、帝国特惠制），或收入分配（减少贫困、累进税等）。许多这样的分歧都被忘记了，或者认为已经解决了。而那些仍然存在的问题都是高度政治性的。其中少数载于当时的教科书中，这是很少的。经济学没有对这些争论中的问题提供现成答案。它基本上是“一种伦理科学而不是自然科学”，因为它进行“价值的反思和评判”。[①] 这是对通过建立模式思考经济问题的一种准备，在这些模式中，各种变数的真正价值必然要被舍掉。在通常的教学中，它是一种推理的练习，而且总是长期性的推理，与政府面临的日常问题很少关系，或者毫无关系。

① J.M.凯恩斯致R.F.哈罗德，1938年，载《凯恩斯文集》，第14卷（伦敦：麦克米伦出版社，1979年版），第296—297页；B.柯里教授引用，见A.P.瑟沃尔：《凯恩斯与自由放任》（伦敦：麦克米伦出版社，1978年版）。

经济学具有抽象性的一个重要原因是很少能得到统计资料。价格和工资指数刚刚问世;生产统计,正像吉芬所抱怨的那样,几乎不存在(第一次生产普查的结果刚刚出来);国民收入和收支平衡的计算是初步的和不为人们所熟悉的,没有人听说过贸易条件,或国内资本形成,或公共部门的借贷需求。已有的统计很大部分是年度的,甚至是以10年为期的。逐月的经济变动情况难免是凭印象,而非定量的。即使是已有的数据也很少能拼合在一起,形成某种程度的连贯性和一致性。

今天的市场

自从1911年以来,情况有了明显的变化。需求往往起带头作用,而需求和供给又互相影响。经济学家们勤奋工作,建议政府采取新的行动,发现私人部分和公共部分二者内部的弱点,提出有必要对整个经济进行管理,不论这两部分的界线该怎样划。这里我们不需要追究政府活动扩大和日益复杂化的原因,也无须多说经济学家在所发生的变化中所起作用的详情。我们只需提出与70年前的对比。现在政府开支吸收了国民收入的一半,全国近一半的资本投资是公共投资。政府的目标是雄心勃勃的,它的责任也重得多,它的影响更极其广泛。政府控制着或力求控制经济活动的水平和方向。它们以越来越详细和复杂的方式参与几乎所有经济活动,履行一个又一个的职能:或者是参与活动本身,或者调节活动的条件,或者购买产品,对所获利润征税,或者以其他许多方法进行调节。

政府之所以介入经济，因为它有积极的经济政策以求达到经济增长、稳定、更大的经济平等等目标，从前它为这些目标很少承担或完全不承担责任。这不仅使它的活动规模增大。而且这些活动大多受经济因素所支配，越来越难以保证这些活动在整体上连贯一致，许多需要做决定的问题都非常复杂。对经济的控制越是集中，也越需要专家对这些问题进行分析，经济学家也就自然认为他们自己已准备好去担任这个角色。后面我们将讨论这种自信在多大程度上证明是有道理的。

但是，当然不仅是政府需要专家对复杂的经济问题提出建议。企业也面临同样的问题，主要因为它必须考虑政府的活动。当政府的经济学家试图搞清私人部门的秘密和它将做些什么事时，企业的经济学家则集中全力于更难办的任务，即搞清政府要干什么这一秘密。经济学家被认为是现代经济的名符其实的地图察看者，没有他们航行就要困难得多，结果，对他们服务的需求就不断扩大。

这也是由于出口需求的扩大和分配的扩大。如果经济管理仍然像战前那样处于初期，那么国际经济管理甚至还未产生。而最近这一代，新的国际机构成批地出现，这就是经济企业的跨国公司。因为它们的职能几乎完全是经济的，如果它们在全世界罗致经济专业人员作为自己的工作人员，那是不令人惊奇的。此外，一个重要的出口部门成长起来了：先进国家向不发达国家提供经济顾问，并在它们的大学和研究所中培训经济学方面的外国学生。

另一种是传播式的扩大。如果政策受经济学支配，为经济学家所设计，公众自然会感到好奇：情况怎么样了？经济学家们有必要把他们的同行所说的话用外行人都能懂的语言转述出来，并通过报刊、广播、电视和其他方式把他们的意图传播出去。

从转述到传播活动之间并没有很大距离。政府的经济学家要寻求一种能得到一致同意的准则，企业的经济学家希望能为企业家的生存提供一种理论说明。国外的经济学家像是巫医的现时替代者一样受到欢迎。对在传播媒介中工作的经济学家提供讲坛，请求他每周不断地进行“布道”。

下面我们讲一讲这种新的市场环境对经济学和经济学家的影响。主要的影响可归结为职业化。现在人们越来越认为一个职业经济学家理所当然地要有这一学科的较高学位。在不太久之前，经济学中的席位甚至为一些连最低学位也没有的人所占据，而现在申请者一般都要有中级学位。70 年前很少有一个经济学家说的话外行人听不懂。而现在很少能听懂。市场的扩大通常对分工也会产生影响。个别市场互相分开，分别提供运输经济学家、保健经济学家、货币经济学家以及一长列其他各种专家，而且越来越使用特定语言，包括数学语言，这种语言把读者面限制在像教士般的少数人，即使讨论的问题涉及广大老百姓。但是，与之同时发生的过程是每个问题的处理都在日报、商报、银行概览、参考文件和学术刊物上以向上的次序在专业方面不断深化。在不同类别的经济学家之间以及他们与政治、企业或日常生活中的经济知识较欠缺的同事们之间的交往仍然是可能的。

与此同时，决策机构内部和外部之间的截然分工也大大减缓了。过去有一个时期在许多国家（现在在一些国家仍然如此），大学里的经济学家关心的主要是意识形态和永恒真理。一个到日本去访问的人，刚一到达就会有人问他是马克思主义者还是凯恩斯主义者，好像经济学是一种宗教信仰。另一方面，日本银行和日本大藏省雇用的经济学家的工作都与经济政策的制定分不开。英国在两次大战之间的时期，决策机构中有少数要人，他们有经济顾问的头衔，其中有一两个像西德尼·查普曼爵士是搞学术的经济学家，其他一些像弗雷德里克·利思·罗斯爵士则不是。有学术职务的经济学家和从事经济咨询的经济学家之间的联合的开端可追溯到经济顾问委员会和从其内部产生的经济情报委员会。在战时和战后年代，内阁办公处的经济处（1953 年后改为财政部的经济处）在政府的行政机构中罗致了许多学术界的经济学家，像美国的经济顾问委员会那样，这标志着一个决定性的变化。但是经济处本身不能保证学术活动和政府之间的交流。这种经常的交流运动是后来在 20 世纪五六十年代才有了的。那时以 2—5 年为期聘请了一些经济学家。当 1964—1970 年工党政府执政时，大量经济学家进入政府部门，通常是临时任命的。

因此，在英国和其他国家，越来越多地依赖专家的经济建议，这些建议是一些自认为是职业经济学家的人提出的，他们希望适时地得到一个学术职务。但是，在有些国家，经济学家和其他行政人员并没有特意区分，并力求保证那些承担经济职能的人至少有基本的经济学知识。

不管在政府中的地位怎样，银行（特别是中央银行）和大企业一般都广泛使用学过经济学的人员，并且不再把这些人员局限于收集资料，写发言稿等。在每个领域的管理人员中都有很大和越来越大部分的人通晓经济学。而且大学、企业、银行和政府之间比过去有了更多的交往。

如果经济学家认为他们自己是实际工作者，他们就必须改变他们的课题，使之更切合实际。这就是说，首先，也是最重要的，是越来越多地集中注意那些短期问题；其次，采取计量经济学方法进行大量数据分析；第三，努力缩小九霄云外的纯理论和现实世界的实际情况之间的鸿沟。所有这些努力的成功当然与这样一种认识有关，即经济学并不是全能的，还有研究人的行为的其他学科，经济学必须与这些学科联合起来。限于篇幅，不能多说这些变化是怎样出现的，以及这门学科的教学仍然怎样与培养从事经济决策的现实经济学家的任务不相适应。

关于第一点的一个例子是经济预测。这种预测的眼界一般限于 18—24 个月，以便使作为预测根据的模式能体现短期关系。在 20 世纪 30 年代以前，这些关系并不是广泛考察的题目，部分因为所需数据大多是缺乏的，但更重要的是因为政府政策的重点从来是长期的。无须多说，像国家经济和社会研究所的《经济评论》或伦敦经济学院的《经济展望》中所用的经济分析方法几乎完全是战后的事。

对经济预测的需要是在 1944 年公布就业政策白皮书（6527 号法令）之后政府目标改变所引起的。预测是一种管理手段，它是制定政策不可少的。正是在凯恩斯主义思想影响下经济管理的发展，使经济预测受到这样大的重视。凯恩斯本人是否赞成这样的重视是另一回事。

至于培养年轻经济学家，偏重于短期的情况显然有其弊端。它包括着重于不断变化的和不确定的各种关系，专注于大量统计资料和细微的统计分析，以及偏重于建立宏观经济模型。建立这样的模型对初学者是沉重的智力要求，并可能有损于对经济中更多的历史和哲学因素的理解。

经济预测不可避免地导致计量经济学的运用。对计量经济学有些类似的意见也是适用的。只有大量经济数据而不进行计量经济分析是难以知道如何令人满意地运用它们的。现在的危险是认为各种参数的价值是永恒的并看得过重。我们都知道，各种说明，不管它们怎样用数学装扮自己，几乎都同样符合实情。凯恩斯想必愿意告诫我们不要过多注重对自然科学更适用的技能，特别是想用这些技能使经济学看上去比它实际上更科学。

当我们回到理论的一般化和现实生活的复杂性之间的差距上来时，重要的问题就发生了。因为对这种差距要在另一篇文章中加以说明，这里就不需要多说。理论的三个重要特点限制了它对决策者的价值。

首先，理论从一定的和固定的假设出发，沿着它本身的逻辑坚持到底。它假设我们完全知道我们的处境，排除决策者所熟知的那种不确定性，如数字得不到，数字互不相符，或者需要季节调整或其他调整，而这种调整本身就是不准确的。理论从精确的假定出发让我们得出精确的结论。但是，决策者不能满足于假设。他必须考虑他发现的种种情况，尽管是模糊不清的和不确定的，并决定对此该怎样办。处理一个特定问题的行动领先于理性思考，后者可自由决定从哪里开始，到哪里结束。

还有更大的困难，即理论满足于一次处理一个问题，但在现实世界中问题都不是在孤立状态下发生的。例如，在一些活动组成一个网络或系统的一部分时，要得出每一个行动的代价，如果把它从其他活动在该网络中互相联系的方式中抽出来，是不可能的。年轻经济学家学了全部关于边际成本的理论，很少准备处理某些复杂的问题，如试图把理论应用于公共设施和国有部门的价格政策而产生的复杂问题。尤其是因为并没有人告诫他，必须考虑到边际的多重性，而不仅仅是生产的新领域的简单边际。现实问题的决定是互相关联着的，这一事实使他们比教科书中那种一次一个决定要难处理得多。

经济理论也不过是对人的行为的部分分析。但是管理经济或企业的人就必须与真实的男人和女人打交道，这些人对政策的反应不会像理论家们所假定的那样。一项政策执行得怎样，在某种程度上取决于它是怎样被接受的。那些感到有必要与他们的经济顾问们商量的部长们，对可能有的反应至少也会像对政策本身一样感兴趣。现在经济学家们对预期是怎样形成的表现出更大的兴趣。但是，经济理论很少说到或完全没说到行为的其他方面。而经济表现却是极大地依赖于这些方面的。例如，工作人员的情绪；他对工作的态度，特别是他对雇主和整个社会的态度；他对接受技术和其他变化的意愿；他是否适应残酷和好斗的状况。

即使问题是属于某一经济理论分支的课题，我们也不一定能更明智地决定对它该怎么办。非常容易把难处理的社会问题中的经济内容与经济学家解决这些问题的能力混为一谈。例如，经济发展改变经济数量这一事实并不一定能使经济发展反映经济政策手段，它可能更易于反映完全不同的事，如维护法律和秩序，政治领导，与国外的接触。同样，通货膨胀是一种经济现象，但通货膨胀的原因并不一定出于经济故障。经济学家们对经济控制的贡献可能并不很大。

当代的问题

下面让我们转向由市场扩张和现代决策的规模和复杂所造成的问题。

中心问题之一(即使不是中心问题)是信息爆炸。统计资料的数量已经无限增长,即使是摘要也很难查看。但是,原始材料过多并不是困难的根源,问题在于来自各方面的意见和分析的洪流,从纯理论的分析到报纸上的文章。70 年前英国只有一份经济期刊,在世界其他各国也许只有几份。现在的期刊多得连任何经济学家都不能叫出它们的名称,更不用说去读了,而且其数量仍在不断增加。据说学术刊物上发表的文章平均每篇只有 5 个读者。可以肯定的是,没有人能希望阅读所发表的文章的一个极小部分,而且随着我们从理论走向政策,这部分也进一步缩小。各种官方文件也同样是大量的:政府各委员会的报告和向它们提出的证据、简报、新闻稿、演讲、对议会质询的回答等等。而所有这些还要再乘上发表有关文件的国家数,不管是理论方面的或是有关经济事务的文件。这样吵吵嚷嚷,人们能听到什么几乎全是偶然的。

这就产生了几种结果。一个结果是书籍被文章所顶替,而文章为摘要所顶替。经济学家每年用他们阅读的时间读的书越来越少,而读的文章越来越多(至少一时是这样)。决策者更很少读经济学的书,虽然有一位前大臣在一次长途航海时读了三本人所共知的教科书，一位前常务秘书到那不勒斯去休假时带着马歇尔的《经济学原理》一书去读。

第二个结果是专业化。现在的经济学家，像我们大家一样，不可避免地要选择他们要读的东西，从而越来越使自己的眼界受到限制。然而，我们都知道，在经济体系内，每件事都互相影响，我们只有密切注视整体才能了解局部。

另一个结果是越来越靠口头说。在个人接触中，意见的交流比从“文献”中几乎是胡乱搜寻要快得多。无论如何，部长们和官员们很少有时间去阅读“文献”，并且也难以领会它，或从中吸取与政策有关的新思想。甚至在政府任职的经济学家也拿不出多少时间去阅读学术杂志，而倾向于只凭过去积累的或者从他们自己近来的经验中得到的智力资本。因此，他们总是受过时的货色和他们与经济学家们可能的接触的支配，这些经济学家或者仍然从事学术活动，或者至少有足够的闲暇和积极性跟踪当前的理论争论。并不是说政府的经济学家不能发展他们自己的理论，有时他们在这方面领先于其他思想家，因为他们受到的压力更大，易于得到的材料也更多。

第四个结果是会议的增多。如果交换意见最好用嘴说，开会就是传播意见的有效方式。我们中有些人实际上放弃了阅读，他们发现会议是赶上，或者更普遍的是，抓住前进变化的闪光的最理想方式。但是甚至会议也有它的局限性。如果就自然科学来说，我们可以看到有上万人或更多人参加的会议。在会上主要文章的作者只有 10 分钟发言，其他作者则沿着通向演讲厅的楼梯的墙排成一排，拿着打印的摘要，在去参加下一次会的路上让他们的同行看上一眼。

信息爆炸还伴随着人数的大量增加。大学每年培养出数以千计的各类经济学家,其中几百人继续深造,或在政府、金融界或工业中就职。同样,这些领域中每一个的管理部门的用户数目也都大大增加,它们中有许多自己培养经济学家。

在决策机构中,需求与供给应该怎样结合,这是个很好的问题。在两个单独的专业组织中,即在经济业务部门中的经济学家和在单独的行政或管理机构中的行政人员或管理人员,该不该有严格的划分呢?回答部分地取决于经济专业的性质,以及它是否易于与行政管理所需的其他专业和知识相脱离。

30年代前的传统和后来的计量经济学都是要求经济学家的论点和结论应该能得到详细陈述和辩护,以便使智力强的外行人能够理解。与经济理论有关的问题很少有外行人不能熟悉的,在他的职业生涯中。随着他碰到一个又一个经济问题,他就会熟悉。有一种意见认为在青年时期短期学习这门学科,比那些全力处理教科书中讨论的问题达20年之久的人具有无可比拟的优势,这种看法似乎是有问题的。毫无疑问,有些十分复杂的有争论的问题,征求经济顾问委员会之类组织中的著名经济学家的意见是有用的。但是直到战后时期,行政官员们仍被认为有能力就经济问题——像其他问题一样——提出意见,而不需要专业人员的帮助。而白厅中仅有的那些专业经济学家都是属于经济信息委员会的人。

战后时期有了另一种平衡。经济处继续存在,起初是在詹姆斯·米德的领导下,后来是在罗伯特·霍尔的领导下。基本的设想是，当关键的决定要形成时，一个经济学家小组能提出经济方面的建议，同时，能帮助训练他们的同事们学会现代经济分析。因为经济学家们越来越快地变得过时，而且技术专家与外行之间的区别也趋于缩小，也准备使从事学术活动的和白厅中的经济学家互相交换，如财政部就以两年为期。这有双重好处，既能使更多的经济学家熟悉经济政策的实际问题，又能为这些问题的解决带来新思想、新意见。

在过去十年间，所有这一切都发生了变化。而是不是变得更好了，是很可疑的。经济学家在大学和实际业务部门之间的轮换完全停止了。越来越多的经济咨询服务为越来越少的决定提供建议，与此同时，行政官员们对付经济问题也越来越有经验了。英格兰银行的上百名经济学家和财政部的差不多同样多的经济学家还真有用武之地吗？或者他们是不可避免地到别处去承担研究职务更好？或者在不充分就业和不甘充当政策顾问二者之间选择一个？更重视选用合格的经济学家去完成行政任务，同时下更大功夫培训行政人员使之懂得经济学不是更好吗？如果政府的经济学家的作用限于对重大问题的咨询，并为此目的聘请一些著名学者，而全部工作都在白厅的经济学家数目可以更少，这样不是有些道理吗？

不管是由于现代决策范围大而且复杂，还是由于其他原因，这个问题及其解决，从思想上说有明显的过分简单化的趋势。公众、政府以及有时经济学家奉行一个又一个的神话，把它当作时髦的万应灵药，用以指导政策。在战后时期，英国人把一系列国家当作自己的榜样，而对它们的制度、观念和政策全然漠视。头一个是美国，战后不久就向美国派出了生产率小组，然后就努力想赶上美国在技术发展中的成就，但这与英国经济在商业上的局限性很不协调。其后是法国以及法国的指导性计划。英国人在战时已经把进行计划工作需要知道的事都学到了，而当计划化已经几乎是不可避免地走向衰落的时候，为什么又被法国的计划化弄得如此神魂颠倒，这真是使人大惑不解。从那以后，德国和日本相继受到钦羡。只有一个国家的成就被贬低和被大大忽视，那就是英国自己。

神话和风尚的作用在受到赞赏的政策的交替中表现得更加明显。有一些经常出现的为人所议论的题目，这里只能提一提。首先是计划化。这种计划化是不是真正可能，或者环境使计划本身成为荒谬的事，是时常被忽视的。这样一个简单的真理很少被认识到，即好的计划的实质是再计划。因为计划工作必须是一个连续不断的过程，而且实际上它是处理不确定性的一种方式。其次是投资。好像如果存在经济增长的其他条件，投资就自然不要了。强调投资是懒的经济学家的一种办法，他把一些参数引入他的模式，不理会非经济因素，这些因素却限制着期望从新设备中所得到的收益。再次是经济的停停走走。人们把这归咎于投资水平，说投资水平低。但是，这种现象是围绕着一个令人失望的趋势的波动，正像其他国家一样。回想起来，它作为一种反通货膨胀的手段，也不是没有一点好处的。货币贬值和浮动汇率，一个又一个都曾被当作包医百病的良药，但现在却被认为是什么病也不能治的傻办法而被放弃了。出口导向的经济增长是战后经济增长的信条中的仅存者：如果相信一个扩张的制造业部门具有极大的价值，那么出口导向无疑是可信赖的论点。但它在英国的条件下并不特别

容易实行。而现在，当出口以北海石油带头时，出口导向就被看作是灾难。最后，也是比上述所有那些都更具灾难性的，是又回到了过去即政府还没有学会倾听经济学家的意见时的神话中去了，这就是货币数量理论及其所造成的后果。

经济学家影响的限度

经济学家对政策的影响是波动的，而且很难说这种影响是什么。有许多经济学家，他们之中也总有这样一些人，其观点与在台上的政府的观点保持一致。但是，观点的吻合并不证明是有影响。另一方面，谁能说部长们从哪里得到启示呢？不管来源何在，谁能相信他能查清部长们对事情进展的作用呢？做演讲和设法支持已经十拿九稳的成果，以此来猎取荣誉，这简直太容易了。经济学家的著作，当它们差不多像是希腊合唱队时，也同样会有各种不同的事情产生重大影响。谁也不能否认凯恩斯的巨大影响，但是有充分的根据怀疑，接受了凯恩斯的主张，是否对 1932 年以来加快英国经济的恢复有多大作用，还是应把第二次世界大战后英国政府在维持充分就业方面的成功归于其他条件。

但是政府还是听取经济学家的意见的，特别是那些宣称自己知道应该做些什么的经济学家。如果他们强调要控制通货膨胀，政府就必然不大注意那些不提通货膨胀的理论，并且准备即刻接受不再让政府在其他目标方面起多大作用的那些主张，如充分就业、经济的更快增长、收支平衡等等。

而从公众这方面来说，经济学家的名声在战后 30 年内达到了顶点，现在又降到战前的低落状态。但是这不仅仅是经济学家失去了影响力。我们现在生活在这样一个社会，不管提出什么样的管理和领导方式，都会受到不断的挑战。建设性的努力可以毫不费力地和以多种方式使其受挫，以至行不通。消极的力量在上升。在政策的执行中越来越难以达到一致和协调。即使在和平时期，这种协调一致的倾向也是社会生活的必不可少的因素，如果它还要作为一个社会生存下去的话。如果不打算做出牺牲，一个国家永远不能承受变革的重担(变革就包含牺牲)，也不能达成妥协，以使社会保持稳定。凡是以陈词滥调和神话代替讲道理的议论的地方，要求做出任何牺牲都是无希望的，而对经济的管理也就更加困难。争论会降低到非专业水平，同时发生游行、示威、暴力行动，甚至恐怖活动。它本来可以停留在议会辩论的政治水平上，并由各压力集团互相疏通。用任何方式都不能使人们不运用权势。但这里仍然有进行专门辩论的余地，而经济学家有义务组织这样的争论，以便至少可使所有有关方面对不同政策方针在理性上的优点更加清楚。如果我们要在经济政策的迷宫中与敏诺塔尔①战斗，我们必须得到保证，引导我们的那些线是可靠的。

在过去大约十年间，在改进辩论的组织方面有了种种改进。例如：

1. 国家研究所与经济和社会研究委员会合作，就有相反意见的问题组织一系列讨论会，并把讨论进程加以公布。这些讨论会

① 敏诺塔尔(Minotaur)是希腊神话中饲养于克里特岛的迷宫中的吃人肉的半人半牛怪物。——译者注

与布鲁金斯经济论文出版前组织的小组会议有许多共同之处，但更周密和不定期。

2.经济和社会研究委员会支持一些专门研究小组把对特定领域的题目感兴趣的经济学家们从各地方召集在一起。

3.虽然伦敦和剑桥的经济服务部不再搞了，但克拉尔经济学家小组仍以同样方式，在他们当中对当前政策进行讨论，然后在《中部银行评论》上发表评论。

4.下院特别委员会实行新制度，比过去更经常地收集经济学家和其他人对当前经济政策的意见。

5.报刊以更多的篇幅刊载经济学家对政策问题的言论。

6.各经济政策研究机构都有出版物，这些机构如国家研究所、伦敦经济学院、经济政策组、财政研究所、贸易政策研究中心、政策研究所。

现在有足够的条件以这些或其他方式进行讨论，这比过去任何时候都更好了。经济学家可以利用这些便利条件，在传播媒介的帮助下提高公众对各种可能采取的政策的理解水平。他们不能再抱怨市场仍然存在的不完善使别人听不到他们的意见。

三、市场与国家

现代经济学可以说是从市场的发现开始的。虽然“市场经济”这个词早已创造出来了，但它的本质特征是在《国富论》中做了概括，这本书提供给我们关于一种经济制度的最初的清晰的模式，并分析了在这种经济制度中市场的作用。自从亚当·斯密那时以来，经济学家们对市场力量的强度和限度进行了讨论，并为他们对这些力量的深刻理解而感到欣慰。

与此相反，国家并不需求这种发现。它的活动是一目了然的，并且是经常的政治争论的题目。从来也没人说过国家可以完全由市场所代替。亚当·斯密本人就曾强调过国家的积极作用，例如，维持秩序，实施法律，提供免费义务教育，取消特权和垄断地位。他为国家活动所提出的准则可用来对现代条件下广泛的计划进行评判，但他在当时并没有对什么计划表示赞许。他所反对的是他不予考虑的“重商主义者”的思想，这种思想认为使用政权以达至经济目的是理所当然的。

19 世纪从重商主义退回到放任主义并不是由于人们发现市

本文最初是 1976 年为纪念《国富论》发表 200 周年在格拉斯哥大学的讨论会上提交的，收入由 T. 威尔逊和 A. 斯金那尔主编的《市场与国家》卷中，会后由牛津大学出版社出版。

场有什么新的优点。那也是由于当时强烈的扩张压力起作用，需要有自由市场提供充分的活动范围，以便为社会带来可能的利益。技术变化的妖怪从瓶子里出来，给予市场以前所未有的魔力。与此同时，民主力量对作为专制和现状的支柱的国家产生怀疑：如果不专横地使用政权，那对市场所能开拓的机会来说至少是不进步的、官僚主义的和感觉迟钝的。

放弃国家控制从未导致完全依赖市场力量。国家并没有消亡，虽然比起后来政府为自己提出的那种目标来说，它更接近于消亡。市场允许有更大的活动领域和自由，但是国家仍然决定着法律和规章的框架，私人主动性要在这种框架之内发挥，以适应市场的需求。

随着极权政府和计划经济的出现，以及战时条件下价格机制实际停止运行，钟摆以另一种方式摆动了。强有力的政府完全控制了经济，市场只允许在有限的范围内起作用。即使在和平恢复和专制主义减弱时，国家的作用仍然是很广泛的。工业经济由国家“管理”或计划，公共部门扩大，福利国家发展，同时却很少利用市场。在20世纪初，英国的公共开支约占国民生产总值的10%，这主要是用于防务或支付过去的战争。目前它已达到40%—50%，并且维持这个限度已颇感困难。

经济学家们在转变看法方面扮演了重要角色。他们让人们注意市场不足的种种形式，以及在没有政府调节的情况下市场力量起作用所产生的意外后果——高失业，利率和汇率的反复无常，迅速的通货膨胀，与经济行为无关的收入的巨大差距。他们批评的根据是市场经济模式着重于这样的活动方式，它可能与广泛的社会目标相抵触。这样，就提出了一种设想，即政府应当进行干预，以解决这种冲突。但是，如果你从另一端出发，你自然可以建立一种政府行为的模式，这种模式同样令人信服地针对着市场干预的弱点和不足。政府宣布的目标与它们活动的实际结果并不一致。如果你想做出一个平衡的判断，那就必须像任何一位经济学家所知道的那样，根据对多种替代方案的充分估价，而不是只考虑理想化的国家或市场的情景。现在钟摆又朝着更多地依靠市场方向摆回来了。在有些地方叫喊“压缩国家边疆”。国有化的工业正在退归私人所有，正在努力缩减公共开支的份额，减轻沉重赋税加给市场的负担。先前要求国家采取行动的那些政策目标正在重新评价。收入的不平等与需要有更强的推动力（如市场所能提供的）相比，其意义已减弱。充分就业的责任由于这样或那样的理由而遭轻视。现在最迫切的需要是控制通货膨胀，而这又等于要控制货币供应量，但这是中央银行的事，而不是中央政府的事。

这种反应在过去市场最受限制的地方也最为明显。特别是在中国，市场作为一种分散力和企业的推动力，其好处已被再发现并得到发挥。在几乎所有共产主义国家，都在国家计划和市场自由之间寻找一种新的平衡。在西方，国家也在后退，至少在当前是这样。

这里当然没有任何完全压抑市场或国家的问题。这两个现已尽人皆知的对立面不应使我们看不到它们的相辅相成。在一个由国家控制的计划经济中，仍然需要使用社会优先指标，从而首先市场价格就很难改善。没有价格和没有某种价格机制的计划注定是任意的、不协调的和无效的。不通过这样一种机制来分配资源，是一件复杂的和浪费大的事;而设计一种价格机制,使它符合社会价值,并允许公民自由地表现这些价值,如果没有一个使他们显示其选择的市场,则几乎是不可能的。同样,一种没有政府组织的经济也就是一个导致无政府主义的方案。没有什么人会认真地建议国家对市场应完全不加干预。如果有谁这样做,他就应能说明,当国家已经是国民收入的 1/4 或更多的市场时,这究竟怎么能做得到。

只有一个明显的问题值得探究,那就是国家与市场之间的分工。为了什么目的应该允许市场力量自由放任?又为了什么目的应该由国家试行调节或者绕过市场力量?有没有什么理由预期,随着时间的推移,市场力量的冲动会减弱,或社会效益减少?或者另一方面,有没有什么理由认为应阻碍国家干预,因为它似乎将越来越用之不当,或者将使市场越来越不能令人满意地发挥作用,或者将在所建立的官僚机关中发生不幸的副作用,或者使政治权力以令人不快的方式发生转移或集中?

市场不能实现的目标

说明国家的活动扩大的一个理由,是经济政策的目标具有越来越大的重要性,而这些目标市场不能轻易实现,或者完全不能实现。

平等

一个这样的目标是促进更大的经济平等。从历史上看,对于一个依靠不受控制的市场力量的制度最直接的挑战来自这样一些人，他们在最终的收入分配中得不到什么好处。马克思主义者特别指出市场力量反映了阶级结构，而阶级结构有它自己的力量，它要控制，如果必要的话，要压服市场，以便按经济服务分配报酬。另外一些经济学家则完全相信，尽管市场在配置资源以适应消费需求方面是有效的，或者确实是不可少的，但现有的需求方式却是不符合社会公平的。因为富人和穷人甚至在所谓“完全的”竞争情况下，也不能以同等的条件进行竞争，市场的裁决不能是最终的。累进税和福利国家已经驳倒了这种批评，虽然并不是完全的和没有代价的(因为收入的转移超过一定水平，就会反过来影响市场的作用)，但是一旦国家准备把市场力量对收入分配的裁决置之不顾，那就未必会满足于收入的转移。所有国家的经验都说明，有一种越来越强的意愿，与通过价格起作用的同时，有意保护低收入者，使之免受市场趋势的不利后果的影响，如控制租金，实行食品补贴，有差别的票价等等。对市场的这些限制的结果通常较不明显，但比起直接收入转移来，几乎永远是更使人不快。

充分就业

国家干预的扩大所带来的第二个宏观经济目标是充分就业。这比起收入的再分配，更不是什么新的目标。对于重商主义者它表现为“使穷人有工作”。但是，他们关心的是不充分就业工人的半永久性存在，或者是战争和复员的后果。现代的问题更大，它是高水平上的经济稳定问题之一。它来自接受凯恩斯主义的论点，认为市场体制不是自行调节的，在一个有效需求不断波动的经济中，为使商品市场保持平衡而进行的价格调整，对恢复充分就业来说,可能是无能为力的。

说凯恩斯主义的分析本身并不要求国家积极干预,这自然是正确的。例如,如果仅仅实行货币政策就可能确保持久的充分就业,那么执行适当政策的责任就可以交给独立的、具有一切必要权力的中央银行。但是,这种想法并没有使我们前进多远。首先,公共政策的任何一个目标,只要它与其他目标不严重冲突并且易于理解,就可加以分割,并委托给一些准独立机构。这并没有使它更少使用政治权力。但是,其次,充分就业与这样一种说法并不相符:经济政策的一切主要目标都互相交织,强调和优先考虑每一目标都要求不断地重新加以说明。任何中央银行都会像任何政府一样问它自己:充分就业有多充分?当国内需求(或者,再加上国外需求)减少时,把就业恢复到从前某种水平有多紧迫?怎样能使就业政策与通货膨胀或对外逆差的危险相协调?等等。无论如何,你怎能把货币政策与财政政策分开?一旦预算成了经济中如此重大的一个因素,以至预算盈余或赤字支配所有其他部门的盈余或赤字,货币供应的变化就或者受预算的支配,或者在较狭窄的限度内复生,而这也只能通过利率的大幅度波动,这对资本市场来说将会产生严重后果。认为不管政府采取怎样的财政态度,货币政策都能控制就业水平的想法,实行起来是十分荒谬的。

采取货币政策和财政政策促进经济稳定,不需要政府对市场进行过多的干预,这仍然是正确的。但是正像分配方面的考虑导致多种形式的价格控制一样,就业方面的考虑也会认为有理由采取一些措施来帮助这个部门或那个部门,来维持某些特定公司或工程运行,来继续为国有部门配备过多的人员。对公共部门以老式态度看待，维持着一种计划方案的“架子”并在衰退时付诸实施，支持地方政府专门制订的雇用更多劳动力的计划，这也都反映了对仅仅传统地依赖货币政策和财政政策缺乏信心。放弃对就业水平的责任的政府通常由于缺乏信心而这样做，但它们继续寻找直接增加就业的途径。的确，当它们雇用着1/4的工作人口时，它们是不会不关心就业水平的。自然，它们在公共部门所提供的就业应是直接决定的，而不是为了适应它们自己通过财政渠道所造成的压力。

通货膨胀

大大扩大国家作用的第三个宏观经济目标是避免通货膨胀。这个目标也不是把问题留给市场所能达到的，至少当人们继续同时追求上述两个目标时是这样。这可能是正确的，即在19世纪时很少通货膨胀，除非政府造成通货膨胀，市场力量是不一定会引起通货膨胀的。但是在政权依赖于工资和薪金收入者的环境中，这种权力很难不被用来进行收入再分配和维持就业。围绕分配而进行的预算斗争波及劳动力市场；以增强劳动者的讨价还价的力量来实现充分就业，把劳动力市场上的这一斗争直接转为通货膨胀。

当加给经济体制的压力危险地增大时，经济体制就会发展它们自身的防卫机制。当人们提出的要求超过这种制度能够给予的，通货膨胀和对外逆差就是市场经济的防卫机制。失业是最初的，也是较严酷的防卫机制，因为它担保人们不会提出额外要求。即使无可争议地认为失业仍能对缓和工资要求起作用，把失业这种防卫机制用来达到自己目的的政府能否有希望在一个充分民主的社会中继续掌权也是大有疑问的。因此，要努力寻找一些调节工资和物价的替代办法而又全然不取代市场力量。然而，随着收入分配和经济稳定，有些政策措施不要求过多地干预市场，是否能制定反通货膨胀的收入政策以避免广泛干预的必要，则是完全不清楚的。

收支平衡

另外一个对国家的活动有很大影响的政策目标是保持对外收支的平衡。这并不是一个新的目标，亚当·斯密就曾想它会被引入歧途。他，还有大卫·休谟都看不出为什么国际收支平衡不能自行实现。但是，有逆差的国家，或者相信自己受到收支平衡限制的国家，很少愿意确信市场力量会使它们消除逆差，或使它们免受限制。甚至当它们选择了浮动汇率，或者更通常地是被迫默认浮动，它们仍继续以真正的或假定的收支平衡的困难来证明实行多种多样的控制是正当的。有时这些控制主要是针对资本运动，或者是用于范围广泛的进出口，其作用就像是某种变相的贬值。但是，更经常的是，这些控制措施包括对希望得到大量收支盈余的特定部门的直接保护或补贴。国家越是感到自己因所承担的国际义务而被迫放弃对这些部门的公开保护，它也就越要在设计各种支持的替代形式(包括“非关税壁垒”)方面，表现出更大的才干，不折不扣地而不是在精神上支持它的企业。这种支持可能是纯粹的保护主义的，并且与收支平衡无关，但即使如此，收支平衡的考虑似乎也是情有可原的。

经济增长

国家致力于加速经济增长也属于同类目标。不能断定市场力量“自行其是”(如果你能体会这个概念的含意)就会产生最大的或者是社会所能认可的增长率。一旦增长率成为公众关心的事,国家就不能不予以关注并力图或者使它更符合经济的实际潜力,或者使它适应公众所能接受的要求。

可惜简直没有办法能说出究竟该怎样做才能实现这些目标,我们对支配着增长率的那些力量了解不多,对如何才能使它们更强有力地起作用知道得就更少。没有简单的或者一定的方法确定一个国家的最高增长率,或找出哪个或哪些增长率是社会所能接受的。我们不能保证国家在加速增长方面的努力会有重大效果,或者这些努力终将是有益的。因此,我们是在一种几乎完全不确定的领域之中,在这里,经济学家们 30 年来都表现得毫无把握,并且不得不在后一个 10 年之内收回他们在前一个 10 年所说的大部分的话。

但是,此事关系重大,促使人们行动的推动力也相应地强大。无论经济学家们提出过还是没有提出过建议,他们的建议受到注意还是未受到注意,政府都相信他们能影响增长,并出于这种信心而采取广泛的措施,从增加公共投资到关税保护,扩充大学,实行指令性计划,投资特许或补贴,建立自由贸易区,等等。所有这些加在一起,与在一个几乎是不断保持充分就业的环境中起作用的市场力量相比究竟有多少重要性,是一个公开的问题。

最近,增长理论和增长计划开始强调科学技术。但是,技术变化的速度，更多地是它扩散的速度，或者是今天被称为“技术转让”的速度；而对追随马歇尔或者熊彼特的任何人都不需要说，这完全是市场竞争造成的。一旦讨论到创新和增长或发展是同一枚硬币的两面时，国家在推进增长中所起的作用就需要彻底地再考察。

预算日益增长的重要性

还有其他一些宏观经济目标（例如地区政策），可以列举并加以分析。这些目标也要求国家进行某些形式的干预。这些是在现代追求更加雄心勃勃的政策目标时出现的更多的例子，这些目标都只能通过集体行动才能实现。越是认为这些目标重要，也就越有必要强调对市场力量的集中控制，或者强调由国家采取直接行动进行监督。但是对实现任何这种宏观经济目标（也许收入政策除外）来说，国家对市场的直接干预不是必不可少的。原则上，有可能采用加强或者减弱现行鼓励办法，或者采用增加或减少当前的收入，不取消买方或卖方对市场力量做出反应的自由，而只是施加影响。这说起来并不是这些目标的本质使它们无法实现，除非改变公共部分和私人部分之间的界限。这甚至并非无可争论，即公共部分的扩大是否会使任何目标都更易于达到。逻辑和经验都表明，所有这些目标都会引起预算的重要性的增大，而宏观经济政策的主要工具必然就是预算工具。追求集体目标的经济管理不仅会导致更大的集中化，而且会导致国库的更大的集中化。凡不是这样的地方，那或者是反映一种不愿依赖市场力量的倾向，或者是反映通过长期计划加快结构变化的努力，支持这种长期计划的主要不是财政上的控制。

市场的弱点

不仅仅是有一些广泛的集体目标不能依靠市场来实现,而且即使是它应在资源分配中起作用时,它也会不起作用。

市场的缺陷

自由市场的好处在于它们给予买主或顾客以选择的自由,它们从卖方或生产者那里引发经营的自由,并且它们通过价格机制达到经济活动的协调。但是,市场想要驾驭的那些企业可能并不愿予以配合,或者它们还会采取某种方式利用或获得更多的市场力量。不能使任何人进行竞争,而且竞争的自由可能变质为达成严格协议的自由,或者是接管竞争者的自由。

经济学家们列出了市场的缺陷和弱点的很长的单子。有的缺陷是与垄断或垄断性竞争相联系的;有的是由于忽视或不完全了解市场的选择;有的是由于各种外在性和由此而造成的私人和社会代价与利益之间的偏离;有的是由于易于遭受风险和不确定性,特别是与创新有关的风险和不确定性;有的是由于在当前和未来之间做出决定——这里对当前价格的反应可能是反常的,从中推算出的将来的价格,如果是可预见的,也可能引起相反的反应。这些缺陷的每一个都足够写一篇长论文。而国家在寻求弥补每一局限性中的成功都能引起无休止的争论。然而,我们难免要自问:应该怎样认真地对待它们,以及从总体上说,它们怎样从根本上改变一个现代国家应有的对市场力量的依赖性。

战时的控制

一个例子表明，对它们确实需要认真地领会。假定一个国家被迫进行防御，反抗军事进攻，因而必须进行战争动员。摆弄公共开支和在市场上筹资以提供军需并不那么有效和迅速，不如绕过市场使用强制和征募办法，以建立起政府认为具有适当形式和规模的武装力量。除了政府，还有谁能深知政府的想法，或者了解战争的需要？市场价格和支付的比率最不能转达政府战略的重点，或者以所要求的速度使人员和物资转到战时使用。市场价格体系的设计，不能促使资源从平时到战时的全面再分配，或者相反。

发展计划

同样的逻辑也适用于不发达国家，这些国家所需要的结构性剧变会使市场价格成为所需调整的坏的向导。这种国家突出的不可分性、不连续性和外在性使价格机制成为调节经济活动的不能令人满意的工具。在经济努力的首要目的是满足众多消费者互相冲突的需要的地方，市场可促成必要的边际调整，以利于这个目标的实现。但是当调整不再是边际的，而供求方式必须实行根本的和迅速的转变，以执行某种压倒一切的任务（如工业化）时，就难以利用通常的市场机制，适应这种任务的重点需要，同时使消费者受惠。可能就必须实行直接控制和驾驭价格的机制，使生产迅速与当局的计划相一致。所进行的调整越大，它们所需的时间越少，价格变化反应的弹性也越低，也就越要采取强制的办法，以避免价格的剧烈波动。除了强制本身易于产生的滥用之外，还有一种危险，即国家要想办法避免价格有任何变动，并完全依赖行政措施，而不借助于市场可能提供的最终是不可或缺的辅助压力。

浮动汇率

汇率的波动提供了又一实例。这里，十分清楚，专家们的意见是强烈反对行政控制，赞成允许市场力量充分发挥。但是，由于短期弹性低，同样会有价格大幅度波动甚至反向波动的危险。汇率的波动可能十分激烈，以致阻碍达到新的收支平衡，这种平衡正是它应促进的。这样，危险就在于坚持完全依靠汇率的波动，不动用外汇储备缓和波动，或者不采取行政措施来加强市场压力。

在所有这些情况下，有人自然会对国家的直接行动不以为然，他们贬低对市场的一切官方干预形式。这些人如果管理战争经济，或者为发展中国家制订计划，或者为稳定汇率而进行干预，就注定要时常出大纰漏，而当他们犯错误时，却往往大受宣扬。但是，如果每一种赞成国家干预的意见都受到全面的攻击，被说成是行政的和官僚主义的蠢事，是这种干预的必然伴随物，采纳这种意见就没有什么意义了。如果认为市场没有改进的可能性，则这是一种片面的想法，正如认为表明市场全然是不完善的就足够了的想法一样。

垄断问题

在市场的所有形式的缺陷中，传统上认为更重要的是垄断。当垄断扎根于生产者和消费者集团的串通之中，以便对市场实行集体控制时，这问题原则上是简单易懂的。限制贸易的行动可以被认为是非法的。但如果一个公司径直成长到垄断地位,那又当如何呢?或者如果它在全球范围内进行套利活动,这些活动只有一部分是在一个政府的管辖范围之内,又当如何呢?在这种并非少见的情况下,国家有什么办法对付滥用市场力量的事呢?一种更为困难的问题是从雇主和雇员之间的集体谈判协议中产生的,而这种协议必然反映着垄断力量的使用。这种力量怎能适用而不有损于任何一方?如果它不适当,又怎能避免根深蒂固的通货膨胀的倾向发生?这种倾向对经济的危害远远超过劳动力市场上最强有力的交易者所能得到的任何局部利益。

这些问题都不能做出简短或轻易的回答。有种种使人困窘之处。从保护弱者出发所做的事却会成为对强者的支持。企业规模大会带来效率,但它也会带来市场权势和免于竞争的压力。垄断组织可能解体,但不能使各部分互相竞争。竞争的自由可能蜕变为掩盖互相串通的自由,或者是吞并竞争对手的自由。市场要加以约束的企业会采取反常的形式。最重要的是,特权地位会像依仗经济权势一样,依仗政治权势,并像在市场上一样,在国家机构中牢固地树立起来。

甚至还有更大的危险,不能保证市场环境总能使竞争单位分散成有一定限度的规模。各种环境(现代技术、改善了的交通运输、大宗交易的利益、更易于获得廉价的财源)都表明对大公司有利。政府会有它自己的优待大企业的理由,政府对大企业能施加更直接的影响。在这种环境下,如果企业越来越集中成为数不多的大单位,又该怎么办?在英国,制造业中一百家最大公司在第一次世界大战前生产了全部产量的15%,在1960年生产了将近一半,而到1989年会达到2/3。如果这是市场力量产生的,国家该怎么办?为了进行讨论,可以假定,这种趋势不是由于国家的积极鼓励,而完全是在政府强有力的阻碍的情况下产生和持续的。在什么意义上要反对国家而赞成市场,并坚持认为一个适应市场指标的分散化的体制比由国家直接管理的体制更有优越性呢?为什么制造业不应走邮政、铁路和电站的道路?这有什么理由?

如果这个问题完全从经济效率的方面来回答,那么,这个回答必定是:原则上说,不。符合效率的经营规模可以扩大,直到在私人垄断和公共垄断之间可进行简单清楚的选择,而以国家所有代替私人投资者占有的利益对企业的行为方式来说不会有多大变化。变化的只是所有制,而它本身不会限制或改变市场的作用。它反映市场的衰微和竞争影响的消逝。不管还有什么影响都可允许继续存在。

然而,只有当你从公共占有的特点进行抽象时,才能从这些方面提出问题。国家并不单是一种新的持股者,而是具有特殊权力和定见的持股者,它并不总是考虑经济效率。在某种程度上,它对公共企业的关系,与任何大企业对它的分支机构的关系是一样的。这就是说,它可以让企业自己管理自己,或者给它们制定一些规章,确定一些目标(以及由于一定原因而增加财政拨款),或者仍然进行直接控制。它可以让企业按它们对市场的判断来自行其是,或者把自己的判断加给它们,或者它可要求企业实行根本上是非商业性的并且也不是从市场的考虑出发而判定的政策。正是这后一种可能性从原则上把政府的经济活动区别开来。只要企业单位的增大使它们能像从前一样对市场的影响做出反应,即使它们拥有更多的市场权力，它们的增大也不会使作为决策向导的市场的潜力受到减损。但是，如果由于企业的增大使决策内在化，加强了对决策的非商业性影响，那么大企业代替小企业就不利于市场而有利于国家。把这一点说得更具体些。当大企业为利润的考虑所指导时，它仍然是企业，但是公共企业可能必须把政治考虑与商业考虑结合起来。如果商业考虑被政治考虑所冲淡，其结果，即使从有限的经济效率的观点来看，也很难是令人满意的。这样，问题就变成可冲淡到什么程度。国家所有要达到什么政治目的才值得牺牲效率？利用国家控制，以便调节市场的作用，能不能同样好地为这些目的服务？

也许有人反对说，所有这些都预先假定有一个可调节的市场。但这似乎与不断增强的工业集中和走向垄断的趋势这样的最初假定不相符合。然而，每一个大公司都能统治它自己的市场与它们受到相互间的激烈竞争的威胁完全是可以同时共存的，因为每个大公司至少都能进入其他大公司所供给的某些市场。对保持工业效率来说，潜在的较量可能是像真正的竞争一样有力的因素。此外，大私人公司在使它们的结构和活动适应市场条件的变化方面比公共企业表现出更大的灵活性。如果说它们进行吞并活动，那么它们也卖出或关闭一些企业。

随着公司规模的增大和获得越来越大的垄断力量，它们的表现就越来越带有国有企业的特点。它们施加更大的社会和政治压力，它们自己也越来越多地受到这种压力。它们的政策目标变得越来越复杂，并且为社会承受力的考虑所冲淡，以致它们不再专心致志地追求效率了。但是，只要它们仍然为私人所有，它们就可以在尽其可能的限度内建立它们自己的优势，同时又在国家规定的限度内自由进行它们自己的安排。这些限度可能是很宽的，并且是很一般的，也可能是狭窄的和特定的，一直达到国家实行比它如果是企业的真正所有者更多的控制。

作为一种分散力量的市场

垄断的情况是最根本的，因为它把我们带回市场存在的理由上来。国家不能根据简单的指示组织经济，不能像任何军队那样能用当时的命令来成功地加以控制。这里必须根据共同的行为准则来进行合作，必须有足够强有力的动力使工作得以完成。这些动力又必须或者是那种使军队战斗的力量，即有意在共同的行动中加强合作；或者它们必须对各个行动采取奖励和处罚的形式。这些不能由国家规定，正如不能下达指示一样。因为经济体系是复杂的。但是如果把它们交给市场，这里成交触及双方的利益，则这种市场能使推动力加强到所需的程度，并且能提供行为的指示器，使控制得以分散化。

但是，分散又受到规模经济的限制。如果经济活动过于零散，成了个人间的交易，它就不可能像大单位那样因能利用这种经济的优点而比较有效率。为了提高效率，必须在某种程度上屈从于集中。规模经济越大，规模的经济好处越多，集中方向的领域也就越多。这样，关于国家与市场的争论也就越像是关于集中和分散的争论，越像是关于引入或排除政治影响的争论。

国际市场

分散化的力量因市场的国际性而得到加强。市场的国际性是与国家的国内性相反的。只要国内市场向着来自外部的竞争影响开放,所有各种垄断力量就都有了一个限度,不论这种垄断力量是生产者集团还是工人集团所行使的,也不论它是来自整个部门或者个别公司的。正是国际贸易的这一方面特别受到亚当·斯密的注意。他发展的论点后来又为李嘉图详细阐述。这个论点是:自由进入国际市场,不论作为出口者还是进口者,都可能改进经济效益,并促进其增长。市场的扩大是加倍有利,因为它使经济更有竞争力,同时又在比较利益的基础上为专业化开辟新的机会。从追求这些机会中双方得到的相互利益说明了亚当·斯密的一个基本论点,即所有市场交易中对立的利益都会得到协调一致。老的重商主义者的意见是强调对抗和利益的冲突,促使政府进行干预,不惜冒引起贸易战的危险,而不受限制的贸易则倾向于推进友好与和平的关系。19 世纪的科布登等人十分赞赏这种观点,他们重视自由贸易甚至超过废除奴隶制,并由于这个原因,在美国南北战争中支持南部各州。后来可能是对主要政党来说,都主张国际贸易自由,同时又主张实行诸如全部生产资料国有化之类的高度国内干预政策。再往后就有可能提倡在那些实行各种形式的国家社会主义和其他积极的工业政策的国家中建立免除关税壁垒的共同市场。这些政策不可避免地影响主要工业国家的竞争地位,并且通常是为此而制定的。干预被从大门赶出去,又从窗户走进来。

我们不必去追求这些明显的不一致之处或困扰,询问国际市

场是否与国内市场完全不同。它们的不同是明显的，即使只是因为在每一次国际交易中，都至少有另一个政府参加，而可能实行的控制的程度就反映了这一事实。还有一个事实，即国内交易是自动地实现平衡，而对外交易则不是。政府有理由担心与其他国家交易的扩大，而没有理由担心国内贸易的扩大，因为后者不会引起通货膨胀。国际市场能促使资金流入死胡同，或延缓为最终的发展所需要的投资，而鼓励那些能立即获利但终将为经济带来严重消极后果的投资。而国家则可能更有远见或更愿进行那些长期发展所需要的投资，或那些能在广泛范围起作用的投资，并能巩固那些局部市场所不能带来的效果。我们也必须承认，国际市场是真正大公司的领地，这些大公司可把竞争精神与毫不含糊的垄断实力结合起来。像国内市场一样，国际市场倾向于支持那些已经拥有资源的国家，不支持那些选择自由很有限的国家，支持富者而反对穷者。但另一方面，在贸易和投资以及与此不可分的往来后面大量涌来的国际影响，可能成为成功的发展的主要因素。

国家的弱点

现在让我们从另一方面看问题，并且不再问市场有什么不好，而是问国家有什么不好。我们生活在一个日益集中化的世界，人们坚信要从最高层次实行计划和进行控制。这本身就把各种经济决定政治化，并向国家施加压力，要它扩大它的作用、它的权力和它的控制机器，而不管为此而建立的复杂的机器会带来什么后果。加尔布雷斯所抱怨的技术结构就是这样的一个结果，它就是由于在政府内外使经济体制服从于政治需要，使消费者服从于大企业的意志的结果。

重视国家并把它看作是社会计划和控制的机构这种想法由于政治权力平衡的变化而得到加强。过去行使政治权力的人(除农业利益集团之外)，通常较少担心市场的运转，而更多不满于国家的活动。拥有财富的人，可以从市场提供的廉价物中获得利润。工作有保证的人，没有理由害怕失业。对他们来说，市场力量站在和平与繁荣一边，对勤奋者和有进取心的人给予奖励。而勤奋和进取心对一个受到很强压力的经济的生存来说，是必不可少的。但是，随着政权从老一辈转到新一辈，从资本家转到体力劳动工人，人们发现是国家而不是市场在提供商品。拥有政权的人通常并不是那些从市场得到特别保佑的人，也不是那些乐于遵守市场裁决的人。他们，正如在他们之前其他社会阶级所做的那样，愿意利用国家在推进他们自己的活动时达到更为雄心勃勃的目标。这样做的时候，他们并不仅仅满足于实现市场力量提供的不同参数，而且更要在国家赞助下成立一些新的机构，以便明显地和直接地适应各种社会要求。

国家机器的超负荷

理性趋势和社会压力变化的总的结果是使国家机器超负荷，而且是不必要的超负荷。强加给国家额外的，往往是互相冲突的职责，而又不更多地考虑这种超负荷的结果：官僚主义，效率低下，浪费，挫折以及由此而来的腐化的危险，违反规章，随之是违法乱纪，极端轻视政治工作和国家本身。应该设法允许国家卸下它的一些职责,如有些机构可为公共利益工作而不需要由国家过多地进行监督,可通过自愿的努力达到所需要的广泛结果而无须国家过多参与。一句话,恢复市场的运用。

在与福利国家相联系的一般目标中,扩大运用市场的范围如何呢?过去几年我们看到了这种扩大范围的一个实例,即从固定汇率转向浮动汇率。但是国际部分(如果能把国际影响限制在一个单独部门的话)是自有定规,需要分别对待。现在我们且把自己限于公共部门,我们可以发现有少数可能着手做的事。

免费公共服务

例如,我们有许许多多由国家免费提供的服务,不通过市场来检验其轻重缓急(至少是在其需求这一方面)。完全不清楚为什么这么多的服务都应承担起来,为什么如此轻易地认为这些服务或者应该免费提供,或者应全部收费(住宅是少数例外之一)。结果通常是需求增大,直到为了能够支付所需费用,提供的那种服务被削减。同时,为了维持较高标准而进行竞争的服务(或者说是如此)是由私人提供的,但国家往往力图为它们设置障碍。免费服务和全费服务之间的这种两极分化,以及顾客中那些宁愿排队也避免支付的人和那些宁愿付费也避免排队的人之间的两极分化,都好像是既不必要,也无效率。但是在英国,政府决定在一个又一个方面废除居中的解决办法。甚至在住宅方面,这里取消房租的经济后果是如此严重,以致不需要说明,为什么这种办法至今也没有完全实现。房客和房东之间的两极分化也许是英国政治中最重要的一个分界线。

范围广泛的服务所需的费用很大，而且所付费用的多少大可任意决定。你可以了解这种情况的必然性。因为这里消费者没有什么选择，就像是军队的制服一样，或者给你什么你就得要什么，或者如果收费，你就被迫购买。这适用于国防服务，这里，纳税人必须接受他的代表们决定了的东西，没有别的办法。但是对保健、教育、退休金等又该怎样呢？国家不能剥夺消费者的一切选择权，因为它允许在它管理的供给的旁边，有一个平行市场存在。但是当像面包、奶油或住房等必需品不是免费供应的时候，为什么官方供给应该不要钱呢？免费供应与为此而进行的拨款有限二者结合，意味着免费服务必定是没有配给证的配给，而配给过程必定是任意决定的，也是难以进行的。向受益者收少量费用，只对大量收入低的消费者予以免费，也许比现行办法更好些。

商业服务

如果国家提供的服务或公共事业要收费，像国有企业那里一样，则会引起人们所熟知的价格政策问题。没有必要来重述与这个问题有关的争论。但是，从国有部门通常享有的法定垄断中产生了另一个更深的问题。在一个有竞争的市场上，或者甚至在有私人垄断的情况下，都有可能设法改善服务，如建立一个比现有机构更好的机构，或者在成功地接管之后，对所拥有的资源实行改组。但是法定的垄断不受这种影响。没有办法让一个自作主张的、任意行事的局外人支持它的要求，使之能改善现状，有各种理由说明为什么现有机构要寻找安静的生活，而那些成功的垄断企业从传统上总是渴望过这种生活的。公共部门怎能设想有一个要接管的对手，或者即使是有这样对手的威胁？它怎能保证公共企业能经受剧烈的外科手术，使它们面对自由市场必然会带来的竞争呢？

部分的回答在于国家是否愿意限制它通过国有化所拥有的垄断权。从这个观点出发，问题就是国家是否准备允许有各种选择继续存在。国防部是否坚持要接管武器制造部门，或者准备从私人公司购买装备？国家是否坚持管理全部煤矿和钢铁厂，或者允许有私人煤矿和钢铁厂进行竞争？邮局禁止组织私人邮政服务吗？新的煤矿能有私人资本参加吗？煤炭的用户能自由地从国外进口吗？或者它们只能自由地购买进口石油？任何国有部门的组织能推动各组成部分之间的竞争吗？简而言之，一旦国家有了垄断地位，它还认为不断进行选择和不断面临被取代的风险仍然是重要的吗？

结　　论

现代国家的负担已经很沉重，并仍在继续加重。许多人都认为应当减轻。但是负担的加重主要并不反映思想上对依靠市场力量有反感。它更多的是来自新的和广泛的社会控制的奢望：一方面害怕失业，另一方面又害怕通货膨胀，要造成一种更平等的趋向，关心社会公平，关心环境保护，关心市场不能包办的人们的需求，工业集中和企业越来越大的趋势。这些都会引起预算扩大，私人消费的重要性相对缩小，社会组织机构的整体增长，而这些难以对付的事情的绝大部分都推给了政府。所有这些都不可避免地增大了有组织的经济调节工具的重要性，减少了市场的重要性，并增大了国家的作用，使它成了社会组织的中心。但是在大多数工业国，私人部分仍远远大于公共部分，市场对经济的运行仍然是不可少的，不管是作为协调私营部分的活动的力量，还是作为私人消费者和政府当局聚会的场所，都是如此。甚至作为公共部分本身内部的分配网，市场仍是有用的和重要的，虽然在这种情况下对市场变化的各种正常反应不再出现。需要思考的是，如何更多地利用市场，以便减轻国家过重的负荷，虽然，这也许会使国家干预所要达到的主要目标稍有减损。

这实质上是一个组织问题。它不是改变公有部分和私有部分之间的界限，或者给予消费者以更多选择自由的问题。它是公共成分应怎样组织，应怎样在它内部重新建立竞争，如何使公有部门每一部分的决策单位时时进行改组，以不致被接管和倒闭，有像私营部分中所使用的那种改组机制的问题。这也是一个限度问题，在这种限度之内，私人部分应允许经营。这种界限的划定，可以是通过高赋税、政府调节或行政命令，这样就使公私部分之间的界限没有什么关系，并且，仅仅是这个原因，使今天仍在继续进行的关于国有化的争论本身大部分都成为不相干的。但是，这个界限也可以另一种方法来划定，即扩大私营企业的范围，同时，使更广泛的社会利益得到确实保证。假若经理和工人的约束性活动都实际上被取消，就会是这样。假若国家能有办法阻止使用经济力量来实现少数集团(不管是工人还是雇主)的利益，也会是这样。

在一个静态世界中，国家超负荷的危险不大，因为按常规办事与超负荷很少同时发生。如果不需要考虑经济增长，就有可能把更多的职责推给国家而无不良后果。但是在动态世界中就不是这样了。对变化做出反应的管理重任很易于变得过大,从而利用市场力量和指示器以便减轻国家负担的必要性,也就相应地加大。市场的巨大好处是它能提供一个测验场地,在这里测验对新的影响的反应,引出和试行不同方案,并表明那种新意见有最大的存在价值。它也能对管理行为进行衡量,对管理的存在价值进行测试。如让市场衰退,则这种选择作用也就有危险了。如果没有市场,各种委员会必须代替它来调节各种已知的不同方案,来推动提出新的观点,来评判管理能力。委员会有它的好处,但它们往往是市场的一个很不好的代替物。

亚当·斯密最强调市场反应的试验性,即每个人都力图改进,以便向消费者提供较好的交易条件。而国家在致力于发展和改进时的缺点,却使消费者对国家的意图抱有怀疑。无疑,他把这种情况说过了头。市场的中心点过于狭窄。支配消费者和生产者的选择有比国家所能考虑的多得多的变数。一个人所要买的东西并不能告诉我们他生活中需要什么,而他所能卖的又只是他单独努力的结果的一小部分。这就是一个人的需求和他的努力能得以体现的那个社会的背景。是方便条件和机会、社会资本和社会压力制约着他的行为。我们也许比亚当·斯密更明白要在社会构架之内去看市场,也更明白国家可以用什么方式有效地控制市场而不破坏它的推动力。我们确实更愿赋予国家的各种活动以更大的作用。但问题是,这是否是因为我们自以为在两个世纪之后,对决定国家财富的那些力量有任何更深的见识,或者是否因为有更明显的力量还没有起更大的作用,如民主理想的传播、富裕的日益增进、知识的增多,以及把我们交给官僚者的集中化的技术。

四、凯恩斯与计划经济

理查德·卡恩最近说，凯恩斯主义有成为一个卑劣字眼的危险。凯恩斯去世后，英国经济管理的不当就都归咎于他。用布伦丹·布雷肯的话说，“把通货膨胀看成好事”的，不正是他吗？使人“错误地”相信预算赤字、精细的调节和对需求管理抱过于简单化的态度，这不怪凯恩斯，又怪谁呢？是谁使我们忽视了货币的数量？是谁扼杀了金本位？是谁使我们丧失对过去很好的自动调节器的信任，使我们受政治上的失误和怯懦的支配？更有甚者，是谁打开了大门，让政府对经济事务的干预不断加强，随之而来的是对个人权利和自由的日益增多的侵犯？

这样一些提问，如果在两次世界大战之间，当情况大不相同时提出来，那对任何一个经济学家来说都必定是奇怪的。它说明有一种持久而强大的影响，这种影响当凯恩斯在世时从未归因于他。它忽略了凯恩斯对通货膨胀的深恶痛绝，忽略了他有关这个问题的大量著述，以及他认为放纵货币必定会导致革命和资本主义垮台的警告。这表明，对所有人来说，凯恩斯是热心于政府干预的，

本文原系于1976年在肯特大学举行的凯恩斯讨论会上提交的论文，原题目是“凯恩斯与自由主义”，后收入同一标题的书中(麦克米伦出版社，1978年出版)。

但他建议赋予新任务的几乎唯一的政府部门是财政部，而当他初次进入财政部时，那里的行政人员总共才二十几个。

计划与管理

同样，当把凯恩斯的名字与“计划经济”的概念联系在一起的时候，也应该记住，“计划”这个词在凯恩斯的著作中是多么少见。他不断谈到的是管理。这个词在他的《货币论》第2卷第7册的差不多每章的标题中都有。在《通向繁荣之路》也没有讲到计划化，除了在附录中偶尔用“计划”这个词。他讨论的是政策、建议、纲领，而不是计划。《通论》同样不提计划化。只是在《如何支付战争》中，“计划”这个词一再用来说明他提出的建议。似乎凯恩斯认为战时的经济政策必须服从于既定的目标，在正常的和平时期的活动中，没有与这些目标相对应的，如果在和平时期适于说“经济管理”，那么在战争时期就更适于说“计划化”。

即使凯恩斯使用“计划”这个词，他也是以很特殊的方式来使用的。在他看来，最理想的计划形式是道路规则。没有人不认为必须遵守从外部强加的一般规则，而这样的规则对所有行路的人显然都是很方便的。凯恩斯曾认为在战时有必要限制民用需求，这是一个实行满足同样标准的“共同计划的理想时机”。储蓄是限制需求的方法，但如果一个人储蓄多，而他的邻居却干脆少储蓄，这就不好了。如果所有的人都根据一个延期支付的计划实行更多的储蓄，需求就能保持在所需限度之内。为了达到既定目的而强制实行计划化是值得的，因为否则，一方面通货膨胀或另一方面供应短缺，将会把同样的经济负担更加任意地分配给每个人，这就更不公平，浪费更大，并且会更有损于战争的努力。只有在有一个一致的目标，而它又不是个人的努力所能达到的时候，才会有计划化。

和平时期的目标比战时更不固定，实现这些目标的方法也就相应地更加灵活。在这个意义上凯恩斯是经济管理而不是经济计划化的倡导者。但是，经济管理的增长主要是由于现在我们（部分地也是受了凯恩斯的影响）为自己提出了许多更加雄心勃勃的目标——充分就业、经济的更快增长、更大的经济平等，等等。

如果我们问，凯恩斯对战后所实行的经济管理有什么贡献，我们就必须考虑这些目标，以及它们对凯恩斯和受他影响的人们来说是怎么一回事。我们必须承认，直到1939年，凯恩斯对经济管理体制的直接影响虽然确实有，但也很有限，而对他死后已经有了发展的体制来说，他当然不能有什么直接的影响了。当他在战争期间重又进入政府时，他的精力主要集中于对外财政，而不是国内经济政策。他的希望是提出一个比1919年更好些的和平时期的解决办法，因而他陷入了为战后的重建而进行的长期持续的国际谈判之中。

政府的作用

似乎最好是从他本人对政府的作用说了些什么开始，然后再考察战后的发展在多大程度上反映了他的思想。

在他从事写作的时期，国家在一国的经济生活中自然是一个比现在小得多的因素。防务开支和国债利息除外，公共开支在第一次世界大战前低于国民生产总值的6%。而在60年代已约占30%，到70年代这个百分比还要更高。即使他曾要求政府采取更多的行动，他也没有建议过使政府超负荷。

除了他在60年前发表的《自由放任主义的终结》之外，凯恩斯的著作都没有提供给我们一个关于政府活动范围的系统的分析。在他生命的最后20年中，他从来没有发表过关于政府的经济作用的任何议论。他对经济问题的兴趣，大部分是关于迫切的经济问题的作用。在30年代，当失业达到顶点时，恢复充分就业使他把次要问题放在一边。在他生命的最后几年内，他关心的是战争经济的迫切问题，以及同样迫切的需要为战后重建国际经济做准备的问题。正是这些问题刺激了他的想象，成了他建立理论的起点。他发展了他的理论，为的是有助于他得到迫切问题的正确答案，并有助于说服他的同事们，他已经找到了正确的答案。

凯恩斯从问题转入分析，又从分析进入对行动的建议，不让他的判断受某些可能支配国家干预的、先入之见的原则的束缚。然而从他的著作中出现一种关于国家及其职责的一贯的观点，这种观点在《自由放任主义的终结》一书中得到了最充分和最清楚的表述。

在那里他赞同地引用了伯克的名言："立法中的最好的问题之一，是决定国家在公众的智慧指导下应把什么事承担起来，又应把什么事留给个人去干，尽可能少去插手。"

凯恩斯接着说："也许经济学家们目前的主要任务是重新把政府的议事日程与非议事日程区分开来，而政治学的随之而来的任务是设想出政府的民主形式，使之能完成这种议事日程。”[①]凯恩斯采用边沁主义者[②]的术语强调说，不可能有边沁主义者这样的推断，即政府的干预是“完全不必要的”和“完全有害的”。他本人多次说明的意见是，我们注定要满足于一个混合经济，不可能根据抽象的理由去决定什么应包括在政府的议事日程中，什么又应排除在外。但是，他确实曾提出了一个议事日程的重要标准，他建议把那些技术上属于社会的服务与那些技术上是个人的服务分开。他说：“对政府来说，重要的是不去管那些个人已经在干的事，不管能把这些事做得好一点或者坏一点，而去干那些现在还完全没有干的事”。[③]

他没有详细阐述这一重要名言，而是只用一页的篇幅，使自己仅限于其中三点说明，然后讨论了信贷控制、投资控制和人口控制。最先的也是最重要的一段话值得全文引述：

“当前许多最大的经济弊端都是犹豫不定和茫然无知的结果，这是因为有些特殊的人物，恰好在其位或有能力利用这种犹豫不定和茫然无知。也出于同样原因，大企业往往像有奖抽彩一样，从中产生财富的巨大不平等，这些同样的因素也造成了工人的失业，或者是合理预期的失望，并有损于效率和生产。而纠正的办法不能靠个人的活动，甚至对个人来说，加重这些弊病才好。我相信要

① 《J.M.凯恩斯文集》，第9卷，伦敦：麦克米伦出版社，皇家经济学会，1972年，第288页。

② 英国伦理学家边沁所推崇的一种资产阶级功利主义，认为“个人的利益是唯一现实的利益”，“社会利益只是一种抽象，它不过是个人利益的总和”。——译者注

③ 《J.M.凯恩斯文集》，第9卷，伦敦：麦克米伦出版社，皇家经济学会，1972年，第291页。

矫正这些情况,部分是靠中央机构对通货和信贷的审慎的控制,部分靠收集和大规模地传播关于企业情况的数据资料,包括把所有对人有用的企业实情全部公开,如果需要,可按法律实行。这些措施可使全社会运用有指导作用的智慧,通过某些适当的现行机构影响私人企业的许多内部复杂事务,但不要妨碍私人的主动性和进取心。即使这些措施还不够,但它们也会使我们比现在有更好的了解,以便采取下一步骤。”①

这段话实质上是请求在公共控制或公共所有的情况下,通过中央银行实行需求管理。这个意见凯恩斯一生都在坚持,虽然他对失业和经济动荡的原因的看法有变化和有发展,而且在实行管理中,他对财政政策比对货币政策更加重视。这个意见的构成是有趣的。他从风险、不确定性和无知出发,把这些一方面看作是财富的不平等的根源,另一方面又看作是失业和效率低下的根源。然后他从改进经济信息中寻求医治无知的办法,从对经济形势进行财政控制中寻求缓解风险和不确定性的途径。他宣称这就会使发挥私人主动性和对经济活动进行集体调节二者互相协调,从而使资本主义得以清除其某些最坏的缺陷。

这些就是凯恩斯的著作中一再提到的话题。他坚持认为必须有关于经济聚集体的详细数据资料。由于他作为推测数学的笃信者的鼓励,科林·克拉克和后来的詹姆斯·米德和理查德·斯通打下了国民收入计算的基础。任何人读了《如何支付战争》,都会

① 《J.M.凯恩斯文集》,第9卷,伦敦:麦克米伦出版社,皇家经济学会,1972年,第291—292页。

深感他是如何努力在统计上做一丝不苟的工作。但是,他早期的多数著述中,人们可以发现他做过同样的计算,对更全面和更可靠的统计提出过同样的要求。没有什么事比传递经济统计资料更能使凯恩斯高兴的了(传递经济统计的事上一代已经有了),他甚至因发现我们对经济中实际发生的情况仍然是多么无知而有自责之感。

为了取得更多的统计资料,他是否要求国家进行更多的干预呢? 不一定。他对待更多更好的信息,正像他对待交通规则一样,认为这些都是对每个人有好处的。企业需要更好的信息,正像政府一样,并且它还需要学会如何去利用统计情报,对此,人们通常是不大注意的。

凯恩斯的另一特点是他坚持风险和不确定性的重要性。凯恩斯用了 6 年研究或然率,用了更多的时间研究股票市场。他充分重视运气、信心、活力和企业界的心境的重要性。投资、经济增长和经济活动水平都受难以预料的事、有信心或无信心的支配。人们是怀着信心走向未来的。正如无知可因好的信息而减少一样,风险和不确定性可因较好的社会组织而减少。适当的财政政策能缓和经济波动,并提供给生产者以更确定的和更易计算的市场。如果同一产量的生产较少波动,那对大家都有利。这个原则早已为马歇尔的门生所熟知,并在庇古的《工业波动》一书中得到详细阐述。

“理财家”

于是就要有“适当的行动器官”,中央银行或是财政部,负责消除经济活动中的波动。这是凯恩斯对政府活动的态度的关键。他是卓越的理财家，相信财政控制机关能对需求进行巧妙的管理，而不是对供给进行直接干预，以调节经济。当预算还不大时，如第一次世界大战前，以及当所有正统的意见都坚持认为在和平时期应平衡预算时，就很少或者根本没有通过财政政策进行有效的需求管理的余地。因此，在 20 年代以及直到他的《货币论》发表之后[①]，凯恩斯都把货币政策作为需求的调节器。只是后来他逐渐看到预算是一个更全面、更直接和更有利的“行动器官”，它能作用于整个支出和储蓄领域，而不像信贷控制那样有选择性。货币政策作为一种兴奋剂，在 1932 年之后被证明起作用太慢、太弱，而且在战时，作为一种限制步骤还会因有利息负担而被认为太昂贵而搁置不用。但是没有理由认为凯恩斯拘泥于一种工具，而忽视另一种。他关心的是对总需求的控制必须有利于充分就业，减少不确定性和提高效率。

在凯恩斯的全部著作中，我们发现他都同样主张把货币管理作为经济顺利运转的处方。在两次大战之间他是人们所熟知的货币改革家，但他提出供政府考虑的建议却总是财政方面的。战争爆发时他着手写《如何支付战争》，他再次选择了财政方案。这个方案又不是货币政策而是财政政策：实行延期支付或战后贷款。他解释说，用高税收不能充分限制消费者的需求，只能在三种可能之间做出真正的选择：通货膨胀，战后信贷制度和实行配给制，缓和供给短缺以限制需求。他把最后这条路子看作与通货膨胀一

① 凯恩斯的《货币论》发表于 1930 年。——译者注

样，是浪费的、无效的和不公正的。它也将有损于战争的努力，因为它包含减少库存和从出口和军事需要那里转移供应。但是在没有一个延期支付的计划时，我们也只能朝着这个方向走。

凡是记得那几年的情况的人都会同意凯恩斯强调调节有效需求的重要性是正确的，调节的办法是在战争之前扩大有效需求，然后把它控制在生产能力的限度之内。那个时期的许多思想都是不可救药地糊涂，因为它们从供给而不是从需求开始，并依靠对供给的行政控制恢复繁荣。但这种控制只能改善一部分人的相对地位。那些日子，丹麦黄油的进口量减少了，但进口开支却增加了；失业通过移民垦殖得到了解决；对一些人来说，提高价格比提高产出似乎更加重要。

甚至当凯恩斯感到市场力量的活动并不令人满意，有政府的干预会更好时，他直觉地认为只能引导这些市场力量而不能取代它们。例如，他深深感受到商品市场的不稳定和初级商品的世界价格在极短时期内的大幅度波动。所有这些在他看来都是很无效率和很不必要的。但他建议的方案是搞一个缓冲库存计划，这种库存可使商品市场发挥它的正常职能，同时允许缓冲库存的管理人员自由地和能获利地（如果他确实改进了工作）进行干预。同样，在 1931 年，当凯恩斯建议限制进口时，他的意思不是采用进口限额，而是实行收益关税。这种方案似乎不会引起正常市场关系的破坏。1964 年实行的进口附加费在原则上也是与此类似。

然而凯恩斯认为各种形式的干预对货币管理来说都是必不可少的。很难说他在采取限制总需求的特定活动或成分来实行控制方面准备走多远。他肯定没有赞成过这样一种意见，即认为依靠控制货币供应量就够了，特别是如果这意味着货币管理当局应当放弃它们发展了的或期望得到的全部货币武器时。至于国内投资，他意识到要限制使用货币武器，并同意必须通过公共工程或其他途径与周期方向相反地改变公共投资。我怀疑他是否曾赞成过控制私人工业投资，但是他曾多次极力主张成立一个国家投资局以协调大的基建发展计划。确实，他后来曾更赞成用行政办法而不是改变信贷条件的办法来限制国内投资，后一种办法会扰乱已被接受的对恰当的长期利率的想法。面对着协调充分就业和对外收支平衡的困难，他要求控制外国投资，并要求控制新投资量进而要求必须通过外汇管制来控制所有资本的外向流动。在凯恩斯生前，对投资的这种控制的全部结果（以及限制程度）并不明显。

半自主性实体

在《自由放任主义的终结》一书中，凯恩斯又概括地提出了政府和工业之间的关系的第二个原则，以补充对需求管理的一般议论。他争辩说："在许多情况下，控制和组织单位的理想规模在个人和现代国家之间。"他接着说："我认为，进步有赖于在国家内部一种半自主实体的增长和受重视，这种实体，在它们各自领域内的行动准则，完全是为了它们所知的公共利益。"①

这个意见并没有把我们带出很远。半自主性实体的行为的研

① 《J. M. 凯恩斯文集》，第 9 卷，伦敦：麦克米伦出版社，皇家经济学会，1972 年，第 288 页。

究者们可能要在识别公共利益的基础上得到一些指导。很难对国有化工业制定一些规章,而对半自主实体做出什么规定就更是难上加难。如人们可能想知道应在什么时候和在多大程度上屈从于市场力量,什么样的顾客要迎合或给予优惠,怎样平衡雇主、顾客、所有者、自然资源保护论者、少数人集团等的利益。凯恩斯所选择的实例,如大学、英格兰银行和伦敦港务局,并不能反映生产性部门会出现的问题的性质,如果唯一的行为标准是公共利益的话。

他所想的这种实体与国有部门之间的区别也不是一下子就能摘清楚的。最初他对把铁路公司归入半自主实体犹豫不定,后来又说如果铁路公司国有化,这也没有什么大的不同,这样就使这种区分更不易理解了。他说:“没有什么所谓的重要政治问题像铁路的国有化那样真正地不重要,那样与改组大不列颠的经济生活毫不相干。”[①]

凯恩斯真正关心的是他认为随着联合股份公司规模更大和经营更久,它们的行为就越来越像公有公司。他在50年前的著作中(他在那里所说的至今仍然适用)指出:“近几十年来最有趣的,但却未引起注意的发展之一是大企业有社会化的趋势。”[②]我总是想,我最先观察到这种现象。战争结束后我曾写道,英国的工业已经半国有化了(特别是当75%的工业利润用于纳税时),而且最近我坚持认为,随着企业单位越来越大,越来越具垄断性,它也就与

① 《J.M.凯恩斯文集》,第9卷,伦敦:麦克米伦出版社,皇家经济学会,1972年,第290页。

② 同上引,第289页。

公有公司越来越难以区别。但是这个问题的要点在1926年就已经有了。所有者和经营者分离。取得巨额利润“成了次要的事”，而企业的稳定和声誉占有优先地位。所有这些都是越来越可能的，大企业的巨大规模或半垄断地位使它“在公众眼里很突出，并易受公众的非难”。因此，“社会主义反对不受限制的私人利润的斗争在细节方面取得的胜利正在与时俱增”。另一方面，注定要发生的是“企业的衰落：这是国家社会主义的缺点，也是它的优点”。

尽管凯恩斯对铁路的国有化说了那些话，他要求需要有大量固定资本的公共事业和其他企业转为公有公司。但是他把为对工业实行更多的公共控制而进行的斗争看作是假的。19世纪的个人主义和19世纪的国家社会主义有同样的理智根源，并且都同样地误入歧途：一个是由于从反面过于强调避免对自由的限制，另一个则从正面强调摧毁垄断。将来的任务“必须是尽我们所能实行分散化和进行转移，特别是建立半独立性的公司和行政机关，政府把新的和老的职责都交给它们，但不损害民主的原则或议会的最终主权”[①]。

凯恩斯的哲学是在痛恨爱钱和痛恨官僚主义以及由此造成的混乱二者之间达到巧妙的平衡。他并不是怙恶不悛的资本主义的赞美者，但他宣称阶级斗争必须做出“有利于受教育的资产阶级”[②]的裁决。他要求为了实现更大的平等而进行更多的干预，但也不能过多，因为他怕这会束缚私人主动性的自由发挥。他本来

① 《J.M.凯恩斯文集》，第9卷，伦敦：麦克米伦出版社，皇家经济学会1972年，第49页。

② 同上书，第297页。

愿意通过税收对财富进行大规模的再分配，并建议征收资本税，但他知道，如果私人企业起作用，就会因走运和有远见而得到报偿，从而重新出现不平等。在很大程度上，他对金钱远比对权力更感极大痛苦，虽然别人会感到，容忍权力的集中比容忍财富的集中与人类的尊严更不相容。但是他完全重复了G.M.扬的意见："把财富作为生活的主要目的的人，一般比那些把权力作为目的的人更少理智。但是，另一方面，他们也更少有意对比他们低的人或他们周围的人主动作恶。他们可能出于疏忽、自私或只是愚钝，干不少有害的事……但这种有害的事大部分可用公共舆论、立法和科学来控制。"①

国际管理

凯恩斯思想的第三个重要组成部分（这虽然在《自由放任主义的终结》中没有出现）是需要有国际管理。他时常谴责经济民族主义，并且在一个无政府状态的世界中，他承认必须让每个国家保留它的行动自由。他要求各国政府首先去管它们自己的事：国内市场（这只有它们才能调节）、货币（这反映了它们自己的信贷）、外汇、对外贷款和投资，以及与其他国家的交易。但是，没有国际管理，各个政府的任务就会变得极其困难。正如没有政府对有效需求的水平和其他事情的计划，个人就不能充分发挥他们的潜力一样。因此，各个国家会发现，它们难以保持国内和对外的平衡，难

① G.M.扬：《星期日时报》，1940年1月14日。

以维持充分就业，除非它们在为了共同利益而计划和管理的国际机构的框架内活动。

当凯恩斯于20年代开始发展这种观点时，实际上除了国际联盟和偶尔举行的国际会议之外，还没有建立什么国际机构。而国际联盟和那些国际会议，没有一个取得特别的成功。当时在最重要的中央银行之间，特别是在联邦储备委员会和英格兰银行之间，有一些合作。但世界金融制度已不再像它在19世纪一再表现的那样，跟着英格兰银行亦步亦趋了。甚至在1930年建立国际清算银行和1936年英、法、美达成三边协议时，仍然没有多少国际管理。只是战争爆发后，才出现了建立一种完全新的货币制度的可能性。在这一点上，人们会感到凯恩斯个人的影响最强而有力。虽然在布雷顿森林会议上和后来达成的最后的协议并不是他所建议的，但至少也反映了他的不少思想。

现在，任何年轻的经济学家都难以想象譬如说1936年那时世界的极其不同的状况。实际情况到处都与国际机构大有差异。人们也许会为这种机构的挥霍浪费或者它们的软弱无力或者它们的哲学而感到惋惜。但是，它们至少产生了一种往往被忽视的结果。它们意味着主要国家经济生活的领导人彼此了解，经常接触，有机会来讨论他们的分歧，比较他们成功和失败的记录。这不仅对总有机会集会的政治家们来说是确实的，而且对高级行政人员、企业家和工会领导人也是确实的。这些人过去更受国境的限制。国际合作和计划还并不是凯恩斯所希望的。但是，现在比他当年试图要求实行时要真实得多，也有效得多了。

自然也可能有这样一种看法，正如许多人认为的那样，以为国际管理是一种幻想，只有利于为成千上万的官僚和外交家提供就业，使政府的妄自尊大膨胀，它们蹒跚行进在最易走也最易出乱子的路上，追求捉摸不定的东西，并迎合公众的这样一种错觉，以为政府，而且只有政府才有力量使情况变得更好。有人渴望自动性，怀念金本位、固定汇率和无弹性的货币供应的年代。如果把更多的事都从政府手中接过来，并按公认的需要去办，他们就会感到高兴。信奉这种悲观思想流派的人怀疑在控制我们似懂非懂的事情的尝试中有自行处理权。他们宁愿接受固定的法规，以达到固定的目标，虽然遵照这些法规办事的后果是严酷的。

在这个问题上，凯恩斯的立场是清楚的。他信赖人的理性。他痛恨受制于规章。他要求政府有自行处置权，他要求经济学家帮助政府行使这种自行处置权。但是，他肯定没有对政府的明智或经济科学的功效大加吹捧。相反，他反复讲到政府难免犯错误，并总对政府做的决定提出批评。他对他的同行——那些经济学家更为宽厚。但在某些方面给人留下的清楚的印象是，直到他大有进展时，他们仍然在为鼓吹错误的教条而花费很多时间。他无疑希望在适当的时候，从他的后继人那里听到“你也一样”的喊声。

凯恩斯并不把政府的不明智和它们的顾问们的错误看得过于严重，而认为必须为更好地管理我们的事务敞开大门。盲目地信任某些人为设立的制度，到头来会带来更多的损害，这些制度排除了一切自行处置的自由。倒不如考虑一下政策，这些政策随着时间的推移，由于经验的积累，会得到改进。无论如何，实际上几乎所有的制度都为自行处置留有余地，那些不是这样的制度差不多也都得到了改正。例如，金本位越来越成为受管理的本位制度。

同样，作为另一个例子，1844 年银行行动宪章（Bank Charter Act）的硬性要求，当真正碰壁时，也不得不朝反方向转过来。在管理与不需管理的自动法规之间的选择是少而又少的。重要的是在实行管理者的自行处置权的各种不同方式之间，以及在接受或拒绝之间，需要事先很好地考虑，在哪里和怎样才能使自行处置实行起来最有效果。

但是，当然，凯恩斯从来没有想象过一个人可以不要规章。没有规章，生活就简直是难以预料的、任意的和混乱的。必须有一套规章和惯例，人们会认为这是理所当然的，而这一套规章和惯例又会形成一个体系。凯恩斯在他的晚年曾致力于国际货币改革的方案，他设想建立一种新的制度，可协调国际货币关系。国际货币基金组织和国际复兴和开发银行并不是按他的计划建立的。但他确认必须有这方面的机构。他认为各国政府应享有的自行处置权必须与国际合作和国际管理所需要的纪律相协调。根据战后的经验，这二者之间怎样的平衡会更使他赞赏，谁也说不准。但是可以肯定，他要求形成这样一种体制，其规章能随着环境的变化而变化，把尽可能多的自行处置权留给各国政府，同时又与保持一个令人满意的国际制度相一致。

凯恩斯的影响

凯恩斯思想有这些组成部分：需求管理和控制投资，以利于实现充分就业；尽可能地发展公共的和半公共的公司；需要建立一个令人满意的国际货币制度。凯恩斯对政府的政策有什么影响呢？

这在战前并不很显著。人们只是听他的，但他的建议很少成为政策的依据。当他在1931年出版他的《劝说集》时，他把这个文集比作“卡珊德拉的不吉预言”[①]。30年代他祝愿在金本位中止后实行的廉价货币政策取得成功，但他不是这个政策的创始者。他关于战争财政的建议虽然受到广泛的赞扬，但也不是预算政策的基础。延期支付得到了实施，但规模也很有限：只是一种姿态，而不是凯恩斯的“根本计划”。战后要征收的资本税也从未实行过。当詹姆斯·米德提出时，凯恩斯本人讥笑这个意见，说它是不值一顾的“第一流的轻浮”[②]。他1939年建议的家庭补贴，只是在战争结束后才得以实行。在战前、战时和战后，人们感到他的影响的主要方向是在货币政策和债务管理方面。这种影响的作用是降低利率和减轻战争债务负担。战后时期这种影响的后果后面即将讨论到。

战后，当他已不在世，不能对政策做出自己的贡献时，凯恩斯，从某种意义上说，却大行其道。他的影响，正如他时常希望的那样，通过赞同他的意见的新的一代发挥出来了。在《通论》的末尾，他曾指出一种新的学说被人接受通常要有一个时滞：“在经济和哲学领域，没有多少人在他们25岁或30岁之后会受新学说的影响，因此公仆们、政治家们，甚至鼓动家们用于当前事务中的思想恐怕

---

① 卡珊德拉(Cassandra)，特洛伊的公主，能预卜吉凶。——译者注

② “第一流的轻浮”(capital levity)与“资本税”(capital levy)英文极相近。——译者注

都不是最新的。”①

到1945年，特别是到1950年，在靠凯恩斯而成长起来的人中，许多都已过了30岁，并在不同国家上升到有影响的地位。在中央银行和财政部，凯恩斯思想定会有人听从，并且越来越多地被接受，成为政策的基础。但是在上升成为一种确定的思想的过程中，不可避免地会有某种简单化和以教条代替理论认识的现象。特别是政治家们满足于知道凯恩斯理论导致的终点，而不花时间去沿着得到他的结论的道路走一走。在罗纳德·沃克于1943年出版的《从经济理论到政策》中有一段富有启示性的话：“在堪培拉的澳大利亚议会图书馆里有一部《通论》。阐明理论的前300页是原来那么白净；而说明实际应用的最后80页则已被翻烂，并打了不少记号。”②

政治家们最重视的思想是大量失业来源于需求不足，因而能用增加开支的方法来解决。这本身不是对认识战后世界的问题特别有帮助的见解，这个世界与凯恩斯在世和写作时已大不一样，那时失业达到了空前水平，很难抑制(30年代英国的失业人数从未低于200万)，而且以为在和平时期物价可能大大上涨并长期持续，这似乎是不可思议的。战后的世界，大量失业实际上消失了，通货膨胀代替了通货紧缩。这时并不缺少需求，并且任何政府都很少因害怕预算失去平衡而不敢更多地开支。

---

① J.M.凯恩斯：《就业、利息与货币通论》(伦敦：麦克米伦，1936年)，第383—384页。

② E.R.沃克：《从经济理论到政策》，芝加哥：芝加哥大学出版社，1943年，第12页。

失业和通货膨胀

你可以通过两种方式来看待这种新的情况。你可以说，新一代的经济医师是凯恩斯训练出来的，要治的病早已消失，他们为避免失业而开的药方只能使通货膨胀更加恶化。或者你可以说，我们幸亏有了凯恩斯，战后失业问题才没有再度发生。如果在他去世以后我们没做好如何把充分就业与物价稳定结合起来，那我们只能怨自己。

在我看来，这些看法都不能令人满意。两者都把一种特定思想对事情的好影响或坏影响看得过重了，这种思想绝不是政策的独一无二的基础，如果在战后经济发展中政策确实像这两种意见认为的那样重要。我看政治家们是不是"某个已死去的经济学家的奴隶"，是大可怀疑的，即使这个经济学家是像凯恩斯这样有权威的思想家；更可怀疑的是，在一个民主国家中，是不是只有政策，而没有其他方式支配着事务。

例如，战后充分就业的普遍性，使得人们很难把它归功于特定国家成功的经济管理，或者归之于凯恩斯思想在那个国家的影响。似乎更可能的是环境对持续的投资高潮有利，并且对政府的高支出有压力，虽然这样重要的环境与凯恩斯主义的思想只有不甚明确的联系。

或许更重要的是所实行的有适应性的和往往是扩张性的货币政策。这与凯恩斯有一定的联系。在战后初期，特别是英国政府故意压低了利率。这对英国这个借贷国是有利的。这对纳税人也普遍有利，因为预算也相应地缩小了。但它却增大了对投资的推动力，当时投资已经很强，从而加强了已有的通货膨胀的压力。凯恩斯也许会证实，这种情况完全不像 1919—1920 年，那时他曾建议把银行利率提高到 10%，以抑制投机高潮。但是，如果通货膨胀不能用货币政策控制，那么代替办法是以另一种方式限制消费，并继续控制投资。这就是政府所采取的政策。

这包含有实行凯恩斯通常并不赞成的那种有形的控制和相应地扩大政府对工业的干预。在战后，不可能立即只能用限制资本项目、由英格兰银行向商业银行发出指导函件，以及类似办法来控制投资。有必要限制新建筑，方法是实行一种严密的特许制度和规定开工日期，进一步更加上安排钢、木材等的分配，并且限制对新工厂的投资，方法是颁发机器特许证，包括个别从国外得到的机器的特许证。这种制度的某些部分是极其烦琐和令人绝望地无效。例如，发放机器的进口特许证，对凯恩斯来说，就是要避免使用的控制方法的首要实例。与此类似的是，控制国际投资包含极其详尽的外汇管制，往往对企业的对外贸易大有不便；由于所带来的反常和挫折，不清楚凯恩斯对这种控制方法该是怎样地感到困窘。但是，我们不能否认的是，凯恩斯由于赞成对国内外投资实行控制，以及在一个可能的通货膨胀的环境中坚持实行低利率，也就认为政府不断对工业和贸易实行紧缩性控制是滥用权势。

虽然战后的环境对充分就业可能有利，但为维持充分就业而发展的需求管理体制无疑是凯恩斯主义的。这在所发展的短期经济预测技术方面尤其明显。作为这种预测的基础的整个思想体系是来自凯恩斯的，如按类别进行有效需求的预测，各组成部分之间的相互关系，调节的参数、时差和机制，强调某些固定资源的有限性，甚至对下属地方的货币影响（与支出影响不同）的调节。财政部深受凯恩斯的影响。但政府其他部门并不是这样。它们全力对付的那些问题，并未因有了强的需求压力而立即消失。它们面临的任务是增加而不是降低一些事情的分量，而这种正面的组织工作，凯恩斯并没有说到。

凯恩斯与计划化

把问题提得具体些：在经济事务部或在国家计划的制订中，凯恩斯会做些什么事？我想你可能设想，他对二者都没有什么热情。他要是在一个濒于货币贬值边缘而又不甘于此的国家，鼓励公布类似"计划"的东西，那是不可理解的。但是要让整个经济去适应固定的、特别详细规定的目标，而不多考虑消费需求，那么，在这个意义上，他无论如何也是强烈反对计划化的。

凯恩斯在战后并没活多久，他不能参加战后关于计划化的讨论。但他也许毫不奇怪地注意到，最强烈赞成计划化的人也是那些对此最无经验的人，而那些在战时搞工业生产计划以满足政府需要的人（如飞机生产部的计划处里的人）也是对中央计划化的主张最有怀疑的人。凯恩斯确实相信，财政计划的最大好处是，它使机构分散化，而中央计划则适得其反。他那种计划化是要使扩大个人自由成为可能，就像是交通规则一样。因此，他发现不难对哈耶克的《通向奴役的道路》"实际上整个""在道义上和哲学上"表示赞同，虽然他对哈耶克在经济学上的见解有所保留。

他写道："我要说的是我们并非不要计划化，或者甚至是少一些计划化。确实，我要说我们几乎肯定不需要什么。但是，实行计划化应该是在这样一种社会，这里有尽可能多的人，包括领导者和追随者，都完全有自己的内心主张。"[①]

对凯恩斯来说，计划化意味着使用财政和货币政策进行需求管理，来调节经济活动。这包含着更多的很特殊的政府干预：控制货币政策，乐于调节预算盈余和赤字，与别国政府和像国际货币基金组织这样的国际机构进行合作。但是，它并不一定包含着增加预算或扩大公共部门，或干预私营企业或部门的事务。不能把充分就业政策看作是应对国家作用的极大加强，或者是对个人自由的任何正面侵犯负责。恰恰相反，这个政策的制定，是为了给予个人以更广泛的来自就业机会的自由。为此目的，凯恩斯对预算的全部要求就是，它应指导开支和取得收入，以便使二者在私营部门的任何不平衡得到矫正。

增加了的国家活动

但是，如果说充分就业是没有责任的，那么，我们现在加在国家身上的越来越重的负担和我们由此而受到的折磨，又该怪谁呢？回答是不简单的。一方面，这有时代特征。人们已经越来越毫不怀疑地预先倾向于要求政府进行控制，以便为共同利益服务。另

① R.F.哈罗德引自《J.M.凯恩斯生平》，伦敦：麦克米伦出版社，1951年，第436页。

一方面，政府也不乏极愿达到的目标。这些目标通常使政府征更多的税，花更多的钱，而最重要的是，管更多的事。这是最根本的，因为我们的眼界过高，希望于国家的过多，使它更多地干预我们的生活。

这方面的一个例子是要求更大的经济平等。要简单地衡量这方面引起的公共开支总额是不容易的。但是，如果我们把英国在教育、保健和住宅方面的公共开支加在一起，再加上养老金和其他社会保障金，则 1985—1986 年总计达 850 亿英镑，或占全部公共开支的 60%以上。如果支承福利国家的那种思想从未形成过，公共开支又该是多少，这是没人能说的。但是，如果认为这么一个大数目反映的是力图保证所有人都得到某种最低的供应标准，而且其中大部分是从富人转给穷人的，那是不公正的。

但是，预算的结果只是事情的一部分。为了达到平等、公正和非歧视，法律所能设想的一切方法都使我们所有人的生活复杂化了。国家保健制度是个很好的例子。它的开支不断增加，因为除非这样，否则就要拒绝给一些人诊治，而对另一些人优待，同时，医学的进步使每个人的医疗费用不断增加。一旦医疗服务采取定额办法（如实行最高开支限额），就必将形成排队现象，医疗待遇平等问题开始变得更加重要，并且要占更多时间。

不仅如此，平等只是政府干预的一部分。此外还要努力推动经济更快地增长。若不是凯恩斯揭示了更快增长的秘密，国家越是坚决地采取行动，它过去的努力也就越少成功。它渴望表明它在最新的和最昂贵的技术成果方面的成就，这种技术要花数不清的钱，私人投资者不可避免地和无可非议地对此更为慎重。国家越来越主张进行干涉，因为它对私人工业的步伐越来越感到不安和不满。

这样，就不能把国家在我们生活中所起作用的大为扩大的责任归咎于凯恩斯。正如我在另一个地方①曾说明过的那样，其根源在于比任何最伟大的社会科学家的想象更为强大的力量：在于两次世界大战的后果，这两次大战在民族国家的旗帜下动员了全体人口；在于权力转移到卷入战争的体力劳动者；在于在充分就业状况下这种权力的日益实现；在于认识到为了经济和社会目的可通过国家运用这些权力；在于民主观念的传播，从而使权力的转移合法化；在于福利国家的发展，以及实行这种思想所导致的高额累进税；除了这些政治趋势之外，还在于在工业和政府中一种日益集中的技术所产生的强大压力，以及作为对这种压力的反应，出现了一种强有力的官僚主义。

国家干预增强的主导力量，不是凯恩斯造成的，它们也从未得到过他的无条件的认可。只是在一个重要方面，这些力量因凯恩斯的影响及其思想而得到加强。因为，如果没有像凯恩斯帮助提供的那种对改进管理的更充分的理解，集中的趋势就会大大减弱。是这种更好的理解，使国家敢于增大它的责任。人们相信，凯恩斯使我们从无知和危险中得到解脱，使经济力量再不允许不受控制。确实，如果要保证充分就业，国家调节就成为不可避免的，而且国家本身越深地参与经济体系的运转，也就越好。

① R.F.哈罗德引自《J.M.凯恩斯生平》，伦敦：麦克米伦出版社，1951 年，第 38 页。

以此为背景，必须认为这是真正重要的贡献，即凯恩斯也许会自称他使我们有了应如何管理经济的概念。对他来说，“经济的制高点”不是这个部门或那个部门。他不喜欢广泛的国有化计划，也不喜欢详尽的特许和控制计划。他关心的是对需求的控制。而这只要由财政部和英格兰银行通过现有财政机制就可实行。他要求实行与对国家资金最大限度的使用相适应的最小的干预。应归功于他的是战后从使战时的控制永久化的尝试后退（他把这种控制称为“计划化”），而不是在不要误入歧途的旗号下，使干预主义随之大大蔓延。计划化有其他一些方式。但是那些自认为已对此有了解的人，在鼓吹计划化之前，最好先弄清楚，他们是否先掌握了凯恩斯对计划化的态度的全部意义。

凯恩斯坚持主张控制有效需求的水平，作为实现充分就业的前提条件。但是他清楚地知道，这并不是充分的条件。他在 30 年代的著作中充满了关于市场行为的邪恶，说它会阻碍政府扩大需求的努力——根据过去的口号或对政府意图的不信任而造成混乱的反应。例如，赤字财政在这样一种环境中就会是无效的，这里企业由于相信政府无节制地铺张浪费而更加紧缩。试图用增加货币供应量的方法造成额外的清偿能力，只会产生惊恐和要求更大清偿能力的欲望，或者导致资金外流和对外汇造成压力。需求管理并不是像人们时常想象的那样是一种一往直前的事。

工资膨胀

但是，也要有一个很大的保留。凯恩斯比大多数其他经济学家都更早和更清楚地看到，医治失业就会减弱经济对通货膨胀的缺陷的抵抗力。他在1943年的《经济杂志》中谈到这种意见："资本主义国家注定要失败，因为它将发现，不可能在充分就业的条件下阻止工资的不断增加。根据这种观点，严重的衰退和周期性的失业就成了把有效工资控制在一个合理的稳定范围内的唯一有效手段了。是不是这样还有待观察。我们越是有意识地对待这个问题，我们也就越能克服它。"①

1943年年底，在写给弗兰克·格雷厄姆的信中，他问道："你想，不可避免的失业该是多少才能使工会保持安静？你是否认为，当它们知道你在干什么时，这在政治上是可能的吗？"②

他继续争论说："必须找到另外一些多讲道理而较少惩罚性的方法。"但是，他并没有断言已经找到这些方法。在1943年年底，就另一相应的事情他写道：

"保持实效工资适当稳定的（我确信，虽然我们尽最大努力，但是工资仍将不断缓慢增长）任务，与其说是经济问题，还不如说是政治问题。"③

1945年6月他又写道："只是因为知道不能解决，人们也就倾向于对充分就业经济中的工资问题熟视无睹。"④

但是你怎能熟视无睹呢？你必须判断劳动力市场是与货币供

① J.M.凯恩斯，《经济杂志》，1943年6—9月，第183页，185页。转引自卡恩勋爵："重读凯恩斯"，《英国学术院记录》，第60卷（1974年），第379页。

② 卡恩勋爵："重读凯恩斯"，第380页。

③ 同上书，第387页。

④ 同上。

应相适应，还是相反。如果工资膨胀根本上是一个政治问题，我们怎能保证凯恩斯的充分就业的规定不会导致政府的广泛干预？这种规定要求采取政治行动，以阻止工资的提高超前于劳动生产率，我们不知道需要采取什么样的政治行动，以便做到据说失业在过去曾做到的那样，使劳工的谈判力减弱，以适应价格稳定的需要。既然我们不知道，我们也就不能有把握地说，作为充分就业的代价，凯恩斯会接受多少干预和哪一些干预。

五、不确定条件下的计划工作与决策

无疑，有些计划几乎完全不受不确定性的影响。例如当我们事先知道我们要为所需要的东西支付怎样的价格时，我们就可以计划如何最好地使用我们的收入。然而，我们也可能失去一两次讨价还价的机会，因为我们不能知道上市商品的所有价格，而且即使我们知道了今天所有的价格，我们也不可能知道明天的价格。我们更不知道我们将有多少收入。因此，我们必然不能确定究竟该今天去买，还是等到明天。

只要我们展望未来，正如我们要考虑的所有计划那样，不确定性就难免出现。正是这种不确定性使计划的制订如此困难。如果我们真能消除不确定性，如果我们生活在一个非常稳定的和可预知的世界里，事先做计划就会容易得多，但这时也就没有多大必要了。另一方面，如果情况瞬息万变，不确定性迅速增多，为未来做计划也就不可能了。在这种环境中所能做的只能是临时应付，对事态的反应没有任何一定的计划。这与计划化是完全相反的。不受不确定性的影响使计划的制订变得简单，但几乎也使其成为多

本文曾在森尼代尔猎园公共服务学院的《不确定条件下的计划化》系列讲座中提出过。

余的了。剧烈的、增多的和持久的不确定性又使计划的制订简直不可能。

在我们考虑中间状态(其中必须对有限数量的某些偶然性加以估量)之前,我们需要对我们心目中的那种计划工作进行一番思考。

作为经济过程的计划工作

计划的制订通常与投资相联系,即与付出资金以期将来获得一连串利益相联系。即使在有些方面,计划可能没有提到投资,如保健计划、教育计划和军事计划,通常也有支付资金以便将来获致某种效果的决定。

这立即产生了一个支付的程度和利益的评估的问题。支付有多大灵活性?投资能不能推迟或提前、削减或增加?这些资金能不能派上不同的更好的用场?利益该如何衡量和计算,以便能与所用资金的成本相比较?经济学家们找出了一些方法,至少通过贴现现金流量计算,对上述最后一个问题寻求解答。但是当大量资金即将不可挽回地拨出时,所有这些问题都要碰到。

再者,由于世界并不是静止不动的,任何计划指标都必须不断审议。时间表、支付额、与成本相关的利益,都需要反复再计划。市场会变化,资源会变得更昂贵,或者竞争者的计划会使原来的目标成为无用。不仅是在战争中一个计划的成功会建立在另一个,即敌人的计划的失败上。必须掌握这样一个真理,即计划化是一个连续不断的过程,甚至可以说所有好的计划的实质在于再计划。

作为组织过程和社会过程的计划工作

当个人计划他自己的事务时，他怎样着手干主要是与他自己有关。但是大规模计划的制订包括许多人，这就提出了各种不同的组织问题。如果为了计划成功要求他们的合作，那么计划就必须为这种合作做好准备。这引起了广泛的问题，如计划如何形成——谁来起草，与谁商量，由谁批准？它怎样实行——发命令，或者发指示，或者自愿合作，还是采取诸如支付之类的鼓励？许多人反对或赞成计划，却不去看看它的对照面，以致搞不清如果没有计划会是怎么样。如果问题是有关整个经济的全面计划，那么替代物就是依靠市场力量把我们称之为公司的计划单位联系在一起，而不是把它们全都变成一个叫作国家的大持股公司的分支机构。如果问题较小，即个别单位，不管是公共的还是私人的，要着手为它的活动制订计划，那么对照面就或者是搞一个未来前景的详尽的评估，或者是可能准备搞一个稍长时期的生产和销售计划，有时特别是要对价格的运动、订单的流动或市场条件的其他确实的变化做出反应。

较复杂的我们称之为计划工作的组织形式有几个方面。其中最重要的集中在代表的委派上。如果计划的是一大群人的活动，这意味着他们必须遵守计划，而不是单独对市场或其他信号做出反应。

如果我们把计划工作看作主要是事先进行协调，我们立即就会知道，它提出了两个中心问题。其一涉及集中和委派代表。协调可使这些更有效，但它做到这一点是通过对各协调单位的行动自由进行限制。当一大群人的活动要搞计划，这就意味着他们必须尽力遵照计划行事而不是各自对市场或其他信号做出反应。从这里产生了不灵活的危险：个人与实际情况有最直接的接触，但他们必须遵从上面的指示，或者只有在计划所允许的责任范围内做出他的判断，发挥他的主动性。

第二个问题是不确定性。计划形成于事前，但事情可能并不能正确地预测。正是由于有这种不确定性，就需要委派代表。不确定性越大，也就越需要代表。但代表越多，协调也就越难。因此，计划工作的中心问题是在集中与分散之间找到最适度的平衡，这个问题是从不确定性产生的。如果不确定性能减少，譬如通过改进中心与外围之间的联系交流，就可能有更多的集中。如果计划能更快地适应最新的信息，并且计划的变化可更快地同时通知到有关各单位，那么计划工作就能进一步进行下去，并且也更可靠。另一可供选择的是，如果不确定性可以抑制，即如果代表有权处理地方性的不确定性，而计划单位本身只限于考虑较大范围的不确定性，就可在这样一种方向下进一步实行集中化，这种方向确实有利，而不与必不可少的分散化相冲突。在前一种情况下，联系交流系统是关键；在第二种情况下，关键在于责任的有计划的划分。得出的结论是类似的：面对着不确定性，计划工作基本上有赖于有效的联系交流和悉心地委派代表。

除这两个中心问题之外还有其他问题。我们是否充分地了解要通过计划对什么事进行干预和对它寻求控制？如果我们确实要实行控制，我们是否知道我们这样做是为了什么目的？在这两方面，我们恐怕都不大有把握。我们往往只是不大完整地了解世人是怎样工作的，对当前发生的事也只有有限的和不大可靠的了解。同时，我们很可能并不清楚，在制订计划时，谁有决定权，这个计划为谁的利益服务，计划优先达到的目标是些什么。

因此，除代表和联系交流之外，还有一些问题，如我们所采用的我们活动于其中的那个领域的模式是否有效，我们拥有的数据是否可靠，以及当计划付诸实施时谁说了算。不确定性与所有这些问题都有关，并且往往占有支配地位。

我们还必须考虑实际做出计划决定的方式。在一个平静的、不偏不倚的气氛中，其中所有各因素都已仔细地权衡过了，政府部门以及企业公司通常不做重要的决定。但气氛往往是危机性的，因为没有别的比危机更能促使人们做出决定。危机不一定没有预见到，但它往往突然发生，没有准备。而对突发的事事先发出的指令很少得到执行。因此，必须急忙做出决定，有时是在近于惊慌和混乱的情况下做出决定。此外，还有利益不同的人们之间的斗争：部门内部、各部门之间和部长会议上的斗争。在混战中做出的决定很难是完全合理的。但是，那些知道他们需要什么，已经深思熟虑，并能说明为什么的人，就会占便宜。

有时做出决定不容许进行数量分析。不可能突破某种气氛，在这种气氛下不容许进行质询，更不能进行辩论。对一个未知的未来承担许诺，需要有一种绝对的生动活泼的精神因素，正像凯恩斯有一次曾经指出的那样。如果事情总是进行顺利，那么干起来比有时总是出错要容易得多。因为将来的事情往往会更顺利，如果几个决策人同时采取断然行动，这本身就会保持一种轻松的气氛。如果以英国的情况与日本相比较，在英国要办一些事需要反复努力，一次又一次地落空。而日本却相反。我们从中可以看出，风气是怎样地根深蒂固和难以改变，这种风气对在不确定的环境中采取决定又是起着多么大的作用，正像采用一种已知的技术或工艺一样。

把这些考虑且放在一边，让我们回到已列举的不确定性的来源上，并逐一加以考察：数据、模式、偏好的规模，以及所有有关方面的联系交流。

数据

计划工作需要源源不断的准确和及时的信息。但是这种情况不多，而没有这样的信息是计划工作很多不确定性的根源。为缺少数据而惋惜是没有用的。收集更多的数据并不能消除不确定性，甚至还会增加不确定性。部长们面对着做决定的困难，总是要求提供更多的数据。但是他们真想要的是更多的不确定性。在一个必须在含糊和不确定的情况下做出重大决定的领域，螳臂当车是没用的。

但是，我们能做到的是充分利用所能得到的信息并设法尽可能地减少用测量和估计的办法进行决断的范围。在现代生活中，信息趋向于压缩成统计资料。这使它更易于处理。难免要大大依赖统计资料，却往往并不完全知道它们原来的环境、它们的可靠性和完整性。但是在压缩过程中，有些东西不可避免地会失掉。

门外汉使用统计资料时要特别当心。伊利·德文斯时常说：“统计是为统计学家们所用的。”他的意思是按统计的表面价值来看它们是轻率的。人们必须了解它们的家族史:它们是从哪里产生的,它们又是怎样来的。报纸上引用的任何一组简单的数字,如失业津贴或通货膨胀率,都能说明要想正确地理解它是多么困难。在60年代很难得有这样一种情况,即从伦敦晚报上能知道失业水平是在逐月上升或是下降。按季度调整的数字不印出来,更糟的是人们警告说季度调整数字本身也是变来变去。在70年代,数字是明明白白地增多了,但却很难判断劳动力市场状况发生了怎样的变化,也很难判断这些数字是否还能可靠地指示劳动力短缺的程度。同样,当引用通货膨胀率时,它们通常是以12个月为期进行计量的,与当前发生的事无关(这也许是很困难的)。而且它们总是涉及消费品价格,但成本的行为可能重要得多。

对数字加以说明的困难,还可举出更多的例子。当我们试图把这些统计资料化作预测时,这些困难立刻就表面化了。预测实质上是试图解决不确定性和为采取决定做准备。在所有计划工作中,必须对未来形成一种看法。为此目的,预测少不得要消化所能得到的统计数据。虽然预测名义上是有关未来的,但它在很大程度上是对过去的陈述。这就是说,它们根据的是过去事态进行的模式,并假定同样的模式在将来还会继续起作用。此外,如果说的是最近的过去,就需要下功夫把互相冲突的和不完全的数据加以调和,使之适合于一个一致的图景,以便当有人问现在的情况如何时,最使人满意的回答大概是最新的预测,而不是上星期的互相抵触的统计数字。事实上,我们从来也不从已知地位出发,而必须从对当前的预测开始。

因此,不确定性的第一个根源在于数据。我们知道它不完全,互不一致，需要修正，而且难以按季度或不规则的变化进行修改，那么，我们得到的信息资料又有多少可信呢？我们必须尽可能花时间去研究数据，把数字看作更像是一颗没爆炸的炸弹，而不是像瓶子里的胡椒面。

重要的还有要注意正确的数据。例如，如果我们研究人口增长，更重要的是考察各年龄组特殊生育率的变动，而不是简单的出生率。第三胎或第四胎的出生率有什么变化，也许比总的出生率变化更有意义。必须确定变化的最敏感的指标是什么。这就把我们带到了不确定性的第二个来源——模式。我们怎能相信我们从数字的背后得到了正确的模式或图景。这是影响它们的行为的内在逻辑关系。

模式

在对未来的计划中，我们需要有一个未来的图景。形成这种图景的一种方法是进行预测。这是把得到的信息配置在一种模式的框架内，这种模式实质上是一种理论，它详细说明一定情况下的各种关键变量，以及它们相互间的关系。如果理论错误，各种变量及其相互关系也弄错了，预测也就相应地不可靠了。系统的预测的优点是，它迫使预测者借助仔细形成的假设(这些假设在过去看来已经有了)来考虑所有的证据。即使这些假设是确实的，也不能使预测完全正确，但能使在那种假设的基础上做出的预测正确(即减少不确定性)。

当然，也有办法不用模式，而对过去的趋势采取简单的外推法，这种方法至少有时也像模式一样令人满意。所有的预测都依靠这种或那种形式的外推法，因为它假定在过去已在起作用的那些力量会持续存在。这些力量在模式中已被确认，或者在趋势中未被识别。在自然科学中也是这样，因为自然界不发生跳跃，整个预测的事要容易得多。但是，即使在自然界，当信息不完全和模式不适当时，仍然会出错。

偏好

不确定性的第三个来源在于衡量各种替代方案和确定偏好：提出预测本身并不包含任何特定的行动方针。根据判断或预测做出什么决定取决于谁有最后的发言权（如果有这样的人的话），以及政策的目标是什么。一个公司的最后发言权属于经理或董事会，目标是利润。在这种情况下采取决定是比较直截了当的，因为行动的标准简单明确，任何疑点都能很快得到解决。但政府的决策就复杂得多。这里可能没有一致确认的目标，除非是在战时，或者目标十分模糊不清，说是"国家利益"就算很好了。计划工作者（正式的或代理的）对形势的判断或偏好的尺度可能不一致。而广大公众至少也是有分歧的，但却并不了解情况。这个计划表现谁的偏好？在一个民主国家，不能强制取消不同意见。必须通过某种方法调和分歧。在一种所谓"非计划"的经济制度中，反复调和是通过市场无争议地进行的。每个参与者都自行决定他将怎样使用他的收入和干什么工作去取得收入。但是在有意识地努力对经济活动进行计划的地方，计划必须在公开表示要得到什么特定成果的基础上进行，或实行投票，或进行调查，以查明人们需要什么。同样的对照面在所有计划工作中都以这种或那种形式存在着。那

些计划是为他们所制订的人们或者很干脆地接受它，因为计划者“最了解”；或者他们通过意见或消费者行为的调查进行咨询；或者作为最后一着，他们使用他们的表决权（如果他们拥有表决权的话）来确定他们的偏好。

在政府的计划工作中，对各种可替代方案的估量和在它们之间做出决定似乎是部长们的事，正如任何对唯唯诺诺的部长很熟悉的人所知道的那样，这是再简单不过的事。原则上说，无疑，部长应“管”他的部，应对本部的事负责，对所有重要问题或者表达他的决定，或者把这事提交到内阁去决定。但是实际上他面临的简单事实是时间太短，而决定几乎是没完没了，以致不可免地要委派代表。这会限制官员们的判断，但仍会使他们的偏好（或倾向）起重要作用。部长在做决定时受到他所得到的材料摘要的限制，还必须把很多事交给他的行政人员去办。他更受到需要考虑公共舆论的限制。只有当他在办公室时他的话才是法律，他的决定必定会因他自然愿意留在办公室而带有某种色彩。于是，几乎总会有这样一个问题，即部长的决定中所表示的偏好究竟是他的行政人员的偏好，还是部长自己的，还是内阁的，或者是公众的（当部长或内阁领悟了公众的意见时）。

所有这一切都导致新的不确定性。行政官员可能并不了解部长的意见，部长也不清楚他们的意见。毕竟没有保证使部长在每一个问题上征求他们的意见，也没有保证在部长与他们在一起的有限时间内他们能得到必要的机会去证实部长的意见。部长可能不知道他在多大程度上能代表他的同事们说话，即使他能试着这样做，他也只能希望把有限的问题提交到内阁，同样也不会有多少问题会随他自己的意见处置而不受到严厉批评。至于公众，在没有选举或其他计算人数的方法的情况下，也没有简单易行的办法判断他们在想些什么。公众可能满足于内阁应管理国家的事务而无须对每个问题都发表一通意见，它应该在选举时以它的总的记录来表现它自己。管理通常并不意味着等待别人告诉该怎么办。但是，有许多问题，特别是那些包含公共投资的问题，这些问题不在于政府有没有能力，而在于公众的集体的偏好是否被正确地估计到了。如果问题是一件简单的事，经过调查，例如通过意见征询，就能搞清真相。这种征询通常由宣传媒介或学术团体来进行。但仍然使人颇感怀疑，因为许多征询是笨拙的，说明也是漫不经心的。然而利用征询作为一种消除诸如公众偏好中的不确定性的手段，目前已是一种确认的程序。

因此，还有这样的不确定性，即谁的偏好是决定性的，有时则是被认为是决定性的那些偏好究竟是些什么。也有这样的不确定性，如其他人是多么强烈地坚持他们的偏好。一个部长只有当被召到总理那里去时才了解这些，而内阁则只有当面临选举时才了解这些。

有这么多的不确定性这一事实使决策复杂化。它意味着部长注意一些不确定性，而他的行政顾问们则注意另外的一些不确定性。顾问们会提醒他在做出决策时重视这些不确定性，而他则考虑他的官员们在寻求决策时的目的，或者考虑这个决策会怎样影响他的政治前途。下面我们要讨论的不确定性怎样从一个层次传递到另一层次的问题，并与做出决策的那个层次的不确定性互相结合。

在不确定性有限或被消除了的地方(如在专政体制下)和决策权高度集中的地方,通常都有较高的效率。不确定性往往无助于效率的提高。但这就引起了一个选择自由的问题。如果这种自由被取消,那种表面上的高效率也会是骗人的,它只意味着决策者自身的意愿更有效地得到实现,而不管它是否与别人的愿望相符合。

交流

决定往往涉及若干人,他们并不全都知道他们在参与决策。这一点在流行的决策理论中往往被忽视。一个决定往往因未能更早地采取行动而被草率判断或受到损害。而未能及早采取行动又会发生在统治集团的下层,因为下级官员决定权有限,不知道发生过什么情况,或者不能抓住要领,或者没有做过报告,或者没有想象到上级会采取他所不熟悉的那种行动。因此,认为只有部长做决定是不对的。事实上应该说他们希望做提交给他们的那些决定。但是他们怎样做决定取决于问题是怎样提到他们那里的。不确定性因素是怎样从一个层次传到另一个层次,是至关重要的。

在处理高度技术性问题的政府部门,有一个评估不确定性和把不确定性从一些官员转给另一些,并从官员们转给部长的问题。即使专家们使用的是最新技术,他们也可能要把他们看作是结果的东西,表达得使一般行政人员不容易立即理解,而部长们则更是莫名其妙。工程师、经济学家和行政人员说的全都是不同的语言,这些语言又都不是政治家的语言。

这种情况与一个大公司不同。那里专家和商人的意见通常经过准备后提出备忘录,在管理委员会上初步讨论,然后在董事会一级得到结合。在个体企业或家庭企业，以及其他由个别人主持的企业，这个程序更不大讲究，最后决定更多地依靠直觉和眼光。在企业，也不一定需要把决定的根据详尽提出，因为决定较少具有公众性，也较少公开受到公众的质疑。在政府，决定要在议会或报刊受到质询，这一事实会使人数多少比勇气更为重要。如果直接代价大，而得到的报偿是遥远的和不一定的，那么部长们为了避免做出不得人心的决定，宁愿“求稳”。但是他们在完全不同的意义上，即减少不确定性上，却不“求稳”。相反，他们倾向于搞大型昂贵的项目，因为他们的名字会与这些项目联系在一起，从而引起公众的注意。可以说总像是协和式飞机一样。

在公共项目上，对做决定的人和担负费用的人来说，不确定性会是不一样的。支配着官员或部长的利益对全体选民也似乎不那么显著。甚至当这些利益被证明完全是从对公众有好处的观点提出的，在公众的预期与代表公众行动的人之间也会有广泛的分歧。让公众权衡可能的结果是不容易的，他们有顽强的不适当形成的先入之见。但是，在一个民主国家，把专家的评价和部长的判断提出公开审议是不可免的，从而在把不确定性从一个层次传递到另一层次的过程中又增进了一步。

预测对所包含的问题提供了一个很好的说明。政府与企业不一样，那里的预测者和决策者很少是完全一样的。一项预测代表着做预测的人的最好的判断。但如果它只是以数字表示的，它并不能把全部情况告诉给决策者，或把预测者的全部思想转达给他们。如果想帮助部长决定如何处理他的风险，而他也相信预测，却不问问有没有错误，那实际上是引导他误入歧途。预测表示的是最有可能的结果，但正如沃尔塔尔所说，“可能的事很少发生”。与预测一起要传达的是预测者对预测的信心的某些说明，诸如可能有的非常不同的结果、可能遭到的损失和破坏，如果偏离预测，而在采取行动时又不容许有这种偏离的话。

最后，我们回到代表的必要性上，不可能什么事都由一个人决定，从而需要把责任分给他人。不论纵向从行政等级的责任链条看，或横向从各种专家顾问群体看，都必须信任别人的判断。不可能在决策的每一阶段把所有证据都考虑到，不论这证据是由专家提供的技术性的，还是由行政人员提供的非技术性的。不断的过滤限制了上面的决策和上面的人的决策能力。但是对他来说要做的最重大决定不是过滤掉什么，而是谁来过滤。好的判断是处理不确定性的最有力武器，而对他人判断的好的判断是处理所有问题的最有力武器。

这个结论与应该让专家去决定的意见相反。人们往往认为，如果所做的决定有大量科学内容，理事会就应该有更多的专家。这是大错特错了。首先，在技术决定中占主导地位的通常是技术而不是科学，科学家不一定是优秀的技术专家。无论如何，科学要比任何一个人所能知道的多得多。其次，决策本身只是一种专业，进行决策的人必须知道什么时候该信任专家，以及该信任什么专家。有些专家也是好的决策者，但他们的专业通常并不能使他们成为好的决策者。因此，如果科学家成为理事会的非常有用的成员的话，那决定性的并不是他们的科学知识，而是他们善于判断的能力，特别是他对其他专家善于判断的能力。

计划工作的社会方面

一旦完全抓住了计划工作的社会方面，它的复杂性就立即显示出来了。计划的决定，从其本性上看，并不是由某些个人所采取的，即使这个人信息灵通，确切知道当前的情况和希望得到什么，并且不需要为他的决定去说服别人，进行解释和辩护。计划决定的执行和监督也不是由某些个人孤立地进行的，即使这些人有丰富的知识，他们自己能干所有的事。通常所有各阶段都有许许多多的人参与。此外，决定本身也绝不是互不联系的是或非的事，以致每个决定都与下一个隔离，可以单独对待。它们往往要考虑到与其他决定的联系，或者是同时的，或者是先后的。它们可能是连续的，即现在完成的只是后面决定的开始，或者为今后能做些什么划定界限。它们可能涉及整个体系的一部分，以致这一体系的其他各部分都受到影响。例如，在经济体系内，把资源用在一个方面就会减少其他方面的资源，这不一定是故意的，而仅仅是因为价格、利率或汇率受到影响，从而反作用于其他决定。再者，决定可能需要许多不同党派达成协议，因此它实质上是有条件的，而主要的不确定性可能在于为达成协议而采取的最好的战略。因此，就有了这样一种危险，即协议本身倒比所同意的计划的好处受到更多的赞扬。同样，一个决定即使预计谈判顺利，也必须考虑到可能达不成协议。

所有这些复杂的情况限制了对决定分析采取明确一致的态度。但是，这也说明需要有灵活的战略，把各种可能发生的情况都

考虑到。

不确定性的处理：问题和程序

很容易看到不确定性的存在和它带来的困难。但是要找出减少它或如何处理它的办法却不那么容易。

最重要的事是要觉察出主要的不确定性在什么地方，考察各种偶发事件的可能性，并断定它们会有多大影响。越是能够断定设想的事有多大机会会出差错，以及它们在各种情况下会造成多大损害，就越好。这样就至少能对不确定性的代价做出某种判断。在某些决定中，还有可能进一步确定应采用多么大的偶然性余地，为了预防偶然事件应保有多少储备，应怎样以库存、备用工厂或其他紧急设备的形式做准备。还有这样的方法，即实行某种形式的保险，把一个人的不确定性与别人的联系在一起，以便使平均的结果有更大的确定性。一个明显的例子是利用未来市场，使人们有可能以今天已知的价格买进或卖出，而在某个将来时间交付。

为了应付不确定性，还可利用规章或数学。二者都有它们的用处，但它们也都易于造成危险的幻觉：规章是因为它并不总能适用，而数学则是因为它能造成一种假的精确性。下面不去说它们，而试图提出一些共同性问题。

短期与长期

处理不确定性的主要问题之一是力求在长期和短期之间达到平衡。对于一个要在承担长期任务的情况下制订计划的人来说，经常感到苦恼和令人沮丧的是当前的形势总在变化，有时是很重大的变化，使人不仅不能注意长期计划，而且还要把资源转移，甚至对长期计划是否明智产生怀疑。多数行政人员（和一般公众）反抗短期波动，期望有更大的稳定性。但是，波动是实在的，不能否认。如果人们能保证那只不过是一些波动，并不影响趋势的发展，那当然就可完全集中在这种趋势上，从而集中在长期计划上。但是从来不能保证事情就是这样。偏离趋势是趋势变化的信号，对此最终必须做出反应。如果有不应有的拖延，还必须做出更大和更棘手的反应。另一方面，如果每一个变化都被看作是趋势的变化，那么最后的结果就是计划的连续不断的大变动。这会被证明是完全误入歧途。因为根本趋势本身还是原来那样。我们都知道反应过分的危险，它能把缺短变成出现了过剩的确实预兆，把过剩变成某种短缺的前奏。在股票交易所，人们天天可以看到交易中的不确定性起作用。它对市场价格的波动提供了大量说明。

如果不能有把握地区别小的颤动和大的曲折，那么怎样把短期和长期调和起来呢？回答必须视环境而定。

首先，如果小的颤动是向上的，就会对生产能力增大压力，问题就是要不要扩大生产能力。如果有可能强化利用现有生产能力，那么，决定就可以推迟，以便获得趋势持续变化的更多的证据。例如，几年前，当对未来高等教育的需求有疑问时，一种行动方针就是所谓“在顶峰挖地道”意思是最高年份的标准要降低，如通过降低教师—学生比例或其他可避免增加教师和建筑物投资的办法。当这种情况发生时，原来预计会出现的高峰由于政府预算的削减而被消除，也就无须“挖地道”了。但这种争论确实使后来按预算的削减而进行的调整更容易些，不然就得阻止即将进行的大量投资。

其次，如果颤动是向下的，生产能力过剩问题就在于如何保持生产能力，否则它将成为多余的，除非需求得到恢复。过剩的生产能力可能是物质的，其形式是过剩的建筑物和工厂：也可能是人员的，其形式是某种专门人员过剩；还可能只是建立起来的和必须保持的联系中表现出的善意。不论形式怎样，能力过剩是代价高昂的，只能动用储备维持这些能力开工。因此，如果为了保持长期计划原封不动，而推迟生产能力的调整，直到能肯定需求会发生怎样的变化，那么就必须事先建立储备。储备是一种保险形式，是处理不确定性的标准办法之一。其他办法后面再进行讨论。

一个说明协调长期和短期的困难的简单例子是汇率。有许多理由可以说明维持固定汇率的必要，但短期压力会使这非常困难。维持汇率使之不致下降所需的储备可能很大。因为世界金融市场要处理的资金数额巨大，一国政府不能与之相比。如果它们确信一种货币估值过高，政府不大会使相反的观点占上风，除非它们采取市场经纪人认为需要的一切措施。在相反的情况下也同样如此，因为一个政府能得到的用以换取相当数量的本国货币的外汇数额是有限的。在前一情况下政府缺少外汇，在另一种情况下它又要使货币贬值到它认为不致发生危险的程度。于是，政府被迫允许它们的货币浮动，即使它们渴望保持对外稳定。它们也许认为固定汇率能提供较大的确定性，但是只有汇率将确实维持固定不变时，才是这样。

但是，汇率只不过是一个例子，说明短期和长期不确定性的平衡是怎样互相排斥的。汇率越高,就越有可能使它上升过高,它越下降,也就越可能下降得过低。因此,在正常环境中,在发生的波动中有一种自行限制因素。政府让汇率反映人们的预期,它就能在市场中引进一些力量,给市场带来某种稳定性(然而这是在很大限度内的稳定性),而这些力量不可免地要注意到对汇率的长期影响。这里仍然有一个问题,市场或政府哪一个是能维持得住的汇率的最好评判者。造成波动的某些不确定性究竟是实际上不可避免的,还是政府本身的因素或对市场的错觉和误解的结果。

时机

第二个问题是行动的时机。在任何情况下都有可能决定不采取行动、采取行动或推迟行动。

不采取行动的情况并不总是一种逻辑上的替代方案。因为,特别是在公众的压力下,部长们认为最好是什么事也不该做。如果到头来什么事也没做,这最常见的原因是没有就干些什么事才最好取得一致意见,而不是不采取行动被认为是最令人满意的结果。但不论是那里,有人建议拨给它资金,就一定有一种基本情况,不再拨给它更多资金。在50年代中期英国铁路公司向财政部提出它的现代化计划时,它们表示投资会得到令人满意的收益。但却没有弄清楚,如果不进行投资就会遭受巨大亏损。因而所要求的这项投资的全部作用是把巨额亏损变成少许亏损,并使那些从未有机会获利的线路运行起来。

推迟行动是赢得时间的方法。这或者是因为推迟会增加最后投资的收益,或者是因为希望不确定性减少,甚至为某些预期的事件所消除。如果交叉交通迅速增多，建设一个地下通道是值得的，因为当它交付使用之后，它带来的获利机会就会增加。同样，如认为更好的是铺设一条水下管道，而铺设穿过河底的水下管道在技术上是否可行尚不确定，但这种不确定性有望很快得到解决，那就不忙于建设地下通道。

行动时机的选择本身在很多情况下是一个极重要的决定。什么时候采取行动的问题搞不清楚，正像是否推迟行动的问题一样，它们都为同样的不确定性所包围。英国财政大臣做年度预算的时间没有多少选择的余地。而一旦预算着手进行，在财政法案通过之前，他很可能问他自己，他是否还需要采取进一步的行动，如果需要，在什么时候。于是他就面临这样一种困难，他不能确切知道他的预算对经济有什么作用。而在他能衡量预算是否以他所希望的方式发生作用时，这又要很长的时间。实际上，他永远不能确切知道这些，因为他永远不能保证他完全了解经济是怎样运行的，也不完全确切知道发生的情况是否是由于他的预算，还是由于完全不同的因素。他可能感到被迫采取行动，只是因为他没把握，特别是在某种情况下，如有假日、圣诞节购买或补缺选举时，如果他等待时间稍长，就更难以采取行动。

时机选择问题在所谓“可分的”决定情况下更易发生。这就是可一点点地采取的决定。多数决定都有这类灵活性的因素，因为决定的某些部分可以稍缓，而其余部分先行。如在河床隧道的例子中，就可以先建设一条隧道，是否建设第二条，可待以后再定。在所有不确定的情况下，我们都必须问改变我们的想法是否容易。如果我们不喜欢不确定性，我们就可以先对一个项目的一部分做出决定，而推迟其余部分，即使总成本会比整个项目都先上马有所增加。

当然，由于全部决定可能迟误而有某种危险。在多数人看来，这是优柔寡断，如果太过分，确实会引起这种情况。因此最好是把迟延看作是在必须为任何行动选择时机中的一种特殊情况。

可替代的计划

对行动的可能的方针的任何分析都应有可替代的方案。怎样安排才是最有吸引力的方案，怎样是次佳方案(包括什么行动也不采取)。在比较各种不同的方案时，我们必须遵循一些众所周知的准则:1.过去的事就让它过去(例如，我们在建设新铁路线时进行了大量开支，这件事就不该对我们决定利用这条线路而不是利用公路运货有任何影响)，2.只算增加额。即计算任何会不断付出的成本，以及任何会不断产生的利益，至于我们怎样决定，可以不必考虑。

预测

使不确定性具体化的通常是为行动提供根据的预测。因此，让预测者参加讨论是非常重要的。他对要讨论的可替代的计划可能一无所知，因此不能把他的预测与这些可替代方案联系起来。不管怎么说，预测很少能表达预测者对偶然性事件的估计，而且会在某种程度上受预测将派什么用场的影响。总有一些人，他们自动接受摆在他们面前的一套数字，包括已经过了时的或已知是错误的但尚未被取代的计划和预测，或者是为了某些特定目的以致故意提高或降低的计划和预测。不仅如此，有些预测是“哗众取宠”，它们创立新式样，使其他预测者过多地受它们的影响。因此，如果决策者想用一种预测，他们应尽量证实，其中什么因素是“硬”的，什么是“软”的，并向预测者提出质询，以便就其中的不确定性得到他的指导。

有一种思想流派渴望用这样一种方法在预测中体现不确定性，即把预测分成两头，有高限和低限，而不仅仅是一套数字。这样一种处理方法无疑能使预测者较多一些表达他的思想。但是认为部长们会对数字之间的差异比对它们的平均值予以更多的注意，那是幻想。无论如何，把提交的数字增多一倍并不是预测者的代替物。没有别人能像预测者所知道的那样适当地转达那些不确定性。

专家

最后，我们回到也许是基本的问题上。预测者可能有助于评估某些不确定性，特别是统计中的不确定性。但技术上的不确定性又怎样呢？如核电站、大型飞机、集成电路等提出的那类问题。技术时时在变，这些变化使我们的生活发生变革。但是，我们怎样能意识到技术的风险，并断定什么才是可行的，或者能取得商业上的成功？我们该去找什么专家，怎样信任他们中的任何人？

如果对这些问题有简单的答案，那么取得商业成功就容易了。正是专家才知道什么可行，什么不可行，而任何成功的公司又是急于得到它。政府部门有许多专家，但他们并不总是被挑选上，因为他们有这种眼光，而如果他们真是这样，他们会到别处去找一个更赚钱的职务。但是不管从政府内部还是从外部取得咨询，只有两种办法挑选专家。一个办法是决定谁知道他说的是什么，也知道他的知识领域。另一个办法是去了解一个人的经历记录。不能保证哪一种方法会取得正确结果。头一个人可能比听说的更善于辞令，而第二个人可能曾经是幸运的而现在已不走运了。但在为一种决定做辩护时，提出某些人的有说服力的观点，或某些过去是正确的人的观点，至少是有帮助的。

但是这里我们再次涉及人的判断问题。在专家之间进行判断需要一些实践经验。如果被采纳的建议错了，也不需要对专家进行非难。这可能说明那些听取建议的人缺乏经验或不善判断。

六、影子比率的限度

经济学家普遍认为，市场价格，包括汇率和利率在内，并不是社会成本和收益的可靠量度。

这个结论的根据，部分是由于有很多情况使市场与完全竞争的模式不相吻合，部分是由于意识到竞争本身是有限度的。在一个不完善的市场上，或者竞争者数目有限的市场上，价格就可能与边际成本相背离，而边际成本又会与社会机会成本相背离。这个理论是公认的学说的一部分。如何应用它是另一回事。市场价格和社会成本之间的背离究竟有多么重要？造成这种情况的因素中，哪个起着最大的作用？国家的干预能在多大程度上和用什么方式使这种情况得到改善？对这些问题，在不同国家和经济发展的不同阶段，人们意见不同，回答也会各异。

即使有完全的竞争，仍有理由认为市场价格并不是确定社会价值的可靠向导。例如，汇率不管允许它多么自由地在买卖中反应对经常收支项目或资本项目的竞争压力，都不能记录购买力对进口来说的“真正”短缺的情况。社会从更多进口中的收益可能与

本文原载 A.凯恩克劳斯和 M.普里主编的《就业、收入分配和发展战略》，伦敦：麦克米伦出版社，1976 年版。

为生产同样价值的出口产品所需要的额外资源而增加的社会成本大不相同。利率同样不是今天的社会价值与明天相比的完善的量度。使用现有对劳动成本和资本成本的衡量方法恐怕也不能正确地表明怎样的资本密集程度是适宜的,即使劳动力市场和资本市场都像是它们本来应该的那样充满竞争。

出于对这些不可靠性的一般根源的考虑,经济学家提倡计划机构使用影子价格,[①]而不是由市场力量所确定的价格。没有必要对此详加说明,因为一系列著名经济学家,从丁伯根到利特尔和米尔里斯,都已有详尽论述。我想着重说明的是影子价格的局限和在实际中难以使用它们的理由。

但是,为了不致发生误解,让我首先说明,通常让计划机构接受影子价格这种概念并不太难,而且许多机构也确实在使用影子价格进行计算。世界银行这样做至少已有30年。英国财政部几十年前在评估公共投资项目时就已引进“试验贴现率”,而且一定有许多国家和政府部门,它们譬如从国外得到的物资供应就是根据影子价格计算的,它比市场价格高出一个行政决定的差数。不大清楚的是,使用试验贴现率是不是对公共投资的水平和构成有任何一点影响;或者如果“影子价格”这个字从来没有使用过,那些负责政府物资供应政策的人的行动会不会有所不同。

我请大家注意影子价格和社会主义价格形成理论之间的相同之处,后者在30年代为奥斯卡·兰格大加赞赏。兰格想凭借福利。经济学确立一条法则(使价格与边际成本相等),这将使社会

① 影子价格(Shadow price),也称假定价格。——译者注

主义计划化具有“合理性”。他最后提出建立市场价格的建议，这与影子价格有很多共同性，因为它们都是受支配的，而不考虑盈利或亏损，但又打算在绝对垄断条件下重新产生完全竞争的价格效应。

这种想法有一定的理性魅力，由它挑起的争论仍在继续。但似乎对它总感到有一种奇怪的不真实性。例如，人们印象深刻的是包含有高度分散的社会主义理论与苏联实行高度集中的现实很不一致。经济组织的问题似乎融化在确定价格的问题中了。在当前多数社会主义理论中，管理被认为是当然的。兰格的设想几乎使中央计划化为乌有，并要求经理做确定价格的工作，而不是去执行某种事先决定的计划。这无异于忽视集中决策与分散决策相结合的根本问题。

战后影子价格概念的形式更加现实，因为它把这种价格的使用限制在少量中央决策范围内。人们建议不告诉每一个负责确定价格的人要收怎样的价格，或提供给他们一个确定价格的公式，主张由管理和控制经济的“主管部门”所做出的决定应受一套影子价格的支配，而不是由实际的市场价格支配。先决条件是政府已对经济进行广泛干预，但管理的是重要的公共部分，并在寻求更多地控制剩下的私营部分。影子价格提供了一个在一致的社会评价的基础上协调各种控制形式的手段。在这个意义上，它赋予现行控制以合理性，并能纠正资源配置中的扭曲现象的某些根源。如果从一种高度集中的经济出发（且避开赞成或反对集中化的争论），那就总是更易于制服市场力量和市场价格，而如果从另一头，即从完全分散的经济出发，并试图确立一套新的价格原则，对集中化本身产生怀疑，就不那么容易。

现在让我们列举在使用影子价格时会遇到的困难。

任意性

如果一个行政管理人员用市场价格计算总数，他通常能确定应该用什么数字。他也会弄错，或者市场会很弱，日常报价的意义模糊不清。但是他至少知道他得到了什么信息。

影子价格就不然。这里通常没有对“正确”数字的客观检验。许多行政官员除了记录市场价格，说它太高或太低之外，得不到任何更多的东西。他们不可能知道到哪里去找一个可替代的数字，作为影子价格来使用。他们也不愿公布这个数字。如果一个影子汇率(外币的汇率)高于现有平价，政府宁愿对它保密，担心它被认为与他们个人有关平价的意见和隐蔽的意图相一致。当货币浮动时，也有同样的情况。保密当然就与影子比率的广泛使用相抵触，而且必然会在能保密的决定和不能保密的决定之间造成某种不协调。

假定这些阻碍因素能消除，而且影子比率来自某些权威性机构，如计划局。怎样回答人们的提问：这些比率是怎样得到的？假定其他部门和来自外部的批评者找不到什么理由来否定与市场价格背离过大的比率，这不是太自以为是了吗？如果计算太复杂，正像不可避免的那样，大家还都相信它吗？

我记得曾参加为欠发达国家的行政人员开设的讲习班的最后一节，这里广泛涉及使用折扣现金流动技术。由于这一节的目的是确定讲习班的价值，当请我提问时，我就利用这个机会询问每位行政人员，当他们回去后，在各种折扣现金流动计算中，他们愿使用什么样的贴现率。整整有一分钟没人说话。最后一位墨西哥学员回答说：他将使用银行利率。我不记得有其他任何人认为这个回答有点奇怪，或者他能说明为什么要用银行利率，或者当前利率是多少。没有别的学员自愿回答。

我相信，这并不是一种例外的偶然现象。我怀疑不少国家都不认真对待使用影子比率的意见，并且放弃这种意见，因为它们不知道该用什么比率。例如，适宜的影子汇率就不易确定。问题不在于定值过高或定值过低（这方面有客观的检验，虽然不完善）。这是一个十分复杂的问题，部分是由于需求的弹性，但又涉及假设资本流动和对一些事情的很不明确的判断，如对由于外汇短缺而使发展受到抑制的判断。

易变性

其次是易变性问题。在一些条件下颁布的比率在另一些条件下可能是十分错误的。市场价格往往对环境和预期的变化非常敏感，但受管理的价格就大不一样，而影子价格更不是这样。如果使用影子价格，就应当时刻进行评审和修正，但是实际上修正似乎并不经常进行，而且很少自动进行。

无效性

影子比率通常是由政府采用，而不转移到私人部分，包括不论是私人公司，还是家庭、个人收入获得者或消费者。这意味着有双重价值标准。正是这样，因为影子比率想要反映社会价值，而转入私人部分自然反映私人价值。但是，私人部分和公共部分之间的界限往往是模糊不清的。而在公共部分中有大量下属部门，它们可能不愿使用影子价格，除非给予补贴和刺激。

例如，地方当局广泛从事建筑业活动。如果它们使用影子利率，其水平比它们借贷的利率高一半，怎么能保证它们不去借贷，用来达到它们认为在当前利率条件下是必要的和对社会又是有利的目的？（影子）利率较高，它们就宁愿推迟建设或缩减所承担的工作量。但是除非它们被迫付更高的利率，否则这种利率在它们的决策中就不起作用。国有化部门也是这样，特别是当要求它们遵守商业准则，并要达到某一财政目标时。只要它们能以市场利率搞到钱，为什么它们不自由行动呢？另一方面，如果它们被迫采用影子利率，那么要求它们从中央政府借贷，利率水平是它们借贷时实际支付的，并且是与市场利率相背离的，其背离程度与影子利率一样，这不是更简单吗？换句话说，影子利率怎样能“通行无阻”地实行，而不会变成市场利率？

实际困难比表面看上去还要大。经济学家可能把政府想得太理想化了，以为它是一个统一的决策中心，把公众利益变成一些确定的、一致的、无争议的和全面的规定。但这当然完全是一派胡言。在战时或者在强有力的专政体制下，可能在某种程度上接近这种状态。但在通常环境中，在一个复性社会里，大众中的成员在法律范围内自行其是，而且希望当选政府反映的公众利益也各有不同，所以政府要进行调停、安抚、哄骗，正像它们要发布法令和做出指示一样。在实行管理经济体制的地方，管理艺术比立法更重要，而在管理艺术中必定包括使下属有主动性和使他们负起责任。

如果管理者制定规章，他们会使其中一些绝对化，这只能限制主动性，除非这些规章得到充分的和明确的解释，使人深信不疑。甚至在中央政府内部也是这样，在中央政府和下属部门之间的关系上，就更是这样。

因此，危险是中央政府想采用影子比率，但这些比率的理论基础不易转达，政府希望某些人采用它们，但这些人却强烈不愿这样做。

不一致性

从这个危险产生了采用影子比率时的不一致的可能性。当中央政府能直接采用影子比率时，它会进行一种检验，这不同于市场的检验，而市场的检验仍然会在某些公共部分和整个私人部分继续进行。因此本来不多的资金的使用就会因有双重标准而受到损失，最后的结果可能不能令人满意，不如统一使用市场价格，虽然这样做可能引起很大的反对。

不灵活性

利用影子比率往往意味着对市场价格进行单一的、标准的矫正措施。例如，与市场比率不同的单一的贴现率，表示外汇短缺的单一汇率，对受市场支配的工资率的单一调整。但是严格说来，存在着多种比率，它们从一处转移到另一处都有所不同。这些比率在衡量社会成本和收益时都应使用。例如劳动并不是一个同一的商品，它在一个地区或一个行业中可能比别处少。市场比率和影子比率之间的背离适合于男劳动力，可能并不适用于女劳动力；适合于一个年龄组，可能并不适用于另一个年龄组。同样，一个国家要改善其贸易平衡状况会比另一国家容易，使一些国家不时采用多重汇率的同样理由会使它们认为在不同国家交往中采用多重影子汇率是正当的。即使是影子利率，一个人是否应到处以同一利率对全部将来的利益进行贴现也是不清楚的（虽然为了有关利益而改变当前和今后价格的差额，无疑会有可能克服部分困难）。

这些批评也只限于建议在利用影子比率时要更加深思熟虑。但实际上还比这要多。这是对这种一般矫正手段的批评，并主张须对每一政府的决定详细检查，而不因有一些半自动规则而忽略。自然绝不可能详细分析每一决定，以便使批评只适用于少数重大决定，而次要决定则由影子比率的变化进行一般修正。

可替代的程序

这要求我们考虑另一些方法，政府用这些方法能注意到私人估价和社会估价之间的差异。让我们以三种干预方式为例：关税、补贴和配给。

关税

政府如采用比市场高10%的影子汇率是不是比实行10%的统一关税更为明智，这并不是不言而喻的。确实，关税只限制进口，而汇率在原则上会影响所有交往。但实际上，影子汇率几乎一定会完全作为一种保护手段起作用，它会限制公共部门从国外采购商品和劳务。因此，如果已经有了进口关税，影子汇率还能起什么作用呢？

按照我的理解，影子汇率的根据或者在于定值过低的汇率可能带来利益，或者是关税变动可能招致敌意和报复。关税是必须遵守的协定义务和对像关贸总协定这样的国际组织的承诺，而影子汇率则表现为一种纯粹的国内事务。当政府本身进行购买时，使用关税就似乎是愚蠢和没有必要的方式。但是一般说来，应用影子汇率是权宜之计，只有因其他缘故不能直接改变价格时才考虑使用。

补贴

补贴似乎也是比使用影子价格更有效的影响价格的方法。事实上，如果公共部门应用影子价格时产生逆差，就有必要同时实行补贴。如果这样，影子价格就是一种使补贴合理化的手段，也是使人们集中注意必须实行补贴的一种办法。

配给

当需要迅速限制需求时，政府往往不凭借影子价格。它们以限额、特许或分配等方式进行控制。如果说影子价格是可任意确定的，那么这些办法就更是任意的了。但是，它们确能使政府有更大的把握确切知道要满足的需求水平有多大，因为这有可能限制未来可望得到的已认可的供应量。

以资本配给为例。一个政府像一个大工业康采恩一样，可采用两种方法限制资本开支，而无须保证它们协调一致。它可以用事先选定的最低收益率，并只批准那些可望带来更高收益率的投资;同时,它也可采取资本预算,并设法把总资本支出限制在事先确定的限度之内,这个限度随能得到额外资金的多少而变动。资本预算的大小可以与所采用的最低收益率相一致,也可以不相一致。如果预算缩减,就可按次序审查最低收益点附近的项目,向上移动到足够高的最低收益率,并把所需投资与应节约数相等的项目取消。但是,当必须迅速做出改变,并要求立即实行节约时,每一投资的最终收益率就不再是决定的恰当根据,特别是有可能延迟时更是这样。压倒一切的需要是进行削减,这会很快生效。虽然原则上这可以通过高短期影子利率做到,但实际上用观察的方法不能取代削减。

或者假定外汇不能满足投资对它的需要。政府或者可让汇率降低,或者实行进口附加费,或者可指示官员现行汇率太低,应在计算相对成本时提高譬如10%或20%,或者设法简化整个调节过程,而实行与进口预算联系的数量限额。在后一情况下,官员们必须决定在不同进口价格水平下,应砍掉那些进口,而无须等着看总额如何。

现在很容易斥责官员们任意削减,而认为间接反应有其优越性。如果把问题从时间抽象出来,以致所用的技术可以永远继续使用,我就同意最好用其他方法限制进口。但我们不能把时间抽象掉。问题往往是怎样进行紧急削减。为此目的,不仅配给办法常更有效,而且如果这一办法迅速实行,又迅速取消,它也不会造成多大害处。

贴现率　影子价格主要用于项目评估上。如果用市场价格,这就非常困难。问题在于影子价格的代替物,特别是影子利率,是否能使事情得到改进。

英国的经验证明,这是有些可疑的,不管赞成者的理由多么有力。财政部曾多年使用试行贴现率,以表示资本的社会机会成本,目的在于把能带来适当收益的项目与不能做到这点的项目分开。试行利率的计算根据明确规定,这是想把私人部门中的大康采恩在同类计算中所得的收益与同一资本在长年的收益记录等同起来。对这种概念上的计算基础或对从中产生的实际利率可能有各种反对意见,但限制试行利率使用的不是这些反对意见。真正的困难在别处。

首先,事实是通货膨胀在加速,而政府则力图压低价格。这一方面意味着价格结构扭曲,使人们难以知道将来可望有怎样的价格关系,不论是市场价格还是影子价格;另一方面也意味着由于价格控制所造成的资本资产财政收益的扭曲。政府不关心它的决定明确地以哪一套价格关系为基础,它更关心的是它自己的有关社会重点的单纯看法。它同样对过去投资的财政结果也缺乏兴趣。国有化部门允许每年有10亿英镑以上的亏损,并同时仍坚持维持或扩大新的投资。简而言之,其气氛对改进定价原则是不适宜的。

在早期,曾有人建议用试验贴现率作为抑制公共投资增长的手段。事实上,贴现率在1968年从8%增长到10%。但是没有证据表明主要投资项目受到了什么影响。当时曾认为最易受影响的是核电站和住宅建设。但是人们普遍认为从8%到10%的变化不会使核电站和其他资本密集程度较低的发电设施之间的平衡受到多大影响。地方政府也没有因试验贴现率的限制而压缩自己的住宅建设计划,并不愿因较高贴现率可能的要求而对新住宅恢复增加租金。在很长时间的讨论之后，似乎才弄清只有不多种类的小型新建项目（不是修复）才受较高贴现率的影响。

如果是这样，使用影子比率就不大鼓舞人心了。但是还有其他困难。某些公共投资，如道路，并不带来收入，因此不能自足。如果要求使用试验贴现率来评价，那些认为有理由要进行道路投资的人是没有资金的。其他一些公共投资能从利润中拿出所需资金的全部或大部，但对使用借贷资金的情况进行彻底考察，就会发现，很少有人进行利润再投资。

因此，有些政府部门难以找到计算中的不确定性从何而来，并为此对这些计算感到怀疑。确实，关于资本密集程度的决定在原则上不同于关于风险和不确定性的决定。但是，事实是很少有巨额投资决定于资本密集程度的。在工业化国家，最突出的例外是能源供应。这里以不同方式供应燃料和发电，其资本系数大有不同。在欠发达国家主要的例外大概是水坝建设。经济学家对生产者的决定（消费引起完全不同的问题，但由于某些原因，这些问题很少考虑）中各种因素比例的重要性的估计与日常工作经验不尽一致，与公共投资决定中往往引起的选择也不尽一致。因此，对项目评估方法的怀疑是完全有道理的。这些方法主要看重所用的贴现率，而不是看重收益会比预期的少的风险。

现在每一个经济学家都知道，如果说有可能对付不确定性，那就要调节所预期的准租金系列，以致使用标准试验贴现率与处理不那么有把握的投资之间并不是不相容的。但是如果人们发现试验贴现率是从主要以自有资本进行投资的经验中产生的，而差不多所有公共投资是以借贷资本进行的，人们就会有更多的怀疑，认

为整个过程都有点靠不住。

因此，在使用影子价格时，往往有许多重大的行政上的阻碍。但是，在试图使用它们时，是不是真有什么害处呢？当然，在多数欠发达国家，由于它们的不连续性、不可分性和不活动性，它们就不能把现行市场价格作为评估投资项目的固定基础。在通货膨胀的条件下，完全有必要不以当前市场价格而以其他价格想问题。为了其他目的，许多国家不以市场价格而以资金成本考虑问题，别无其他选择。一旦人们离开市场试验，为什么不试图确定什么价格更适应经济的真正需要呢？

如果已有多重控制，以致特别使市场价格发生变形，上述推理就会更得到加强。每一种控制，在纠正一种可能发生的变形时，都会改变其他控制之所以要实行的来龙去脉，从而使它们导致新的变形。如果废金属的出口被禁止，其价格下降，炼钢工业就不会建设适当规模的鼓风炉，以便使用较贵的废钢铁也能得到利润。如果由不同机构为家禽、蛋类和羽毛规定不同的汇率（像南斯拉夫在50年代曾发生过的那样），怎样决定该如何致力于养鸡业呢？这几乎不可避免地要确定一套影子价格作为测验各种不同活动应该扩大或收缩的试金石。在这种情况下，没有影子价格就很容易失去社会成本的整个意识。

这里我想指出，在弯曲的道路上树立路标之前，要先问问你该怎样头一次到达那里。当实行控制有破坏所有人们熟悉的路标的危险时，最好是取消某些控制，而不要设法使它们合理化。从这一观点出发，看一看欠发达国家中最易导致实行控制的三种情况：外汇短缺，资本短缺，非熟练工人过剩。这些情况并不总是存在，但通常很容易指明，它们什么时候和为什么存在。

以外汇短缺为例。如果把实行货币贬值作为一种解决办法，它必须是经常的，同时又是剧烈的。之所以是经常的，因为要抵消多数发展中国家主要出口需求扩大的经常较低的速度；之所以是激烈的，因为进出口两方面需求价格缺乏弹性。在这种情况下，汇率的变动对维持收支平衡不会有很大效果，甚至效果反常。利用外汇加强经济的更直接的办法或许更好，而为此采取的措施应建立在影子汇率的基础上。

资本短缺和劳动力过剩也可以这样说。在发展中国家条件下，采用价格调整的办法，不论是短缺或是过剩都不易得到令人满意的处理，虽然这二者都可减少。

如果说这些都不是发展中国家所特有的现象，它们对这些国家也是特别强有力，以至在做出所有重大决策时都必须考虑到。这些问题只能依靠经验来解决。但是，我个人倾向于为适应市场价格而进行较简单的调整，目的是估计和限制问题的范围，以表明它用什么计算基础才真正能对经济（而不仅是个别项目的收益）产生影响。

如果我要对上述倾向性意见做些说明，我愿意强调以下三点，虽然对此我不能详加阐述。

1.对实行控制的怀疑论是有科学性的。政府有多种理由实行控制，其中许多都经不起专门经济学家的考察，或者显然是非经济的。我怀疑是否应该允许用仔细估算过的影子价格来确定控制的效果，并使其压过政治因素和其他因素。

2.对估计影子价格的准确方法有怀疑。我看确定影子价格

(如汇率)的更细致的方法是否比较粗略和易行的计算更好,这是有怀疑的。

3.需要衡量影子比率的意义。如果任何政府要采用影子比率,它应该多少了解一下这有多大作用,用影子价格代替市场价格会带来多少社会效益。为此目的,最好按整个预期的经济收益把各种最易被推翻的决定排个队。也许这个要求太过分了。但是,人们想从彻底使用影子价格会造成的变化的迹象出发。他们也应考虑已在实行的控制(这并不是不寻常的),这种控制决定着重于不利用进口物品和资本,从而有利于工人。

最后,我回到我的出发点。影子价格的理论已经很完善地建立起来了。我们知之甚少的是在不同种类的经济中它们使用的范围,以及它们影响最大的方面,即是否市场价格要被影子价格所取代。

七、创新、模仿和增长

我非常荣幸应邀在帝国学院做我希望是很长系列演讲中的第一个演讲,预期这些演讲会使经济学家们和工程师们普遍感兴趣。英国这个国家是这样地为经济问题所困扰,它的生存又是这样地依赖于工程技术,在这样的国家里,经济学家和工程师二者通力合作,和互相了解彼此对共同问题的态度是大有必要的。毫无疑问,在我们互相打交道之前,我们都必须确信,我们都已精通自己的专业。但是,如果经济学把它自己局限于概念关系上,不考虑其他学科可能对经济行为的说明,它就会变得十分枯燥乏味和毫无结果,而工程师们会发现,经济理论会有助于他们以不同的和更好的观点对他们面前的选择进行考察。

我选择创新作为我的题目,我将只限于讲技术中的创新,因为,它兼有经济和工程两方面。我的论点的一部分是认为创新的成功依赖于这两方面互相结合的技巧。我选择谈论技术创新的第二个理由是,技术创新乃是改善生活水平的主要源泉。在经济学教科书中,这并不总是明确的。那里用很多篇幅讲投资和资本积

这篇演讲的最初文稿是作为一系列论述创新问题的文章的最后一篇在牛津提出的,并收入《通货膨胀、发展与一体化;纪念 A.J.布朗文集》之中,编者为 J.K.鲍尔斯,里兹大学出版社,1979 年。这个改写稿是 1981 年 2 月在帝国科技学院提出的。

累，把这些作为影响经济增长的因素。诚然，资本积累的迟滞会使经济增长下降；但是，没有多少证据表明经济增长会因资本密集度的提高（即每单位产品使用更多的资本）而加快。从亚当·斯密以来，经济学家们都强调由于经济活动规模的增长而带来的市场的扩大和效率的提高的重要性。这确实有作用，但是它通常从属于技术变化，而且它本身也包含着技术变化。

如果技术创新是经济增长的主要源泉，你就可以希望它成为对经济增长问题的理论探讨的出发点。但是，当经济学家们在他们的学术领域之内考虑技术变化的结果时，他们倾向于另外考虑它的根源。通常当他们讨论技术的变化时，这些变化都是现成的、单个发生的和外源的。在我看来，这是对技术变化发生方式的误解，并且与商业活动掺和在一起了。在最初的概念、它在商业应用中的发展，和它随后在多种应用方面的传播等各互相衔接的阶段之间，没有严格的和稳固的界限。每一阶段都会注入新的思想，这些思想与最初的概念具有相同的新颖因素，虽然可能程度不同，随之就会有所改进。但是，自始至终的全过程都充满着并包围着商业的压力。技术创新并不是什么要按照与其他经济活动不同的逻辑行事的东西，它是现代经济的组成部分。

创新的概念

但有的问题要先说明。让我从创新的概念开始，来展开我的观点。凡是在事物的现有秩序中引入任何新颖的因素，我都会看作是创新。新颖的东西可以是思想观点，或者是态度，或者是习惯，或者是体制，或者是做事的方法，或者就是事情本身。在任何国家，如果通过了新的法律，这就是创新；而在另一些国家，如果法律严格加强，这也是创新。在有的国家，如果不再把牛看作是神圣的，这就是创新。在另一些国家，如果一个人能比他的邻居赚更多的钱，而不需把他的房子烧掉①，或使自己遭受其他损害，这也是一种创新。

如果创新的定义这样宽，以至它包括了变化的一切形式，思想的、社会的、经济的以及技术的，我就很难对我们应加以考虑的无穷无尽的问题详加论述。如果我们承认技术创新与其他种类的创新互相影响，而且它们本身又受它们在其中发生的文化环境的影响，那么我们把自己限于技术变化来进行讨论，也就很够了。确实，技术创新所提出的主要问题恰恰是从这种相互影响中产生的。如果我们问，为什么一个国家的技术变化比另一个国家快，或者甚至一个部门比另一个部门快，这种可能性使我们不能不超越技术和经济，看到文化因素，以及这种因素对创新过程的限制。一个地方可能比另一个地方对新技术抱有更大的敌意，或对财政刺激更少关心；一个地方对产生创新的商业可能更有利，而另一个地方则绝对不利。

创新、发明和模仿

如果现在我们且不追究这些相互影响，而只限于讨论根本的

① 西方国家往往有人故意放火把自己的房子烧掉，以便向保险公司索取赔偿。——译者注

技术创新形式，我们接着就要问，创新是不是应包括一些新产品进入市场过程的每一步，还是商业上采取的新过程。有些作者试图一方面区分创新与发明，另一方面区分创新与模仿或传播。但是这三者之间是否有清楚的界限呢？它们之间确实有理性上的区别，但在实际中它们是你中有我、我中有你的。

例如，有一种发明问世，它的形式可以是某种机械装置的新主意，这种主意甚至还没有一种工作模型，更没有精心制造的、可以一定价格上市的产品。一个明显的实例是吉列剃刀片，它是当吉列刮脸时以一种幻想的方式构想出来的，过了几年经过几项大的发明后，才最后生产。这里至少“这种”发明可与其后的商业开发分离开来。但是，后来的发明，如轧钢使之达到生产刀片所必需的薄度，就不能这样分开了。它包括利用吉列的主意所需的开支，就如同刀片投产后的广告开支一样。因此，即使我们把安全刀片的最初发明与商业创新对立起来，我们也很难避免把后者看作是进一步的发明，是发明的一部分。

事实上，引进一种新产品或新方法，从最初的设想（如果有这种设想的话）开始，要经过种种阶段，直到制成工作模型，建设试验工厂，设计和再设计最终产品，并以商业规模进行销售。而发明与创新之间的区别与这些阶段以及它们在不同阶段各有多少是没有多大关系的。真实的区分在于整个过程的技术和商业方面。一方面是设计和使之具有令人满意的性能的问题，另一方面是商业问题，它需要有经营和商业能力。有可能但也并不一定的是，这两类问题是先后出现的，发明在创新开始前产生。更通常的情况是这两类问题自始至终都存在。虽然有些发明无论如何也不是商业的考虑所引起的，甚至在很大程度上是侥幸，但大多数发明是一定的市场需要的反映，而只有能在商业上得到应用，才有经济意义。同时，创新，或者在市场上推出，是根据利润的计算，而这种计算通常会导致原来设计或方法的修改，这也是发明的特点。因此，可以说，在达到真正制造之前，有许多小的发明。

所以，像过去有些关于创新的作者所认为的那样，不同的机构起不同的作用，这并不是不可避免的。一个发明家到了需要找一个创新家或企业家的阶段，后者可以露面，也可以不露面。但是这确是常有的事。许多私人有了个好主意，就愿把它卖给一个现有公司。如果一个小企业不能满足开发一种发明所需的财政和其他开支，就把它卖给拥有所需资金的较大企业。多数获得专利的发明可能都是以这类方式转让的。朱凯斯教授在他的《发明的来源》[①]一书中指出，在20世纪的一些最重要的发明中，个人发明家和小企业具有持续的重要性。他还指出，机械公司所完成的“基本性创新”，大约有2/3来自公司外部，即使是公司内部，“较小创新问题的技术解决”通常也是来自个人的诀窍。我所说的没有什么是与这些论点不相符合的。恰恰相反，使用“基本性创新”这个词本身(这里多数人会说是“重大发明”和“对较小创新问题的技术解决”，而另一些人则会说是“小发明”)就表明很难在发明和创新之间进行区分，除了各指在市场上引进新产品和新方法的同一过程的不同方面——技术方面和商业方面。每一方面都受某个人的支

① 约翰·朱凯斯、戴维·萨维斯、理查德·斯蒂勒曼：《发明的来源》，伦敦：麦克米伦出版公司，1958年。

配，一方面是发明家，另一方面是企业家，因为新主意和大胆的决定最易出自个人。但是它们也可能包含有从事技术开发的一组人或者是实行合作战略的管理委员会的大量讨论和试验。我们不应试图仅从术语上来解决哪一种是有典型性的。

适用于发明与创新的也适用于发明与模仿。一个发明进入普遍应用的过程再次能分成阶段，随着最初的发明越来越被广泛地模仿，创新者的开拓性工作也随之散布开来。事情的这种顺序往往被说成是这样，即整个散布过程都可说是模仿，缺乏发明者的独创性和创新家的进取心。但实际上情况很少是这样的。先驱者的工作通常是不完善的，需要进一步改进。而这种改进就要由所谓的模仿者在努力与先驱者的竞争中来完成。换句话说，散布的过程也都包含着新发明和新胆识，这通常是由进行竞争的企业对原来的设计不断进行的改进。一旦完成了第一步，随之就会有其他同样大的几步。无论如何，如果最初的发明为不同的国家所采用，以适应不同市场的要求，它就必须要有大的改变，这是因为原料、劳动力和资本的成本不同，气候和文化条件不同，生产规模不同，消费者的喜好不同，国内和出口需求的平衡情况不同，等等。模仿者为适应这些不同而进行的改造一方面需要有新的发明行动，另一方面，还确实需要有企业行动，后者是创新的重要特点。因此，模仿者也应被看作是某种创新家。正像一个创新家一旦对于一项发明进行研究，也可能搞出一些小发明一样，一旦一个模仿者开始模仿一种创新，也会有一些较小的创新。

几个实例

如果我举几个你们大家都熟悉的例子，这些意见就可以说得更具体了。首先，以汽车工业为例。是谁发明了现代的摩托车？没有人发明。在铁路时代，把车辆装上蒸汽机来驱动的思想，是很清楚的，并且一定有许多人都产生过。但那与今天的石油驱动的私人汽车的大规模市场有很大距离。沿着这条道路，你可以指出多少代发明家，他们提供给我们各种引擎部件，采用橡胶轮胎，改进悬置装置，等等。你也会记起一些大发明家，像亨利·福特，他没有发明上述任何一种东西，但却对改变汽车的设计同样重要。每个汽车公司在制造被称为摩托车的东西时都模仿了别的公司，但是没有两家公司生产完全一样的车，而每个公司都说它比它的竞争对手向公众为他们花的钱提供了较好的价值。创新是一个竞争过程，其中发明者的主意是动力之一，而这些主意本身又是竞争压力的反应。

如果我们从摩托车转向机车和飞机，我们发现情况大多一样。你可以指出一辆机动车第一次在铁轨上行驶和飞机第一次起飞的时刻。但是，广泛地说，正确的是没有人曾发明机车或飞机。几代人对它们的概念的形成和发展做出了贡献。他们的贡献，如果离开商业压力，是难以做出的。每一种新发明的开发和应用，都是为了达到某种商业目的，而不是别的，军用飞机的情况除外，这里非商业影响起支配作用。一旦国家直接参与，像在高速列车和协和式飞机的情况，其他因素就不论好歹地加了进来。但是历史的经验表明，当这些事情留给私人企业去干的时候，它们就是发明家和创新家对消费者需要的一种反应，要在市场上挂号或至少受市场的检验。

另一个例子是蒸汽机本身。多数人似乎都认为它是詹姆斯·瓦特发明的。事实上，瓦特没干这事。他装上冷凝器，从而在蒸汽机的经济上的应用方面，做出了重大改进。但是在瓦特之前，蒸汽机早已在开发过程中，并且在他之后很久，又继续为别人所开发，直到以一定燃料投入量产生的推动力比早期的瓦特蒸汽机大好几倍。没有什么像蒸汽机的历史那样更清楚地表明创新过程的渐进性或技术与商业技巧的结合。

创新是渐进的

让我用点时间较详细地说明一下创新的渐进性。凡是学过产业革命史的人都会记得，这是棉纺织工业发展中的一个为人所熟悉的题目。每一个发明都创造新的需要和机会，并且为适应这些需要和机会，又产生新的发明。一个发明带来另一个。但是，这个问题也有鲜为人知的方面。一种重大发明，即没有人能忽视并为人们永记不忘的发明，需要长时间来消化。随着它的被吸收，一连串的小发明出现了:这或者是较小的改进，或者是经济中其他地方随之出现的变化。就像一块石头扔进水池，会在水面出现波纹一样，发明也有这样的效果，即随着越来越多的企业着手改进，或从这项发明中受益，它就会扩散开来。它们这样做时，就会搞出新的发明，这些发明并不那么大，但却会更加重要。

当我们注意到“小规模技术改进的累积前进”的重要性时，我们留意的也许主要是重大发明的这种技术后果。几年前全国社会经济研究所考察了一些重要新创新在每一主要工业国采用的速度，这些创新有浮法玻璃、纯氧顶吹转炉炼钢法等等。他们发现，在那些实例上，英国的记录并不低于其他国家。但如果问题是，在英国创新是否与其他国家一样快，我认为这就不一定了。正如我曾指出的，“当有一种每个人都熟知的重大变化时，当它的采用会带来大的节约时，就很有理由希望一个国家与它的邻国一样对创新表现出同样的欢欣。……但是，不能认为对工业产品和实践做出的大量小的改进（它们形成了技术进步的主流），上述法则也同样适用，正像引起公众注意的大跃进一样”[①]。

我接着表明，也许是因为在英国，这种不断的小的改进洪流进行得比较缓慢，所以英国在工业上落后了。

创新与增长

至此，我就要进而谈到我的观点的实际意义了。我们认为当然是主要由于应用中的技术创新，才使近两个世纪中物质生活水平有了转变。这些创新使我们能生产出大量各种各样的产品，其实际成本又不断下降。我们讨论的这类创新只不过是生产率提高的一个方面，也许是最重要的方面。而生产率又是经济增长的主

① 阿列克·凯恩克劳斯：《通货膨胀、增长和国际金融》，伦敦：艾伦和昂温出版公司，1976 年，第 63 页。

要来源。凡是不能归因于大量投入劳动力和资本的经济增长，必定都是由于单位投入得到更大的产出，这就是说，由于较高的生产率和产生这种高生产率的创新。因此，我们常常听到的关于增长的阻碍，大概也是那种对创新的阻碍。任何有价值的经济增长理论大概都有创新理论作为它的重要组成部分。

因此，如果我们想理解经济增长，我们最好是从研究创新入手。同样，如果我们想看到我们的物质生活水平更快地提高，我们就应该考虑该做些什么事以促进创新。

到此为止，一切都没问题。但是这与我开始时所做的语义分析有什么关系呢？如果在发明与创新者把发明应用于商业之间有一条明确的分界线，而发明是外源的和与商业需要无关的，政府自然会集中于创新并让发明自生自灭。无疑仍然要为发明家提供专利保护，以鼓励更多的发明（但是，从历史上说，专利事实上是为了伊丽莎白时代的创新者的利益而实行的，他们并不是发明家）。个别政府也可能会辩解说本应如此，因为从实质上说，多数比较重要的发明必定是在国外取得的。聪明的做法是适应这种推断，把力气花在促进外来发明的采用和推广上。但是，由于某些难以说清的原因，工业国家的政府很少这样做。

把技术鉴别与经济判断联系起来

如果发明和创新互相结合在一起，以至发明从头到尾受市场影响，而没有广泛的小的发明，创新则几乎是不可能的，那么，这二者之间又有什么区别呢？如果正常的情况不是技术的确定性和商业的不确定性，而是一般的不确定性，那么懂技术的人和懂经济的人之间的联系则是极端重要的。技术鉴别力必须与正确的经济判断力相结合。成功的经营必须拥有必要的技术专长，以便根据市场的可能性重新设计新产品，并投入生产。它也必须有强有力的商业管理，以便对市场趋势形成准确的判断，同时把这些趋势的意义传递给它的技术人员。

正是这两类不同的专业的联合，是创新中最难处理的因素。完全不清楚政府能做些什么（如果它能做些事的话），来加强这二者之间的联系：它们能做很多事以改进工程师和化学家的供给和聘用；它们能改进对企业的财政报偿；它们也能使企业可更自由地得到资金，以进行对新产品和新生产方法的投资。但是创新比通过新投资进行商业冒险更有风险，从这点来看，财政援助的价值是有限的。

因此，提出了许多激进的意见，要求国家起更广泛的作用。会有一些人指出，到现在我还没有提到研究与开发的增长，所谓以科学为基础的产业的新的重要性，以及改组产业，使国家全力支持有前途的新知识的可能性。我确实小心地避免使用“研究与开发”、“科学”或“基于科学的”、“改革”和“知识”等字眼。我到现在也还没有提到“技术”。所有这些字眼都很可能在技术创新的任何讨论中引起混乱。

科学的作用

让我们先看看科学在创新中所起的作用。大量文献都极大地突出科学的影响，政治家们也时常指望通过一场白热化的科学革命重振英国工业。我自己从来没有发现过20世纪以前有多少证据表明科学的直接影响。我也承认当科学变得白热化时，我对它并不大信任。直到不太久以前，发明还是那些科学造诣十分有限的人的事，而那些把发明用于商业的人则通常对现代科学所知更少。传统的次序与通常相信的相反，在发明已经问世之后，科学家才来设法了解它。即使今天，许多重要的发明并不需要很多科学知识。我们知道，喷气引擎的发明所需的机械工程知识，并不比一个实习生所知道的多。

这对那些被计算机和协和式飞机弄得眼花缭乱的人来说，似乎是大惑不解的。这里显然有活动的不断升级的过程，在这个过程中，再往前进就要求有关于最新科学思想的透彻的和专门的了解。这就使科学成为这些活动的非常重要的投入，正像拥有各种颜料永远是绘画活动的非常重要的投入一样。创新者，像画家一样，必须很好地知道要用什么材料，要有什么知识。在科学有重大关系的活动中，他本人必须是个够格的科学家，以协调科学家的工作和其他专家的工作，并在技术专家和商业专家、财政专家之间建立起必不可少的桥梁。

科学家们的兴趣与创新家迥然不同。前者问："事物的实际情况是怎样的?"后者却问："我们该怎样着手干?"前者关心的是理解，后者关心的是生产。他们二者面对的问题大不相同，而当人们——几乎是无意的——在"科学"后面加上"与技术"三字，用以表明科学使技术抬高了身价时，这种区别就变得模糊起来了。不管技术是什么，它不是科学，而且往往是零乱的和不科学的。它更接近于创新。因为技术人员关心的也是生产，以及如何着手生产。技术人员必须用现代科学通常所能教给他的一切知识装备自己，但是他也必须忙着学习什么可行、什么不可行。正是这种从经验中得到的和除了示范往往难以传授的诀窍和个人技巧，成为一个好的技术人员的标志。另一方面，科学家具有的是另一类知识，这些知识本质上可通过传递公之于众，可写下来和传播开来，而不需要他本人的干预，它自身独立于它的发明者而存在。

因此，培养更多的科学家并不是迅速创新和经济增长的最好途径。也许在有限的活动范围内最大限度地利用科学发明是有益的，但即使这也远不能肯定。主要的“基于科学的”活动与化学过程及各种航空工程和电气工程产品有关。科学家们对这些活动（就它采取新科学知识的形式来说）的贡献，往往可自由得到，或者如果它有专利，可以一定价格得到。但在经济的工程技术方面，最后设备或加工厂的设计，却是更难照抄的。确实，如果在以科学为基础的活动中的创新也具有纯科学的全部严密性和可计算性，就难以了解为什么战后英国在这些活动中的记录是如此令人失望。这完全是因为创新遭遇到不可知的情况，遇到如何在竞争条件下，把事情做得更令人满意的困难，以及在很不确定的条件下如何判断市场趋势，和估价种种可替代的技术，在这种情况下，科学不能保证成功。在把人送上月球的过程中，科学家起了非常重要的作用。这个事实不应使我们看不到他们在一些较不那么宏伟的项目中的局限性。在这些项目中，成本是首先要考虑的，而且市场上已有的替代物的名单可能是很长的。我们也不能忽视这样一种论点，即不是什么科学，而是“工程诀窍、技巧和组织产生了喷气推进

机、原子能发生器、通信卫星和空间旅行”。

研究与开发的作用

正像错误地相信科学是创新的关键一样，我看有一种几乎是同样的错误，认为由于有了研究与开发，创新就可视为类似常规的事。迈克尔·福尔斯曾指出，在研究与开发中有不少骗人的把戏，因为至少在工程技术中，几乎全都是开发，实际上没有研究。开发是从创新中取出某种不确定的东西，进行小规模试验，或在进入生产前搞出样品。它显然是在大量资金即将投入的过程中的一种有用的方法。它有越来越大的重要性，因为越来越多的创新需要大量不可分的投资。但是，在许多部门，不多的开发经费就足够了。必要的设计工作可由一些人员进行，他们之中没有人想要挂个研究与开发的标签。例如，在汽车工业中（而且不仅是英国的汽车工业），研究和开发是微不足道的。建筑业、造船业和许多生产消费品的部门，也同样如此。

当然，不能想当然地认为这些部门从它们自己进行的研究和开发中得不到任何好处，或者认为它们从别的部门的研究和开发中也得不到什么好处。完全可能，正如一个国家所采用的多数重大发明都是来自其他国家一样，影响一个部门的多数重大技术进步是由其他部门做出的。19 世纪蒸汽动力的采用，对制造业的影响或许比其他单项发明要大得多。但是蒸汽机并不是在任何制造业中带头使用的。同样，最近以来，塑料或集装箱运输或计算机的应用在许许多多部门中都对产业实践和生产率产生了重大影响。

例如,由于有了合成纤维,纺织业发生了革命。而对合成纤维的最初的发展来说,纺织业并没有做出什么贡献。在从统计记录看创新提高了生产率的那些部门,与最初产生创新的那些部门可能大不相同。因此,如果看重大技术进步的来源,而不是看它们随后的影响,或者是看试验、犯错误和进行小的发明的长过程(一个又一个部门就是从这种前进过程中得到利益的),可以相信,研究与开发起着非常重要的作用。

在一些部门,这种作用的意义是无可怀疑的。化学工业开发一种新的合成纤维可能花费 10 亿英镑。开发一种新型飞机或一种新型计算机也可能非常昂贵。即使飞机和计算机已经发明了,因而开发只不过意味着采用一种新的型号,也是这样。

设计一种新飞机不一定有多少发明。但是,种种改进确实需要一系列小的发明,并且可能要求大量投资。进行开发的试验和犯错误过程与精密的科学相距很远。我们还要找到使重大技术变革成为常规的方法。我们能说的只是,技术变革,就其本性来说,是高度依赖于工程师和化学家的,因此也是高度依赖于机械工业和化学工业的,这二者在主要工业国家已占制造业劳动力的一半。这一半中有多大比例应从事研究和开发,这部分是语义问题,部分要看这种开发是否值得。

如果想象在研究和开发上进行更大的开支,就会自然而然地加快工业创新,这至少也是过于乐观的。有人已经指出,在国家的研究与开发开支与经济增长率之间有一种像是反向相关的情况。但是,我不想从这里得出任何结论。因为有大量开发工作,只是因为编制数字的方法,就被排除在统计之外了。但无论如何,在英国、美国和苏联，大量的研究和开发工作与民用部门生产率的提高没有多少关系，而政府负担的开支都是为了满足军事和半军事需要。同样，当索尼公司被用来作为例子，说它“没有任何研究与开发就富了起来，而现在他们的富有……因有大的研究和开发部门而大吃苦头”时，我不能毫不迟疑地得出结论，索尼在变富之前或在这之后它是错误的。当它还很小的时候，那也许是不值得的，而现在他们所承担的资本义务已经大得多了，这也许就是很值得的了。个别公司的研究与开发预算的增长是它本身有资格进行研究的有趣现象。但是我们应该当心，能否断定较大的研究和开发预算一定会对工业中的创新带来相应的刺激。

产业结构的作用

除了科学和研究与开发之外，人们往往还提到加快创新的第三个方法，它的方式就是改变产业结构。有些人指出小公司的发明能力使工业更具竞争性。现有大公司内部的新的分支部门也可能产生对小公司的发明有利的那种条件。另一方面，有些人却愿意看到一种较强的垄断性结构，因为垄断组织可希望从创新中得到更大的报偿，如果没有大群模仿者分享它们的利润的危险的话。从这点上说，国家有更广泛的利益和更稳固的垄断权，可以认为是比任何私营公司都更热心的创新者。所有这些互相矛盾的意见都时常以一些理由提出，并要求采纳。

这个问题从表面上看并不是特别重要或有趣的。但是，如果创新是经济增长的关键，而工业组织的形式又对它有重大影响，那么找出最适宜的产业结构就是存亡攸关的事。如果国家比私营工业能更成功地加快创新,就该大大加强广泛的国有化。相反,如果国家会延缓创新,或使它陷入困境,那么更多地依靠私营工业的方案就更有吸引力。同样重要的是要知道竞争在多大程度上推动或阻碍创新,或至少在什么条件下,多大程度的竞争才会使创新蓬勃发展。

一般都同意在市场结构和创新之间没有简单的联系。经验式的研究会得出相反的结论,并且往往是根据可疑的关于创新的投入(如研究与发展)或产出(如专利)的指标。多数作者强调利润作为创新的刺激力的重要性,强调需要有能力的管理和有进行冒险的意愿。但是当提出“怎样的竞争更有利于创新?”这样的特殊问题时,就没有明确的回答了。它没有说当创新包含着大量资本支出时,有关的公司也必须是相应的大公司,因此市场可能容不下两个或三个以上的公司,也许只能容下一个公司。例如,在化学工业,开发一种新纤维所必需的投资可能超出比帝国化学公司规模小的公司的资本力量。在核动力机械方面,开发所需的同样大的开支,也使竞争的余地同样狭小。

但是,即使在这类情况下,认为只能在纯粹垄断式的组织和高度竞争性组织二者之间进行选择,也是错误的。工业组织是高度灵活的,有多种保持某些竞争因素和保持私人企业某种活动范围的方案。像原子能机构这样的一种国家管理或国家控制的垄断组织可负责开发中某些更无把握的阶段,或者担负私人公司的财力所不及的开发成本,而把随后的生产让给互相竞争的公司。可利用类似控股公司这类的机构,这类机构在私营部门中很普遍,而在公营部门中却很少。或者可按照第一次世界大战前海军部分配军舰订单那种安排模式，实行职能的分工。当时造船厂为设计进行竞争，随后设计中选的船只的订单发给几个互相竞争的造船厂。

国家的作用

这里我要说说国家在创新中的作用，这是几年前我在英国协会所做的就职演说的题目。我的观点仍然没有改变。我认为政府在对待工业创新方面通常是过于自信、笨拙和浪费，不懂得需要什么。共产主义国家的经验充分证实了这种观点。但是为了得到证明，不需要到英国之外去找。然而，在一个混合经济中，对一些部门的创新，除了国家直接干预外，简直别无出路，这些部门有的是已经国有化的部门，有的是卖给政府的，或购自政府的，或以种种方式取得政府支持的。而这些加在一起占了整个经济的很大部分。

国家对创新的贡献，在这个演讲的末尾来讨论，是一个非常大的题目。英国的创新和限制创新的环境问题，也是一样。但是，也许我可以在做总结之前在这个问题上大胆提出一点最后的想法。

奖励创新

我认为对创新的最重要影响是它带来的奖赏。没有适当的奖赏，管理者就不愿进行改变，因为改变有遭受损失的风险，这可能引起反对或不满。为了正视改变的代价，他们需要有获得某种额外收益的前景。当然，他们也许对这种前景并不敏感，因为他们已经获得了大量利润。但通常他们都盯着未来，并且不愿看到竞争对手抢在他们前面。然而，每一位管理者都知道，从创新中得到的全部收益不能都落到创新者的手里。有些作为额外赋税被国家拿走；有些给了消费者，这或者是因为要降低价格，以便扩大市场，或者是因为竞争把价格压低；还有些被工薪阶层拿走，如果他的工作的常规被打乱，并且他成功地达到提高工资的要求。只有剩下的部分归创新者和他的公司所有。

如果你想了解为什么在英国创新受到阻碍，你就应该从这种四分法开始。我还要了解一下英国与其他国家或一种投资方式与另一种的系统比较，但是这里一定有大的区别。至少在工资劳动者坚持要从预期收益中所得份额的大小方面。如果企业家不进行创新，而只是把更多的资本投入同一工厂，并且完全用与过去一样的方法进行生产，他就不会把他的资本收益的任何部分转为高工资。但是如果他搞创新，他就会发现他要就人员比例、计件工资或者其他一些拔河竞赛式的问题与他的雇员进行争论。雇员们感到他们有权要求从创新所预期的高额利润中得到一定份额。我听说在英国这种争斗是特有的。我只想说，在英国这种现象比其他国家普遍得多，这也有助于考虑英国的创新和增长速度为什么比较缓慢。

结　论

现在我可以对我的论点做个总结。第一，创新不是什么别的东西，而不过是变得更加有效的一种尝试，它只是后者的一个方面。甚至新产品也可看作是更有效地帮助消费者满足他的需要的方法。

第二，人们会想方设法提高效率，只要从中能得到钱，只要他们知道怎么办。与此完全一样，创新是对可行办法和市场的一种商业反应。

第三，创新要求有进取心，要求适当的报偿以鼓励这种进取心。

第四，成功的创新的中心在于好的管理，以协调技术人员、商业人员和财务人员的活动，保证人际间正当的接触和交往。有几种联系是极端重要的，即研究与开发和生产之间的联系、开发工程师与市场专家和财政专家之间的关系，等等。

第五，社会制度和环境必须有利于新思想及其采用，最起码也必须使不同的人和不同的集团之间易于交往：自由交换意见，自由交谈、阅读和试验。技术思想的传播更多地是依靠个人之间在广泛领域中的接触，而不是靠任何单一因素。在高层次上必须有必要的专长：工程师应训练有素，并且向新思想开放，管理者有必要的经验。那些具有创新所必需的干劲和坚韧精神的人（他们不一定是最引人注意的人物），应能指望，如果不是公众的承认和支持，至少是得到不受惩罚的默许和自由。如果我们想得到金蛋，我们就不该去加害于鹅。

第六，在一种高度集中的体制下，会有更大的力量推动创新，但不大可能有自发的创新。在任何组织形式下，都必须动员创新的主动性，并且把一些职能分散，这些职能或者是负有创新的责任，或者是为创新提供更大的活动范围。

第七，如果我们想加快创新，我们就不能忽视对它的褒奖。直接这样做并不容易，但是要有大量立法，包括税法，使奖励能到达创新者手里。工资争议也会拿走一部分创新利润。

第八，我们必须永远记住，模仿总是比创造容易得多，新开发成果的传播速度比它产生的速度重要得多。我们必须永远不怕借鉴，因为归根到底，这是除先驱者之外每个人都必须做的。

八、技术和自然资源在发展过程中的作用

经济学家没有一种普遍为人接受的经济增长理论。他们着重指出有助于增长的许多不同因素，但承认这些因素的相对重要性随国家不同而变化，并且同一国家的不同历史时期也不一样。例如丹尼森曾大胆尝试确定最近时期主要工业国家的增长中不同因素贡献的价值。但是这些尝试很少超出对投入因素（包括就业、工作时数、股本等等）在不同时期变化的分析，再加上那些不能用这种方法计算的其他因素的影响，如规模经济、教育、知识的进步。归因于知识的进步的部分一般比所有其他因素加在一起都大。可惜"知识的进步"是"未得到说明的"或"剩下的""更多的知识"的同义词，因此我们不再多去说它。不管我们怎样列举经济增长的源泉，我们并不很知道如何估价每一来源对所观察到的增长率所做的贡献。

这种情况没有什么可惊异的。经济增长中的有些因素，特别是投入因素的变化，是可以计量的，而其他一些则不能计量。经济

本文原载《对经济发展和社会变化的看法——V.K.R.V.洛纪念文集》，C.H.汉努曼撒洛和P.C.朱西编，联合私人出版有限公司，新德里，1979年。本文也曾在巴西和韩国提出过。

学家,特别是那些喜欢建立经济增长模型的经济学家,会不可避免地突出可计量的因素。但是不可能丢开非计量因素不管,因为它们可能支配着整个发展过程。例如,任何社会的价值、观念、动机和制度、教育水平、主要宗教信仰、企业和政府的行为准则、免于公众动乱和冲突的自由、执政者的能力和献身精神,等等,必定都对增长产生重大影响。经济发展并不单纯是经济现象,而是在所有各阶段都与社会、政治和文化发展互相作用的。

因此,当我们单独提出自然资源和技术作为发展过程中的两个因素时,我们必须从一开始就知道,什么并不是它们对财富创造的直接影响,而是它们与其他因素的相互作用,包括社会和政治环境。这种相互作用可能难以表明,因而经济学家们不大愿去讨论它。经济学家放弃不管的东西,经济史学家或人类学家可以来补救,并提供支配经济发展的各种相互影响的必要线索。

让我们暂且不去管这些相互作用,而集中于自然资源和技术的直接影响。那么,我们就要问:对什么的影响?我们试图说明的究竟是什么?例如,我们想的或许只是国民生产总值的运动,不管它是怎样引起的,或者我们心目中想的只是生产率的运动,而不是生产的运动。这是有很大不同的。经济的增长可以没有生产率的任何变化,而只是现有资源的扩大,或者在现有资源的使用中只包括数量的变化;或者资源的数量也没有变化,而是由于采用新方法,生产新产品,对资源加以更好的利用;或者是从生产成效较低的利用转变到成效较高的利用。头一种变化会增加国民生产总值,但只反映资源和投入因素的扩大,而不是生产率的增进。第二种变化是质量性的,适应于资源应用中的提高效率水平的创新。

任何人从这种广泛的区别出发都会承认第二种变化是更持久和更重要的。为了经济真正的发展,我们所需要的正是生产率的提高。用不着多说就可知道,技术进步是使生产率不断提高的大多数创新的源泉。如果我们一直抱着像原始人一样的世界观,那么即使我们生存下来,即使不比原始人所达到的生活水平高多少,我们也将是很幸运的了。正是技术使人之所以成为人。正如布罗劳斯基曾指出的,“从使用起码的工具……到制造工具和维护工具以便将来使用”这种前所未有的步伐,“使人以地球生物在30亿年中不能比拟的危险的高速度前进”。发展作为一个不断前进的过程,依赖于新技术的不断注入,以及产生和吸收技术变革的能力。

那么,自然资源起什么作用呢?初看上去,它们的影响似乎纯粹是数量上的,永远是为生产的扩大开辟可能性,而在这种扩大后面没有任何持续的动力。新自然资源,如矿物或石油蕴藏,使一个国家变富,但它们并不自动地包含发展。如果它们被用尽(技术永远不会用尽的),它们就会使国家大致像过去一样。自然资源的富有并不能保证迅速的发展或最后的繁荣。

这种想法似乎解决了关于技术和自然资源的相对重要性的任何争论。但是人们可以从另一种想法得到完全相反的结论。一些人也许认为,技术是普遍的,在某种限度内,所有国家都能自由获得它。如果这些国家不都是以同样速度发展,那必定另有原因。这很难完全用技术来解释,而必定包含着某种对技术转让的障碍的分析。另一方面,自然资源的天赋因国而异,必会使国家更易得到发展,特别是如果这种资源难以进行贸易或从国外得到供应。在一个外汇经常短缺的国家,获得外国设备和外国技术援助会受到阻碍，而更多资源的发现会对发展过程起决定性作用。

再者，如果一个国家无力利用现代技术而完全依赖外国人供应进口货物，以便加以利用，或者在国内建立分厂或新企业，作为利用现代技术的一种方式，这又该如何呢？这种变化，除非渗入当前国内的实践中，否则对加速增长没有多大裨益，虽然它们会使国民生产总值增加。

这些相反的观点说明，通常使用“自然资源”和“技术”这些词时，可能有某种混乱。为了廓清这种混乱，我应该说明我的观点。特别是“技术”这个词，对不同的人来说，意味着不同的东西。有时用它来指“与工艺有关的知识”，有时又指“工艺的实践”。因此，技术进步就或者是知识的前进，或者它又采取某些新机器或设备的形式，如喷气发动机或核电站。如果不说技术，我们用较老的英文字“工程”(engineering)，我们就可能更会懂得，技术是一种混乱的、非科学的东西，它包含有行动，但却不必制订行动的方案。这种行动当然是有知识作为指导的，但大量这种知识是关于实践的知识，往往没有什么理论内容。它本来不是易于以文字形式从一国转移到他国的普遍知识，而是一种诀窍，是在实干中，通过试验和错误学到手的，是实践者的技巧，而不是科学家的理论。

因此，把技术与科学混为一谈是错误的。而且把技术进步与当今所谓的研究与开发联系起来，恐怕也是错误的。多数关于研究与开发的文章都严重使人误解，因为它们集中于有限工业部门中的少数巨大变化，而忽视工业产品和实践中极大量的小改小革。而正是这些小的改进形成技术进步的主流。人们过于看重研究或样品和试验工厂的创建，而对不断的技术发展和设计改进这种中心现象却很少注意。如果研究是科学的关键职能，那么设计就是工程的关键职能，它在方案和产品之间建立起不可缺少的联系。[①]

如果说“技术”这个词会使经济学家们说废话，那么自然资源似乎是十分清楚的。但是，这里也可能产生混乱，有些自然资源本来是会耗竭的，而其他一些则原则上不会耗竭。矿物蕴藏只能用一次，必须把它看作是某种流动资本。而农业用地，如加以改良，就是一种永久性资产，可无限地为增长做出贡献。甚至（如果在改良的过程中），它会变得越来越不是自然资源，而越来越像是固定资本投资。

历史的经验：日本的实例

因此，如果我们想对自然资源和技术在发展过程中的作用形成一种判断，我们必须更仔细地思考这问题，并且要考虑到历史经验。例如，让我们看看日本的例子。没有人会认为日本的自然资源特别丰富。但很明显，日本目前已在专门技术方面名列前茅。是不是自然资源在它的发展中不起多大作用呢？

显然，一个世纪以前，在日本经济增长开始加速之前，它像其他前工业社会一样，高度依赖于它的农业，当时约有75%的人口从事农业。在德川幕府统治下，“闭关锁国”使日本与外国的技术发展相隔离，这对农业和其他活动都是一样。但是，这个国家的经济落后性并没有伴之以教育、城市文化、管理经验以及社会和政治

① 在写前两段时，我得益于迈克尔·福雷斯的著作。

制度的同样落后。如果说存在着技术差距，那么也存在着通过借鉴外国的先进方法（一旦恢复接触）利用新技术的能力。这在1868年是如此，在第二次世界大战后的不同环境中也是如此。但是这个现代化过程视各种剩余产品的发展为转移，而这些剩余产品则大多是由农业生产的。

人们发现农业生产的扩大可使用传统方法，而无须有任何大量资本投资。达到这一点，部分地是由于新技术的传播，如改良选种和广泛使用肥料。当有着巨大地区差距时，有用知识的传播有助于同时使国内更落后部分接近于平均生产率水平。农民也从税制的改进中得到强有力的鼓励，这种改进是以根据地价而定的固定土地税代替变动的收成税。

因此，在明治维新后时期，农民能提供更多的食品，从而有可能大量免除进口食品的巨额支出，避免为此目的而从生产性投资中转移出大量资金。关于农业对其他剩余的贡献，大川和罗索夫斯基曾概述如下："……新政府要求有不断增加的收入用于社会管理和其他投资目的，以及管理现代化。这里，传统经济通过土地税收入作为一种间接税来源再次起了关键作用。……为了进口现代的生产性耐用品和获得外国专家的服务，迫切需要外汇。明治经济获得这些外汇主要是通过茶和丝的出口，这两种产品都与传统农业有联系。最后，日本的经济需要有劳动力的转移，以便为不断扩大的现代部门提供工人。这些工人差不多全是从农业地区来的，而这种转移并没有对农业生产的增长产生不利影响。"①

① K.大川和H.罗索夫斯基：《日本经济的增长》，剑桥大学出版社，1973年，第14—15页。本文中关于日本增长问题的议论大部分根据这本著作。

这样，至少在发展的早期，传统农业形式的自然资源在这一过程中起了关键作用。是农业释放出私人投资资金，并提供政府收入、外汇和人力。所有这些都是使用现代技术的现代部门的发展所不可缺少的。但是，同样必不可少的是日本借用现代技术的能力。

事实上，发展过程从根本上必然是吸收新技术的过程，而自然资源的意义在于，它们会加速或完全阻碍这个过程。如果我们不看日本，而看那些至少大量拥有一种自然资源的石油生产国，它们关心的是把这种资源转换成现代化工业硬件，并用它们拥有的一部分自然资源换取工业社会的基础设施。它们不认为它们的石油资源是发展的象征，而是发展的跳板；对它们来说，发展意味着把现代技术应用于现有部门，并建立采用这些技术的新部门。

中东的例子提示我们，一国拥有广泛多样的自然资源的情况是多么少，而一种资源在发展的早期阶段占主导地位的情况是多么多。如果有丰富的石油，就可能缺少水或没有水；如果有肥沃的土地，它就可能易受旱涝；如果有矿物，它们就可能几乎难以开采，或者远离燃料和动力来源。世界对任何一种自然资源的需求可能下降。不管罗马俱乐部怎样说，甚至就整个自然资源来说，也没有一个愈益稀少的确实可靠的规律。趋势是各种人造原料（从钢到塑料）占有市场越来越大的份额。甚至在农业中，越来越多的产品的生产也像是在化肥厂、拖拉机厂等的制造活动一样，而不是在田间完成的。富有自然资源只是当这种资源有需要时才是有利的。而人们永远不能保证这种情况会存在多久，或者至少需求会继续增长多久。

现在让我们再回到日本的例子上，看一看它除了说明农业和一般自然资源作为跳板的作用外，是不是也在某些方面说明了技术的作用。

我们可以从共同的观察出发，即经济的落后性具有二元性：经济的现代部分与传统部分同时并存。发展采取现代部分逐步扩大、传统部分随之缩小的形式。这或者是通过新部门的增长，或者是在现有部门中建立现代化企业，或者是在整个经济中引进新方法，从而使传统部门现代化。这是一个长期过程，它之所以需要时间，原因之一是现代化通常需要巨额资本开支。现代企业与传统企业同时并存。现代企业虽然更有效率和更具赢利性，但它们的扩大不能比它们的资金所允许的更快，而且进行额外投资需要时间。而传统企业，由于它们通常支付的工资较低，只要市场需求超过现代企业的能力，它们就能存在下去。

正如通常所说，这个过程主要受到资本短缺的限制。在一定程度上，这种说法是正确的。但是，它也受其他限制的影响，而且最终这些限制有更大的重要性。我们要问，现代化部门反映在例如世界市场上的竞争能力该是怎样的现代化。它是不是充分发挥了现代技术的优势，或者这些优势以某种方式打了折扣或简直被忽视？如果现代部分不与当前其他国家的实践并肩前进，那么这两部分之间的差距就不会太大，而从传统部分向现代部分的转变速度也会慢下来。

我们也必须考虑消费者的行为，他们可能完全像生产者一样受现代观念的影响。他利用进口商品可能比生产者利用外国技术更快。如果更多品种的商品吸引他更多地花钱，那么储蓄就会减少,可能流入工业的资本也就会更少。这本身会使发展缓慢。如果再加上他买的商品必须进口,外汇的供应就将紧缩,从而支付外国机器设备的进口困难也将加重。

日本在这两方面都是占先的。它的现代部分非常现代化,它的消费者又很保守。先说第二点。众所周知,日本的储蓄率非常高,个人储蓄的贡献非常大。例如1961年,个人储蓄平均占可支配收入的18.4%,个人部分的储蓄的63.2%流入其他部分,主要是公司企业。[①] 如果我们问为什么个人储蓄会这么高,一个主要原因是"日本的消费者表现出一种固有的保守性,他们的消费模式变化很慢。吃饭、穿衣、家具、娱乐以及与日常生活联系着的其他活动,变化的速度比收入增长的速度低得多"[②]。同样,日本的消费者在进口上的支出也较少。直到1961年,食品的进口占进口总额的不到14%,而进口的消费品不到1.5%。[③] 同年,用于耐用消费品的支出(这在某些讨论中显著体现了消费者对进口技术的反应)不多于国民生产总值的3.2%。日本的消费者在迅速发展的道路上没有设置障碍。

再回到第一点上。日本的生产者也同样有卓越的记录。他们建立了极现代化的现代化部门,现在已能自己进行技术改进。这些部门在国际市场上有很强的竞争力,并保持着比传统部门高得多的生产率水平。但是,日本的成功靠什么?为什么现代技术没有使其他国家经济同样快地得到改变?

① 《日本经济的增长》,第169页。
② 同上书,第171页。
③ 同上书,第305页。

对这个问题的头一个回答是技术并不易转让。我们知道,诀窍与科学知识大不相同,后者可以写在教科书中,并能迅速传授给学生。而诀窍则基本上是非正规的和属于个人的,它更像技巧,并且与投资活动不可分。说技术差距似乎是把问题简单化了。没有易于辨认的"技术库"可使人们去访问、去借,像是进入公共图书馆和从那里借书一样。与此不同,这里积累有掌握新技术的广泛经验,这些经验不断增加,而这种经验的获得与环境有关。援用别人的经验总是不容易的,特别是当他的环境很不相同,并且自己经验又很少。

日本的情况是从一开始就周密地致力于获得外国的经验。许多日本人到国外去研究工业实际情况,政府计划用外国设备和方法建设新工业部门。当时有一种有利于进口技术的前景,并不断寻找这样一些地区,那里技术转让更有利,或者困难最少。

直到 20 世纪 30 年代,日本的纺织业占其制造业的 40% 以上。由于种种原因,它最宜于技术借鉴。它是资本密集度最低的,特别是实行两班制,这最适宜于一个劳动力众多的经济。它有一个大的国内市场,有它自己的本地区需求。只要装好机器,技术就很容易学到。此外,纺织生产不像许多技术那样,它很容易从其他部门独立出来,它的技术可以说是自成一整套的。由于同样的原因,其他国家往往发现,在现代化道路上建立纺织业比着手搞较重型的和较复杂的工业更为容易。

虽然纺织业是 19 世纪技术转让中具有典型性的行业,它在今天已很不具代表性了。这部分是由于技术进步本身发生了变化和越来越快,使它变得认不出来了。一个世纪以前的工匠和手艺人的技艺产生的创新已为一群受过高等教育的专家的工作所代替，这些专家有实验室、计算机、技术报刊、试验工厂和其他昂贵装备。正如戴维·费利克斯所指出的，“今天的最不发达国家要搭乘技术的列车，面临的是与它们19世纪的同行完全不同和行驶得更快的车子”①。

这种变化在机械和化工部门尤为明显。但恰恰是这些部门越来越在现代工业中占主导地位，并在世界制成品贸易中约占一半，而在1900年只约占1/8。纺织品贸易的重要性则同步下降，从1/3下降到大约1/10，这是一件事的另一面。

日本的奇迹不过是发展了这些部门吸收技术的能力，扩大它们，并产生了它自己的先进技术。它大规模地引进技术。1958年以来，日本的现代工业部门有25%—30%依赖外国技术。但是，我们已经知道，借鉴需要努力寻求，并且必须模仿前人的经验。日本人能够借鉴，因为他们已经为此目的组织起他们的工业。他们按人口平均的训练有素的工程师恐怕比任何其他国家都多，这也许是日本最重要的独一无二的事实。日本企业的技术人员得到加强，能检验外国技术成就，选择最适合于日本需要的东西，并且对设计或生产计划进行必要的修改，以适合日本的条件。

大约50年前，日本与拉丁美洲和其他地区的不发达国家区别很小。例如，在本世纪初，日本的钢产量比印度低。它的出口至少有一半是茶和丝。那么，日本的优势何在呢？有些经济学家们着

① 戴维·费利克斯：《拉丁美洲技术的扩散》（提交给技术扩散和经济发展会议的未发表的论文。贝拉焦，1973年4月），第16页。

重指出日本统治阶级感到的震惊，他们深切感受到他们技术落后的政治后果。据说，这就从上面产生了一种特殊的压力，要使经济现代化和许可吸收外国技术。一般说来，发现新自然资源就不会有这样的震惊。如果这带来了新的外国技术，那大概是通过同时吸引外国企业和外国资本，从而在本国境内建立“飞地”，这种“飞地”对把新技术引入其他经济部门没有多大推动作用。

佩里将军的到来，和从而引起的这种震惊，可能有助于日本早期的增长，但与它后来的发展没有多大关系，虽然整个过程自然是连续的。日本的优势似乎在于它起初的隔离，加上它随后对外国思想的开放。甚至在明治维新之前，已约有一半人口接受某种形式的公共教育，以后日本继续大大依靠教育和培训，以开发它的有手艺的人口的才能。在这个过程中，它既没有受到广泛的“智力外流”到其他国家（也许是由于语言的困难）的损失，也没有同样大规模的外籍非熟练工人的移民，这种移民在其他许多国家使经济发展失去平衡。日本自始至终实行独立自主的政策，充分利用了它与其他国家之间技术差距的优势。

技术转让

当任何不发达国家看日本，或者更好是看美国时，它不能不意识到技术作为推动经济迅速发展的因素的重要性。危险在于把技术当作一种魔术，而不是大量投资的成果，正像新的自然资源的开发一样。如果要想增强一国的生产能力，而不是增加它的资源，它就必须进行广泛的努力以改进吸收能力，包括改革教育体制，反复灌输必要的技能。正像传播医疗技术需要医生一样，传播工业技术需要工程师。还需要有一些渠道，能使人们了解外国的发明，传播和利用这些发明。

技术潜力的发展比学习要求更多，因为它像许多其他技能一样，来自实践，要学到手必须靠实干，而不仅仅是读书。必须有个人的国际接触，这种接触在新思想和新方法的传输方面往往更为有效。还必须有把学到的东西加以应用的场所。

拥有丰富的自然资源会有助于技术转让，也可能成为一种制止因素。开发资源可以不需要使用任何精心搞出的新技术，也不需要创建新工艺和其他能带来更多利益的技能。如果财富是轻而易举地得到的，就不会有动力去进行长期投资来创建新技术，或来满足包含各种风险的培训、研究和开发的大量成本。如果富饶产生自满和忽视现代技术，大量的自然资源的效果可能是一条死路，它把人引入其中，但到头来没法走出。

建立现代技术的主要问题在于它很难零敲碎打。在一种技术与另一种技术之间有着广泛的联系，正如在建立现代工业中不同成分的投资之间有着广泛的联系一样。这个问题一方面可以看作是很像一个整体，另一方面又有其可分性。国内市场可能太狭窄，不易引用新技术，除非有成本方面的补充效益，可提供扩大出口的前景。同时，从事互相联系着的大规模发展所需的资本，由于国内可供利用的储蓄有限而受到阻碍。因此，必须逐步前进，把不可分性的不利之处减至最小程度。

只要有可能，利用经济学家所说的“有形技术”，这种不利会最少。凡是他国的技术进步体现在机器上，或者新材料上，或者易于照抄的新设计上，技术转让的问题就只限于支付从国外的进口了。也可能这些机器、材料或设计用起来没有什么大困难，也没有更多的诀窍随之而来。骑自行车或者驾驶汽车或火车较易学习。因此，有大量外国技术可以比较容易地吸收过来。它们可以从外国实践的整体中分出来，并整个吞下。

如上所说，这可用于纺织工业、轻型电子工业和许许多多其他只需少量外国诀窍的工业部门。

第二类工业部门是易于拆开，但这要让外国人去干。跨国公司通过建立分厂就能转让母公司使用的设备和工艺过程，只需少许改进。但是，它们对有关诀窍的垄断，无论是生产方面的，或者更普遍的是市场销售方面的，都可能使在当地赞助下取得技术感到困难。

当这种情况发生时，就使人觉得技术并没有真正得到转让，因为它并没有充分为进口国所用，并没有加强它的本国技术潜力。

再者，在其他一些部门，特别是机械制造和化工的最先进分支部门，诀窍不仅是总投入中的一个很大因素，而且它通常变化较快。技术变化有这样的特点，即如果没有许多其他附属设施（这些设施只有发达国家才能提供），就很难派上特定用场，不能期望会把它们成功地移植过来。

最后，技术不能像科学知识那样在同样推动力下流动，从一国流动到另一国。因为它植根于生产性投资之中，转让的过程实质上是一个商业过程。一些人相信它最终要支付，并且必须通过必要的投资把赌注下在这种判断上。没有人怀疑自然资源本身不会自行开发，必须通过人的努力才能得到开发。这对技术来说，也同样重要，即也必须有干劲，有商业知识和企业家精神，来启动这一过程，并使之有成功的机会。

结　论

1. 现代经济的主要特点，不是它的物质资源，而是它掌握技术的能力。

2. 发展作为一个不断前进的过程，依靠不断注入新技术，依靠产生和吸收技术变化的能力。

3. 新技术的注入是一种商业活动，与科学或研究与开发关系不大或没有关系，但大多是靠借鉴和采用已知的东西。

4. 借鉴意味着从他人的经验中获益，这并不容易，它往往需要有某些先前的经验，而朝着更精密的方向前进的趋势使学习过程复杂化。

5. 自然资源在发展的早期阶段是重要的，但它们自身不大可能启动一个不断累进的发展过程。

九、有没有经济发展的一般理论？

"有没有经济发展的一般理论？"这个问题自从1955年在华盛顿市开办经济发展学院时，世界银行向我提出后，我时常问我自己。该学院被认为是一种为发展中国家培训高级管理人员的在职人员学院，其最初课程采取讨论会形式，涉及发展的不同方面，学期6个月。人们自然要问，开始时在全部课程中理论该占什么地位，是不是有些东西与常规经济理论大不相同，以至可以称之为"经济发展的一般理论"？对这个问题，我至今仍在寻求答案。

在当时，我以为如果有一种理论，那就应该把它放在我们教学的中心位置。如果没有一般理论，我们就该回过头来从世界银行本身的经验中吸取教训，并采取案例研究的方法，这些案例多数与个别大项目有关，而不是宏观经济政策。这种案例研究至少可以就大项目应如何掌握交换意见，并训练如何进行计划评估。重点是怎样易于搞错，而不是像通常教学那样着重于进行贴现现金流计算、影子价格和项目分析的其他成分。可惜这个方案并没有考虑到可能性，案例研究可能比理论要少得多。世界银行并没有可

本文是一个演讲的扩充。该演讲曾在伊丽莎白女王王室（牛津）、社会和经济变化学院（班加罗尔）、世界银行和高级国际研究学院（华盛顿）等地发表过。

用作教学材料的案例，并且无论如何总是详细讲述它的成功，而不多看看几乎难免的危险，并把灾祸、失察和失败掩盖起来，从这些情况中本来有许多可以学习的东西。

虽然我们果断地争取进行案例研究（这些案例能指明在发展道路上的典型困难），但不管愿意不愿意，我们被迫在课程表上填上当前流行的理论，说实话，比我们真正相信的更多的理论。我们把关于沃尔特·罗斯托的“起飞”、拉格纳尔·纳克斯的恶性循环和良性循环的讲授都包括进去了。我们详细说明了罗森斯坦·罗丹的“大推动”理论和阿瑟·刘易斯关于储蓄率从5%上升到10%的极端重要性的理论。我们提到了哈罗德—多马模型和增长的资本—产出比。我们请西蒙·库兹涅茨给我们讲授发展中国家收入分配的变化，请华莱士·诺泰斯坦来说明人口的趋势。我们讲到了关于农业、工业、公用事业、贸易、资本市场和其他方面的很多专门问题。

学员们从其中究竟得到了些什么完全不清楚。对我个人的影响则是对流行的各种一般理论更不相信，更加注意理论和实践之间的差距，也更加意识到政府计划和控制的少许经验的价值。至于一般理论，许多都好像是伪造的，或者是因为它提出的问题是错误的，或者对问题的阐述是错误的，或者它的证据是很有限的和可疑的。即使你接受了这种理论，它往往也不是很可行的，并且不涉及行动方针，以帮助经济的发展。有些人，像彼得·鲍尔那样，把赌注押在市场力量上，极力主张自由扩大贸易的重要性，而不想把他们的理论与政府的行动计划相结合，对于其他理论，有必要问一问政治的必然结果是什么，它们是不是与看到的政府机器的能力相一致。这里,经验领先于理论。

主要的原因和加速器

从行政首长(及其政务官员)的观点看,有两个基本问题。其中第一个与主要原因有关。什么是发展的根源?什么使发展加快或放慢?为什么一个国家的增长率高于另一个国家?第二个问题是第一个问题的实际必然结果。为了使发展进行得更快或更顺利,该做些什么?政府为促进发展过程能做些什么事?这些问题都不是在通常的经济学的框框内所能回答的。经济学家也许可接受任务,根据投资从整个过程的角度来研究发展。但这几乎是不行的。发展从广义上说就等于以一种文化取代另一种。从亚当·斯密和卡尔·马克思那时起,经济学家们都毫不迟疑地致力于研究这样的大问题。人类学、政治学、技术以及首先是历史都对寻求我所提出的这些问题的答案起一定作用。我丝毫不感到惊异,经济发展的最有成效的工作多是由经济学家们完成的。他们全力投入这些互相结合的学科之中,首先是经济史之中。

我说的这两个问题可以在经济发展的任何阶段提出。因此,论述这些问题的理论也必须能应用于所有阶段——所谓“发达”国家和“发展中国家”。这就有可能使一种一般理论在两类社会的应用大有不同,以致每一类国家都需要不同的理论,才能把起作用的力量和作用范围搞清楚。任何一般理论都需要有所补充,来论述特定社会的特点。但是,下面我将首先和原则地提出那些也许对所有社会都共有的因素。

下面让我说清楚我认为“理论”和“发展”的含意是什么。

什么是理论?

我认为理论主要是发展过程的一种模式,这种模式又与字义相结合,以便把模式中的变数转译成实在的、可观察到的因素。因此,问题在于是不是有任何单一的或一组发展过程模式以某种方式显示主要变数的相互影响,使其与人们所看到的现实世界中所发生的过程相符合。同样,随之而来的问题是有没有一种模式能直接地或利用任何现有的政策工具间接地跟踪发展的反应。我们懂得为什么会有发展吗?我们知道怎样才能推动发展吗?

从这个观点出发,问题不在于能不能发展一套在逻辑上互相联系的主张这样一种意义上的理论,而在于任何这种理论能否付诸应用。有没有这样的模式,它们能帮助我们正确地提出问题,提醒我们注意重大问题,加强我们直觉地抓住正在发生的情况的能力?

什么是发展?

我认为“发展”并不仅仅是国民生产总值的增长,而是经济的一种转变,它可能包括态度、习惯、价值,以及更重要的是知识和技能的变化。发展的实质是某种新颖的因素。增长也可能是这样,但它不是发展。当只有数量的变化时,如工人人数或资产总量的变化,也能有增长,但是不会有真正的发展,不论是技术的发展或是人的发展，这种发展是影响生活水平和工作方法所必需的。

不同的经济学家对发展有非常不同的理解。例如，劳克林·柯里认为："发达国家的特点不在于生活水平，而是具有或多或少对(它的)经济、社会、政治、人口和物质环境的一般程度的控制或支配，使(它)能在问题发生时多少能做出适当的反应。"[①]

在他看来，发展的不同表现在生活的各领域中对环境支配的广度和深度。他说："这并不仅仅是货币政策，或贸易政策，或增长率，或政府组织以及行政管理水平的问题，而是所有这一切，而且还要多得多(着重点是引述者加的)……一种困难的解决有赖于其他困难的解决，后者又要求第三个困难的解决，如此等等。"[②]

我认为，柯里把发展与控制和文化变化的概念联系起来是正确的。伊朗的例子是对某种发展方式的有说服力的提示，如果环境的迅速变化不伴随着占优势的文化的同步变化，这种发展就可能倒退。但是，如果从较狭窄的意义上去考虑发展，并把它作为长期潜力发挥不足的尺度，也是有些道理的。

机会与限制

当我于1955年阅读文献时，我倾向于按照机会与限制，即需求与供给的理论行事。发展是在种种限制下对机会的一种反应，因此，要解决的问题是，机会是不是以任何有意的方式提供的，限

① L.柯里：《发展中国家经济顾问的作用》，威斯特波特和伦敦：格林伍德出版社，1981年，第235页。

② 同上书，第236页。

制怎样才能放松。从机会方面出发，至少可着重指出三种不同的可能性：

首先，机会的概念。你可以像熊彼特那样强调企业主的作用：企业主把机会看作是能给他带来利润的新的起点，并使他有机会为公众带来利益。

其次，机会来自市场的扩大。这可能来自本体系之外的外国市场的开发或扩大，或者它也可能像阿林·扬和卡尔多勋爵所经历的，来自国内市场的扩大，这使规模经济成为可能。因为在一个狭窄的市场上引进更有效的方法是不值得的。

第三，机会产生于知识，或者是以书面方式可公开获得的科学知识，或者更普遍的是技术变化中所包含的知识，这种知识是通过新产品和新生产过程的试验获得的，并伴随着技巧和诀窍的逐步积累。

在考察这些可能性时，我越来越得出结论，认为第三类重要得多。没有技术的改变，企业家就不会有多少活动余地。正如索尔·塔克斯在他的《一分钱的资本主义》[①]中所表明的，在农村，甚至车轮也必须来自外面，对市场力量的强烈反应不足以使发展过程发动起来。另一方面，当没有人寻求从技术变化中获取利润时，技术变化就会受到挫折和压抑，这也是正确的，但这种情况几乎不会出现。此外，一群“提高土地价值的地主”(如18世纪20年代的苏格兰)或意识到技术落后的有影响的人物(如1868年日本明治维新以后)可能在促进技术创新方面起重大作用。企业家无疑有

① 索尔·塔克斯：《一分钱的资本主义》，华盛顿：斯密斯索尼安研究所，1953年。

重要作用，但是所出现的发展的根源是企业主抓住的技术变化的机会，没有这些机会，什么也不会发生。

另一种出发点是限制。在1955年，我看到似乎那些文献过于强调这一点，不管是对“发达”国家还是“发展中”国家都是这样。在后一种情况下，显然有更广泛的限制。首先有各种社会限制：各种戒律、风俗和倨傲态度，还不说愚昧无知和缺少教育，所有这些都会使机会缩小，减少对现有机会的关心。需要有态度和风俗的改变，不然发展就会受到抑制或者被拖延。这样就有一种特殊的阻碍，例如食品、能源或技术工人方面的短缺。农业的落后，原料和能源的匮乏，有必要经验和训练的工人的缺少，这一切都会使发展缓慢。最后还有财政上的限制，这或者是来自收支平衡的困难，或者是由于储蓄不足，或者是缺少基础设施。

多数经济学家似乎急于越过最初阶段，把农业的发展看作是白费事，或者把它看作是在经济最有希望时能自行适应于发展，而把财政限制放在他们论述的中心。一个发展计划几乎总是一种投资计划。而这也就引导人们注意储蓄的供应和资金向生产性投资的流动，把这作为主要战略因素。但是，说投资显然处于发展过程的中心，这并不意味着这种资本积累是成功发展的诀窍。在我看来，经济学家们是这样惯于在经济学说中让资本扮演中心角色，惯于把重点放在资本投资上，以致他们非常易于认为它在发展中极其重要。投资可以是变化借以发生的一种媒介，这并不能使它成为变化和发展的主要根源。正像货币主义者对货币供应量与价格水平之间的关系归根到底显然是经久不变这一点着了迷，从而他们在说明通货膨胀过程时，把货币供应放在首要地位一样，发展经济学家也因看到资本—产出比率显然固定,就在解释发展过程时,把投资放在首要地位。

毫无疑问,财政限制确有影响,特别是对处于发展的初期阶段的国家。然而,即使在这种情况下,经验表明,它也屈从于机会的压力,正像结构变化会因需求的扩大而减缓一样。财政限制并不是主要限制:增长一旦起步,它就会提供它自己的财源。在工业国家,获致财源似乎只起着相对从属的作用。这里,新机会的出现和被察觉才起带头作用。

市场扩大、资本积累和技术变化

因此,如果我们把社会的和政治的限制放在一边(它们对前工业社会极其重要,但对工业社会的影响也远比一般认为的大),我们就剩下三个关键因素,它们至少早自亚当·斯密以来,就都为经济学家所熟悉。一方面是市场的扩大和技术的变化,另一方面是资本的积累。这三个因素的意义在工业化国家中要明显得多。在前工业社会,它们是在不同的环境中起作用,许多文献已说明了这种不同之处。这些文献充分说明了人口压力、劳动力过剩、单一作物、收支平衡问题的薄弱环节和突变性。下面我并不想多谈这些不同之处,其中许多至少在不少工业化国家也有某种反应。我将从更先进的国家的发展开始,但无意表明,这里所说的只适用于这些国家。

这三个关键因素中,技术变化与其他二者不同,它没有限度。例如,资本积累在一定技术阶段中,可能达到某一点,那时就不会再有更大的利益了。在同样环境中，市场的扩大也可能达到一定点，在那里它就停止自行增大。但是，在技术发展中，每一个进步都为下一个进步开创新的可能性。一项重大创新，如蒸汽动力或电力，其充分利用可以延长到一个世纪或更长，因为它导致技术相继发生变化。在整个过程中，技术发展是一个永不枯竭的因素。

也许有人反对说，这样看待这三个因素是不相称的。如果没有资本的积累或市场的扩大，技术的发展能不枯竭吗？它确实会放慢，并很可能会改变方向。但是没有理由认为它会中止。正确的是，这三个因素彼此互相影响，以致不可能逐一单独衡量它们的贡献。资本积累促进创新，而创新反过来又鼓励资本投资。投资也会对市场的扩大做出反应，而某些形式的投资(如在交通运输方面)对市场的规模有强大的影响。随着市场的扩大，它容许使用更有效的生产方法，这些方法又进一步使市场扩大。正如亚当·斯密所说，劳动分工受到市场规模的限制。如果市场的扩大完全采取利用已知技术的形式，它的自行加强的特点会使它很快达到极限，因为小规模是无利可图的。但是，一旦市场开始扩大，就会在投资和新的技术发展两方面得到反应，这又会增加生产性资产总额和技术知识总量，从而又会有新的发展。这样，一个不断扩大的市场就可能成为(也确实常常是)技术变化的源泉。当这种情况发生时，市场的扩大也能成为技术变化永不枯竭的某种原因。

假定有这些相互作用，从而不能认为这三个因素中的任何一个对整个发展过程来说是外生的，那么就有理由把技术变化看作是主导因素。十分明显，没有技术变化，一旦现有技术已用到了头，资本积累就不会令人均国民生产总值再增加多少了。增长率开始下降，只是个时间问题，不管资本积累的水平如何。同样，一旦市场扩大，但如果找不到可引用的技术改进，那么就不会从市场规模的扩大中得到什么好处。所能做的只是把因规模因素而搁置起来的技术加以运用。

虽说把这三个关键因素的任何一个孤立起来，并把这三者在自由的互相影响情况下所能产生的全部影响都归之于它，是不合理的，但有理由把资本积累看作是增长的基本反应，而不是它的原因，并认为最好把动态规模经济看作是技术变化的变体，而不把它看作是一个独立因素。

对技术变化的忽视

但是，如果技术变化是主导因素，那么为什么经济发展理论并没有全力集中说明技术变化的现象？为什么没有集中论述它的原因，它如何起作用，而不仅仅是论述它在收入分配或增长率方面的后果？对于这种忽略可以指出三个原因。

首先，技术变化是外源的，经济学家们对此说不出什么有用的东西。不然，假如它是研究和开发的成果，即资本投资的成果，它就应被看作是投资的一种形式，并且这样来加以分析。

但是，事实上，技术变化远不是外源的。它是一种商业活动，与其他为提高企业效率而采取的活动一样，而且它的根源对经济理论来说，至少与资本积累的根源一样重要。经济史学家们早已指出这一点，但当技术实际上是经济学家们不能忽视的东西时，他们却仍然认为它与己无关。

另一种意见把作为研究和开发的成果的技术变化看作是故弄玄虚。研究和开发几乎全部是开发，而开发几乎是每个企业家都在进行的，因为设计的每一处改变都包含着开发，而几乎每个人都从事再设计。投产一种新的或重新设计的产品或采用一种新的生产过程或方法所需的某些开支都可看作是一种投资，并且都与最终所获利润有关。但是也可能有少量先前的开支，特别是在有些地方，那里的变化不是得到广泛宣扬的重大变化，而是采取小的、不断调整的形式，从而形成了技术发展的主流。此外，任何一种创新的全部收益都会远远超过创新者作为对他的开支和风险的补偿所得到的那部分收入。

把技术变化排除出经济学的第二种方式是马歇尔采用的。他十分正确地把技术变化与竞争效率联系起来，并依靠竞争作为增长和发展的一种媒介（这样的媒介）。有较好的、巧妙的设计的人把设计效率低的人排挤出去。马歇尔关于技术变化的理论就是这样成了一种竞争起作用的方法的理论。但是，他认为竞争当然是推动技术改变的最好方法，而进行竞争的环境不能因促进和加速技术变化而改变。这并不是不言而喻的。竞争和技术变化，正如投资和技术变化一样，要被看作是两件不同的事。

第三种对待技术变化的方法是把它包藏在投资之中，认定这二者是不可分的。多数经济增长模型，在它们考虑技术变化时，就是这样做的。但是，这样做并没有多少正当理由。在现代经济社会中，大约 3/4 的资本积累是在住宅、动力、运输和存货之中。这些投资的很大部分是必需的，因为这个社会是比较富裕的或数量更大的，不易进行技术变革。它的投资多用于耐用消费品，而不是生产性投资。如果单看净折旧数字(本应如此),就更是这样了。在制造业中,如果净投资降到零,当现有固定资产被替换时,仍能实现很大一部分真正重大的技术变革。此外,许多重大的变化或者可节约资本,或者不一定体现为实物资产。

隐含着上述三个因素,但把技术变化放在头等重要位置的经济发展理论,是在教科书中找不到的。发达国家的理论多表现为增长模型,它把增长看作是理所当然的,但却不试图去说明它。对发展中国家,多数作者又集中于这些国家的其他特点,如劳动力过剩、依附性和外国投资的作用。但是,这里对技术转让问题有越来越大的兴趣。这个问题可回溯到1950年杜鲁门总统的第四点技术援助计划。这种兴趣大部分只限于从发达国家向发展中国家的技术转让,没有系统地探讨有关技术变化的扩散的更一般性问题,

由于发展中国家没有站在现代技术的前列,这些国家的技术变化必然采取他国已在应用的工作方法或基本设备扩散的形式。在一定意义上,这意味着照抄和模仿,并且好像是直截了当的。但实际上很少是这样的。设备必须适合于当地条件,必须按照气候、市场限度、劳动力的习惯和能力等进行调整。同样,新的产品和方法也必须重新规划设计,以适应不同的经济环境。必须有一些人员能认定和评估他国的技术进步,断定它适合在不同的环境中加以采用。因此,即使借鉴别人的技术,也要求有高水平的技术和经验:要潜心研究技术文献,要有教育背景,能了解这些文献,要有个人间的接触,有能力承担必要的发展工作。通过成功地模仿他国已有的发明进行创新,正像从头搞发明和采用这些发明一样困难。扩散的过程,不论是一国内部或者国家之间,都包含许多小的发

明,以适合所需条件。它对吸收技术变化的能力有极高的要求。这种能力,正像吸收其他各种变革的能力一样,在不发达国家可能很低。

得出的结论并不令人惊异,即经济发展在很大程度上是一个扩散过程。正像人类学家从思想和实践的扩散看社会发展一样,经济学家也这样看经济发展。每个学科所包括的学说都有一些有益的东西可供其他学科参考。

文化因素和政治因素

到现在为止,议论完全是经济学方面的。这对于说明发展问题是不完全的和不能令人满意的。上面所说的三个经济因素的相互影响可能是发展中的最重要成分,但是这种相互影响是在一定的政治和文化环境中发生的,这个环境反过来又与各种经济因素互相影响。这个更广泛的相互影响是整个发展过程中最有力的因素。在发展的初期发生的社会和经济的转变尤其如此。

我们必须估计到发展的文化方面,如与之相伴随的价值观、态度、习惯和观念的变化,这些变化可能为发展过程带来的新的投入,或者是一种有力的拖宕。它可能延滞甚或阻止发展过程,如果态度的变化缓慢或反向的话。有无数的例子说明创新热情的传播、经济刺激的加强、生财习惯的形成和对物质繁荣日益强烈的渴望,会加速发展。这些都可能一直存在,只是随着发展的进行而逐渐表露出来。或者它们埋在发展的根部,有待杰出人物去培育和浇灌。像日本这样的国家采取的经济发展道路,是把对独立自主的担心放在首位;像苏格兰这样的国家,当土地贵族放弃了神学教条之后,才采取了经济改善的最初步骤。但是从一开始,经济发展就带来文化上的反应,而它本身又是这种反应的结果。当这种反应是敌对的,像在伊朗那样,发展就是有限的,或者会完全消逝。这方面的专家是人类学家,而不是经济学家。

但是,自然不仅在初期阶段文化因素才加入发展过程。任何研究有关增长率比较的文献的人都容易发现在发展的后期阶段,社会学而不是经济学更多地被用于说明增长。例如,英国令人失望的经济表现,大多归咎于教育因素和社会因素:优秀的大学毕业生不屑于到制造业中去任职,不能吸引有才干的年轻人去学习工程技术,不适宜的培训计划,影响劳资关系的阶级区分,等等。同样,人们时常提到在第二次世界大战中被占领或被打败的国家的快速增长是直接与民族自尊心受到冲击有关,或是与对战后的解体的紧迫感有关,这种紧迫感促使每个人奋发努力,以求生存。很难说这种解释能在多大程度上经受住反面的考验。但并不能把这种解释排除在外,或者把它们放在用经济词汇进行解释的脚注的地位。

此外还有政治压力。发展意味着变化,而变化能引起阻力。当然会有受益者,但同样也会有受损者。劳动力市场的变化意味着有的人会得到好的工作,这就会对别人的工作产生威胁。有些财产所有者、有些消费者、有些工人、有些社会集团会好起来,而其他一些人则相反。财富的变化和经济力量平衡的变化会带来地位、特权和政治权力的变化。这些变化不是小事,它们所形成的阻力会酿成罢工、暴力反抗,甚至内战。另一方面,变化既可打破自满情绪，又可破除墨守成规和惰性，从而打开发展的道路。让某些方面动起来，需要其他地方的运动产生的压力。

从这种陈述出发，可以提出一种经济发展理论，像艾伯特·赫希曼[①]那样，其中传统的经济因素，即竞争压力，起次要作用。问题在于不断的不平衡产生新的压力和新的不平衡，引发一部分又一部分必须行动起来。一部分通过前后联系对其他部分进行冲击的机制可能是经济性的，但是使这种机制发动起来的压力可以策划和引导。这就是说，它们根本上是政治性的。这样，这种理论实际上是一种关于未被利用的人的资源的理论，是一种精心进行休克疗法、以便对经济造成压力，并把它猛然推入另一个轨道上去的理论。这种理论中所设想的压力与市场机会的压力不同，在很大程度上是政治压力，它采取的形式是威胁而不是诱导。

理论有怎样的区分

从这方面说，经济发展理论在一点上是相同的，它们都是未利用的潜力的理论。这些理论可能集中注意劳动力资源的不充分就业问题，也许是农村地区的劳动力，也许是在现行工资下的城市中的劳动力；或者这些理论可能集中注意以较好的组织或更大的努力或较好的教育取得某种形式的闲暇；或者它们可能指出只有当其他地区或国家的市场开放时，自然资源才能得到利用（或更有效

① A.O.赫希曼："发展经济学的兴衰"，载《个人文集》，剑桥：剑桥大学出版社，1981年，第7—9页。

的利用);或者它们可能设想从以高价值产品代替低价值产品的结构变化中获取更大利益;最后,它们也可能叙述技术变化和引进新的、生产率更高的方法和产品。如果有了发展,必定会有什么东西被发展,并且有它发展的余地。不同的理论由于所强调的潜在发展的根源不同而有很大的区别。

第二个不同点关系到它们所设想的发展加速进行的范围和方式。有些人考察市场力量对发展过程的贡献,以便说明重要的是要通过改进运输设施、通信、教育等,让市场自由地发挥它的有利影响,并扩大这种影响。另一些人同意国家要采取行动,并制定种种战略以便充分地利用所拥有的资金。这些战略往往不比老式的保护主义更多些什么,并且几乎全都受这样一种观点所支配,即看国际影响以什么方式作用于发展。如果不是这样,那么争论又往往转到农业和工业发展的相对意义以及(不太显著)国家应怎样掌握工农业二者所必需的资金上。过去,工业化往往在不牢靠的基础上被向前推进,只是为了满足有限的和无弹性的国内市场需求,而农业和农村发展的机会则被忽略或得不到鼓励(如,征收高出口税)。

大约近 15 年来,发展战略趋向于重视“基本需求”。这就是说,分配问题提到了前面,先于生产问题来考虑。这在多大程度上反映了 20 世纪 50 年代和 60 年代生产的较快增长,在此不必去追究。它代表着另一种发展目标,但是它是否也能作为发展的尺度是很值得怀疑的。而且关于发展如何出现的理论很难变成只讨论基本需求的理论。

不同理论间的第三个区分点(在某种情况下也是最重要的)是

它们对国际影响的看法。有些经济学家把国际影响看作是有利的甚或是不可少的：思想、方法和技术的输入，国外市场的开放，外资的利用，借贷或投资，都可能带来巨大的利益和加速发展。另一方面，这些影响是国际的和来自国外的这一事实会使人愤懑，或引起不安和反对。它们会受到来自各方面的严厉批评：来自民族主义的，出于对依赖外国的厌恶，感到政府主权受到威胁。在生产单位中，显然有的会成为牺牲品。亏损者和落后者会找到显而易见的替罪羊，那些不喜欢变化的人能立刻从中找到变化的来源，而最重要的是有两种情绪往往会生根：一种是怕失去控制，另一种是怕有不平等的伙伴关系。现有发展理论多是分析这种孪生的危险的。向外国影响开门可能意味着向外国控制开门。贸易成了一种手段，外国企业（或政府）通过这种手段会支配没有一个强有力的政府的国家的发展。同时发展的结果是资源得到更充分的利用，但大部分或几乎全部都会有利于外国企业和消费者。

如果到了这一步，发展理论就被扩展成为一种国际关系理论，其中经济关系被看作是实力关系的产物。我们可以在如下理论中进行选择：马克思主义的理论，它把这种关系看作是剥削、殖民主义和帝国主义，或者是更有保留的说法，认为先进国家通过不利于不发达国家的贸易条件的不断恶化，取得不应有的一份收益；或者是一种新古典主义观点，它的出发点是必须把互利作为自愿交换的基础，并且从国际交换中找到了这种互利的证据，而不论进行贸易的国家处于怎样的发展阶段。

一种理论还是两种理论?

不论是采取包含有社会和政治因素的较广泛的观点,还是把分析仅限于经济因素,都很难了解我们为什么应该把发达国家归为一种增长理论,把发展中国家归为另一种发展理论。很少有一种理论只能应用于一类国家而不适用于另一类国家。当然同一类国家都有某些多少共同的、为他类国家所没有的特点。因此,必须对用于所有国家经济的一般理论进行补充,使其概念和假设只适合于其中某一类国家。但是,如果考虑到发达国家或发展中国家各自内部的广泛差异性,那么对每一类中的各个国家来说,也是这样的。不能设想,一旦有少数普遍真理可拿来解决任何国家的问题,经济理论的源泉就已经枯竭了。每一个国家都是一个特例,对于把它与其他国家相区别的那些特点需要单独进行分析。如果几个国家都具有经济理论没有注意到的某些重要特点,那么理论就需要扩充和补充,不能忽视有可能在较小程度上在其他国家的经济中也存在同样的特点。

因此,如果问题是"我们称之为经济理论的一般思想工具能说明经济发展现象吗?",那么回答无疑是"是的"。这并不意味着所有理论对发展的看法都完全一致,都提出同样的问题,或对应怎样干得出同样的结论。它也不排除努力发展另外的理论分支以说明发展中的现象,这正像货币理论说明货币问题或工业经济学说明工业问题一样。但是我认为不幸和错误的是,发展理论有一种框框,似乎只有一些国家有问题,似乎这些国家的发展遵循与先进国家的发展不同的规律,似乎从对先进国家发展过程的分析中学不到什么东西,然而这种分析对发展的初期过程的理解是有帮助的。

十、货币政策与财政政策之间的关系

货币政策与财政政策之间的关系是重大而复杂的理论问题之一，引起了尖锐的争论，并且具有极重要的实践意义。在一次简短的演讲中，不能详加阐述，只能指出其中所包含的某些问题，提出对这些问题的初步看法，而不能深入理论领域，也完全避免涉及目前围绕着它的繁多的计量经济学方法。在这种情况下，最好是先说明关于这个问题的观点的发展，然后再转入一些更明显的理论思考，这些理论思考影响着财政政策和货币政策的结合以及它们各自所受到的限制。

运用财政政策和货币政策来保证生产和就业有较大稳定性的思想(实际上是要有一个财政政策或一个货币政策的思想本身)，是不久前才有的。在第一次世界大战前，一个慎重的政府力图在经济情况好和不好的时候都保持平衡的预算被认为是理所当然的，虽然在战时不可避免地会偏离财政的正统观念的常规。同样，在金本位时期，货币的安排是要保证货币能以固定价格兑换黄金。这个目的并不顾及造成通货膨胀或失业的可能性。

本文系 1981 年 5 月 6 日在英国学术院所做的凯恩斯主义问题的演讲。

投资的不稳定性

这种可能性，当最初开始研究经济波动问题时，是与投资行为相联系的。当时投资被认为是很不稳定的，因此相对于公众的节约和必须有可用的财政的意愿来说，也是极易发生剧烈变化的。投资的不稳定可自行传导到经济的其他部分。不可能保证资本市场在保持需求对可用资金的压力不变的情况下发挥其功能。迄今被认为是完成这种功能的利率，可能迅速地和自动地推进到一定水平。在这个水平上储蓄的流动和资本开支的流动之间恢复平衡。而且在这一过程中，一方面是通货膨胀的压力，或者另一方面是需求的不足，都会持续发展。用现代术语来说，资本市场在一个不变的活动水平上可能是“不明朗”的。

利率不能起调节作用最初是用信贷创造来说明的。当资本开支迅猛扩大时，银行信贷会增加可借贷资金的流动量，而这会压低市场利率，使之低于平均或“自然”水平。相反，对新资本投资预期收益的下降会伴随市场利率的下降，其下降幅度将足以抵消预期的变化。

在那个思想发展阶段，得出了两个实际结论。一个是货币政策是经济稳定问题的中心。可能有两种情况：如果银行创造了比为保持投资与储蓄平衡所需要的更多的信贷，就会发生通货膨胀；而如果银行信贷不足，就会发生工业萧条。银行信贷的过多或不足相当于市场利率和易于变动的“自然”利率之间的差距。在“自然”利率下投资将保持在储蓄限度之内。第二个实际结论是，如果不稳定的根源基本上在于投资行为，国家可以在经济不景气时通过各种公共工程补充私人投资的不足，从而保证经济更加稳定。在一定时候，用第二种方法可制订增加或减少投资的计划，以便从相反方向平衡私人投资的波动。

这是两种想法，一种基本上是货币的，另一种基本上是财政的，它们不一定互相协调一致。受银行政策直接影响的利率是短期利率，它对长期利率不会立即发生多大影响，或者全然没有影响。正如霍特里所说，它们对股票投资是极重要的，而发行股票是投资中最易变化的因素。但是，如果最长期的困难在于保持固定资本投资的稳定性，那么银行政策究竟有多大可靠性呢？另一方面，能不能像那些相信公共工程的人那样把银行的作用完全撇开不管？如果认为以公共投资代替私人投资，利率就不会受影响，这种假设对吗？

市场的缺陷

当凯恩斯考虑这个问题时，他采取了更激进的方式。要回答的基本问题是：是什么决定生产水平？只考虑经济波动是不够的，即使这是围绕一定趋势的波动，这种趋势是持久的适当增长，能保证充分就业或发挥经济潜力。还必须考虑由于需求不足，现有资金可能得不到持久的充分利用。如果体制有缺陷，阻碍价格做出应有的反应，以消除需求不足，则这种不足将持续存在。凯恩斯认为这种缺陷有二，其一与利率有关，另一个与工资行为有关。不论资本市场还是劳动力市场都不能通过价格的调节而变得“畅通”。

而这种不“畅通”的情况并不只是周期性的，只能造成间歇性背离充分就业的后果，而是长期性的，会造成资金长期不能充分利用。如果储蓄者变得更节约，并不能保证他们节约下的更多的资金会通过资本市场转变成额外的投资。相反，投资完全有可能不做出相应的反应，或做出相反的反应。而这种更大的节约只能促使社会更贫穷，因为它压低收入水平，这是限制储蓄的唯一有效办法。同样，如果失业的工资收入者愿意接受低工资，而货币工资在萧条时下降，就不能保证这能大大增加工作机会。因为工资的下降可能导致价格的相应下降，这不会增加多少或完全不能增加额外需求。无论实际利率还是实际工资率都不是以经典经济学理论所假定的那种方式确定的，而以货币表示的利率和工资率也不能相应得到调整，以便使更多的储蓄或劳动力被吸收，像价格下降会使某些大宗商品在拍卖市场上被吸收那样。

需求管理

凯恩斯的思想构成了战后年代需求管理的基础。如果需求的不足是把事情交给市场力量支配的结果，那么就需要实行一种政策，以调节需求。人们也认为不需要假定这些政策完全是针对投资水平的，而不是针对总需求中的其他因素，如消费开支的。既然消费开支在国民生产总值中占有大得多的份额，显然在试图引起总需求的一定变化时，调节消费开支比调节同样大小的投资更加容易。税收变化能较快地影响开支，而对固定资本投资发生影响所需的时间就较长，这也说明了同样情况。

凯恩斯理论的又一必然结论是需求管理的着眼点应是短期的。短期稳定的保持和延长自然是向长期稳定的靠近，除非这二者之间有某种根本不相容之处。它们之间的任何冲突都意味着会不时出现某种形式的不稳定，即经常发生背离稳定增长的情况。不考虑这种背离的规模就是把短期稳定看作是无足轻重的，而且表现出了无根据地相信经济体系有自我调节的特点。这种短期需求管理和经济稳定不能成为经济政策的全部内容，还必须考虑总需求的不同组成部分之间的长期平衡。此外还有，而且常常有我们称之为供给管理的事。它们是针对着长期发展的。它们会与需求管理有冲突。一般说来它们重要得多。

英国战后采用凯恩斯的需求管理的观点几乎完全表现在预算上。这个着重点主要是从战前的经验中得出的。当时的情况是，一旦利率被压到一个低水平上，而且银行有充裕的资金，就不能再希望货币政策有大作用，任何新的刺激只能来自预算。在这种情况下，银行贴现率保持在 2%的水平上近 20 年之久，货币政策大都是无效的。在战时，曾有一种政策规定，禁止提高利率，以免增加税收负担。当时，在最初几年，凯恩斯曾支持努力压低长期利率，理由是一旦投资者受到鼓励，认为较高利率是适宜的，就不易再引导他们回到廉价货币制度上来，而正是这样的制度是过剩资本所要求的。

战争结束后，担心债务负担过重和再次发生衰退二者一起导致政府避免使用货币武器作为限制需求的手段。为此目的，采取了以配给制和其他行政控制手段来支持大量预算盈余的办法。对财政措施的这种偏好，也出于领年金的人的反感和对高利率功效的怀疑。当时似乎肯定要有税制的变革，大臣们想大致估计这种变化对需求和生产有多大影响，这种影响在货币政策的变化方面谁也没敢设想过。当财政部在战时第一次进行预测时，它借助于预算而不是货币措施消除了通货膨胀性差额。货币被认为是不相干的，正像它在战前对政府造成的需求和生产的扩张的分析中一样，卡恩勋爵于 1931 年发表的关于乘数的受人赞扬的文章就是这样。在战后年代进行的对经济前景的愈益细致的展望中，货币方面继续受到忽视。

随后为了对付 20 世纪 50 年代和 60 年代一连串的危机所采取的一整套措施中，通常都包含有提高贴现率以及（或者）对银行的新的指导，意图是在某些特定方面限制信贷。强行限制分期付款购买也是这一套措施中同样常有的组成部分，并且往往是最重要的。这也可看作是为限制消费信贷而采取的货币措施。因此，说完全没有注意到货币条件也是太过分的。当时注意了使货币政策和财政政策在同一方向起作用。但是，政府的活动很少专门是为了限制货币供应量的。事实上，正如哈里·约翰逊于 1959 年所指出的，当时没有反映货币供应状况的适当数字。政府满足于变动短期利率，使之与它的财政态度相一致。在市场这一头，政府采取很消极的方针，试图保持政府债务市场的稳定，并以通行的利率发售政府担保的证券。[①]

当时有可能或多或少地完全集中于“实际”经济，即集中于收

① 见 M.J.阿蒂斯：“货币政策”，载《英国经济政策，1960—1974 年》，F.T.布莱凯贝编（剑桥大学国家经济和社会研究所出版社，1978 年版）。主要参阅第 229—233 页。

入的流动，而不必为预算盈亏的财政后果过于烦恼。政策的主要目的是使需求水平适当，避免压力过大或过小。这个目的可以用种种不同方式达到，视所采用的政策的替代措施而定。如果对收支平衡有压力，货币武器似更可拿来应用。如果着重点是更高的投资水平，货币政策可放松，而财政政策可紧缩，以便维持一个经常的需求压力。政策手段的选择也受形势的紧迫和需要迅速见效的影响。货币当局处于一种多少持续地对形势施加影响的地位，而财政活动则必然是间歇性的。但是在危机中，货币和财政这两种武器几乎一定要同时使用，并互相支持，在同一方向上起作用。①

货币主义

使货币政策从属于财政政策的做法在 20 世纪 60 年代受到一种思想流派的挑战。这种流派把这二者间的关系颠倒过来，明显让货币政策占上风。控制通货膨胀的需要被提到前面，需求管理被取消，认为它如果不是真正有害的，也是多余的。要控制通货膨胀，只能限制货币供应量，没有别的办法。货币政策如果用于调节生产水平而不是价格水平，那就是滥用，而且归根到底是无效的。财政政策应当遵从控制货币供应量的需要。

这些观点与前凯恩斯思想有许多共同之处。在 20 世纪 20 年代，财政部并不难接受全部这些意见。在当时，解释失业现象，完

① 这个问题在“需求管理：货币政策与财政政策”中有详细论述。该文构成我的《经济管理文集》的第 6 章（伦敦：艾伦和昂温出版社，1971 年版）。

全不考虑有效需求水平，而且无论如何，有效需求也被认为是政府影响能力所不及的。政府借贷以进行公共投资拨款，被正式认为是取代或“挤出”同等数量的私人投资。货币数量理论是毫无疑问的，它往往把价格和货币供应量联系起来，只附带涉及生产。这正是凯恩斯设法推翻的思想，不仅是想推翻，而且实际上推翻了。

这种观点的复活并不意味着它们被普遍地接受了。相反，多数经济学家对它不予考虑。他们所持的理由与凯恩斯一样，即资本市场和劳动力市场都不能以拍卖市场的方式出清。他们怀疑，在学术界看来，这种思想对政府的影响是否并不在于它们理性上的优点，而是因为它们适应了时代特征：人们对政府干预已不抱幻想，承认这种干预不会达到自己假定的目标，从而更多地倾向于依赖市场力量。

我们曾听到一个接一个的首相斥责那种认为增加公共开支会缓和贸易萧条对失业的影响的思想。我们差不多每天都听说，增加货币供应量只能有助于通货膨胀的复活，从而有害于增加就业的长期前景。我们已经看到政府放弃了为保持或改变汇率而对外汇市场进行的干预。更使人吃惊的是，放弃了通过干预可以改变实际汇率的思想。这是从需求管理的大步倒退。

当然，这只不过是原则上的倒退，而政府实际做的是很不一样的。它没有造成平衡预算，或者是货币供应的稳定增长，或者是稳定的和可预见的汇率。试图按上述规则和目标（这些规则和目标支配着公共部门）取代政府在有效需求层次上的有意行动，也许是为了为私人部分提供一个据以事先制订计划的牢固基础，但如果是这样，它并没有得到成功。

政府采取货币目标和不顾就业状况执行财政政策，这一事实本身说明需求管理发生了某些问题。是什么出了问题？它又是怎样影响在财政手段和货币手段之间进行政策选择（如果有这样一种选择的话）的呢？

出的问题就是通货膨胀和对通货膨胀的预期，一方面放弃旨在增加就业和生产的扩张措施，另一方面持续采取紧缩措施，以便降低通货膨胀。需求管理的思想体系出自就业不足的经济形势，其中通货膨胀的危险几乎完全可以忽略，较高的价格反而受到欢迎。在这种形势下，货币供应量的迅速增加不会引起人们的警惕。例如，1932 年 5%的战争债款的让渡前 4 个月，清算银行存款增长了 6%以上（即年率超过 18%），而名义国民生产总值仍然不变或实际下降。在有 200 多万人失业的情况下，扩大需求不一定会大大提高工资，而已有的提高则是与工资成本的下降趋势完全一致的。进口价格也明显地稳定，虽然英镑贬值，而在通货膨胀过程中起主要作用的贸易条件，朝着有利于英国的方向以前所未有的幅度波动，在 1929—1933 年间波动幅度达 25%。

需求管理的局限

早在战前年代就已能看出需求管理有某种局限性。首先，不论财政政策还是货币政策，对影响成本水平都不是很有效的。货币工资是成本中的最大因素。正如后来的经验所表明的，它对需求压力的小的变化并不敏感，除非这种变化是向上的和接近充分就业的。成本的其他因素受世界市场和汇率变化的支配。因此，需求管理本身不能使经济免于通货膨胀的危险。

在战前已变得明显的第二个局限是可供应用的政策手段没有多大选择性。在增大了的需求压力不平衡而资源又是不定的情况下，针对一般的、普遍的需求压力的增大是不够的。在经济中（如在建筑业中）或在世界经济中（如在初级产品市场上）会有阻碍。这种阻碍会在经济的有全局意义的各方面引发价格上涨，而如果这种价格上涨波及相邻市场，它就会迅速酿成普遍性通货膨胀。当阻碍发生在像能源供应这样的重要方面时，它能妨害生产对需求的扩大做出反应，而这种扩大就只能造成通货膨胀，而不能有别的结果。

当需求的过快扩大使供给没有足够的时间做出反应时，也会造成类似结果。战前有些文献详细论述过私人固定资本投资高涨的情况，这种高涨促进了支出的流动，迫使消费品价格上涨，直到新设备投入使用或者财政紧缩中断了投资的高涨。但是从急剧的扩张产生的通货膨胀的危险并不仅限于上述这类情况，也不仅限于会使经济有轻微的呆滞。

所有这些局限都与“实际”经济中的失调有关。它们都会带来通货膨胀的危险，或者带来与通货膨胀做斗争而又不使生产和就业大受影响的困难。当政府实行扩张政策时，问题的症结在于名义需求的扩大中有多少会转化为更多的生产，多少会造成物价水平的提高。在第二和第三种局限中所显示的阻碍加大了供给曲线的向上坡度，并使需求增加的更大部分因价格更高而消失。但第一种局限，即成本对需求变化的不敏感，使人们感到总供给曲线包含的思想是有问题的。如果工资收入者对价格水平上涨的反应是要求实际获得的货币工资的增加，那么成本和价格就会接连上涨，而生产水平没有多大变化。如果经过一定时间对价格水平上涨的预期开始支配了工资的要求和工资谈判，而且也是与生产水平不相干的，那么把通货膨胀看作沿着生产的供给曲线向上运动的想法就更加不适宜了。

在战后头20年左右，价格、成本和预期之间的相互关系并没有大大限制需求管理的有效性，虽然当时需求的压力比后来要大得多。这个时期是不断发生通货膨胀的时期，而且按照过去的标准看，是很快的通货膨胀。但是也许除了1950—1951年之外，似乎从来没有出现过通货膨胀失去控制，并以出乎意料的速度增长，以致任何人都不能漠视的情况。一旦预期与相当稳定的通货膨胀率相适应，财政政策也会以战前同样的方式起作用，即可期望有一种不充分就业、无通货膨胀的经济。70年代情况的变化是由于国际经济受到一系列震动，动摇了通常的预期，并使之走上了一个新的轨道。

震　动

这种震动的头一个就是1968年5月巴黎“事件”后劳动力市场上气氛的变化。第二个震动发生在1972—1973年：一部分是金融方面的，包括抛售货币抢购商品；一部分是实际的，即长期以来世界市场大宗商品贸易条件不利情况的突然终结。1973年年底石油价格翻两番使贸易条件的运动进一步加速，同时使国际经济和金融体系失去平衡。这个体系遭到的进一步震撼是1979—

1980年石油价格的再次上涨。所有这些造成了英国和其他工业国在和平时期前所未闻的通货膨胀率。它们也对不久的未来和长远时期内所应进行的调节带来重大的不确定性。这些不确定性以及由此而产生的预期,使经济管理的任务发生了转变。

一方面,工资收入者,已经表示反对让他们承担税收的更大份额,现在又发现他们面临着更迅速的价格上涨,这种上涨在很大程度上是进口成本较高的反映。他们对实际收入的预期与贸易条件以25%的幅度下降不相适应。他们的货币收入预期也由于消费价格的显著上涨和不确切知道他们将来该怎样行动而急剧向上调整。同时,租金收入者和投资者担心通货膨胀加速,对政府带有进一步加速通货膨胀味道的任何行动都愈益敏感。因此他们对政府有关增加货币供应或公共部门借贷需要的措施都反应强烈,而只要这些反应使利率提高或使汇率下降,他们就会使这些措施的扩张意图受到挫折。

意见和预期是根据一种易于觉察到的威胁做出的,这种威胁从公共部门借贷需要传到货币供应,又从这里传到价格和通货膨胀率。而这些预期,如工资收入者的预期,倾向于自我实现。对通货膨胀的担心使人们对持有货币和将钱借出(即债务)丧失信心,鼓励人们购买实际资产,将钱换成实际资产(证券)和外汇。这种转变提高了资产的价格,使进口更加昂贵,为更广泛的通货膨胀运动提供了基础。同时,工资谈判者坚持要求更多地提高货币工资,而这又正好使他们反对的价格上涨加速。

因此,过去10年经济体系的震动不仅促使通货膨胀率的大大提高,而且留下了一种后遗症,治疗非常困难。中心的问题已不再是关于需求的压力，而是关于如何改变预期。无论实行财政政策或货币政策，能不能很好地达到这种目的是完全不清楚的。显然有这样一种危险，即如果用它们来扩大生产是不会有效的，而如果用来降低通货膨胀就会造成生产的不相称的损失。

如果政策的主要目标是改变预期，或者用更老式的语言来说，是恢复信心，问题就不再是一个经济学家所能决定的技术性问题了。它必定对一些人施加足够大的影响，使他们的预期必须在经济体系重新正常运转之前有所改变。这可能需要使他们迎合关于通货膨胀的原因的无稽之谈，拖延时间以使流行的预期消除，或者满足于一种趋势，从中产生另一种预期。

政策的混合

在这种历史背景下，如果同样的货币政策和财政政策的混合能适用于所有情况，那就是令人惊异的事。最好该采取什么手段必须看主要追求的是什么政策目标，看条件是不是最适于采用一套手段，而不是另一套，也要看对经济的运行是怎样想的。如果应把控制通货膨胀放在消除失业之前，货币武器就有利，因为它对价格有立竿见影的效果，正如财政武器对就业有这样的效果一样。但是，也可能设想有这样一种情况，其着重要解决的问题不变，货币政策可能对解决失业问题更有效，而财政政策，虽然在较小程度上，对付通货膨胀更有效。如果私人投资对利率的微小变动是高度敏感的，而利率也对货币供应的微小变动是高度敏感的，那就可能像 1932 年那样，为了对就业施加更大影响，宁愿采取廉价货币政策，而不采取高赤字开支政策。确实，如果金融市场表明预算的趋于平衡是利率下降的标志，而如果利率下降又不会引起资本的大量流动，那么把廉价货币和减少赤字开支结合起来，在某些情况下会更可望能扩大就业。相反，在战后初期年代，由于利率水平高而没有出现大量过剩清偿能力，最好是依靠大量预算盈余以控制通货膨胀。

除开政策目标和经济环境的不同之外，对财政政策和货币政策应怎样结合也有尖锐的意见分歧。按照一种意见，为了对付通货膨胀，控制货币供应是必要的，也是足够的手段，而且没有这种控制，要消除失业也没有多少办法。货币主义思想流派并不强烈争辩说，"对名义收入的变化和实际收入的短期变动来说，货币的影响就是一切"。他们只是坚持财政政策无所作为，如果有的话，那也是货币政策的伪装。[①] 另一方面，新凯恩斯主义者曾倾向于认为财政政策作为调节就业的手段来说有更重要的意义，并指望用其他手段，如收入政策，来对付通货膨胀。然而，即便一个新凯恩斯主义者也必定会承认，如果金融市场在经济政策的估价方面是高度货币主义的，如果工资收入者在任何情况下都不能容忍实际工资的下降，而同时，这两个集团都坚持通货膨胀的预期，那么政府就没有办法用财政政策（或者其他办法）来实行经济扩张。如果一种固执的信念和自以为是的预期的混合支配了资本和劳动的行为，将足以使现行经济制度垮台。

① A.S.布林德和R.M.索洛："财政政策的分析基础"，载《公共财政的经济学》（华盛顿：布鲁金斯研究所，1974年版），第9页，第59页。

对我们的目的来说，只要承认政策必须对付失业和通货膨胀二者，而无论是单独依靠财政政策还是货币政策，都不能消除这二者，这就够了。货币主义者坚持认为货币政策总是能消除通货膨胀，但只有在不计生产所遭受的损失或所需时间有多长的情况下，才是如此。他们没有提出任何新的政策手段的建议，只是认为控制货币供应比他们的批评者的意见是更可行和更有效的。

货币主义者强调扩大货币供应会以一定方式影响价格，而财政政策则不会。在这点上他们是对的。按照他们关于通货膨胀过程的观点，因果的路线是从货币到价格再到成本。货币供应的增加导致有价证券转移到其他资产上去，因此其价格提高(包括住宅、外汇，以及最后所有进口货物的价格)。在这种情况下，工资不大会长期没有反应，而它的反应又将进一步提高进口成本。但是因果关系的方向同样也可以是相反的。工资的增加将推动成本，成本反过来又推动价格上涨和对货币需求的增加。我们必须估计这两种可能，而哪一种更具代表性和更重要则在很大程度上是一个经验问题。

货币主义者的弱点在于他们假设货币供应可以认为是外生的，并且是在政府控制之下的。既然如此，政府就必须通过利率而不直接干预货币供应量。他们只有正确衡量需求时，才能控制货币供应量，而需求对刮过经济的各种风和来自其他国家经济的风都有反应。他们在反复无常的需求面前越是力求以货币供应达到某种目标，则信誉条件就越变得反复无常，虽然这些条件的稳定有它自身的重要性。如果正像他们必定做的那样，他们着重于利率稳定的因素，货币供应量就会因而反映需求的变化，而不仅仅是政府的意图。它不再是一种控制手段，而将成为经济状况的征兆，一种通货膨胀压力的领头羊。

货币主义把货币供应量的增长当作政策的试金石，而把财政政策完全从属于货币政策，不过是它的一个方面，这就近乎把宏观经济政策的各方面都折叠成一个，而不管任何政策路线都有许多侧面——货币的、财政的和其他方面的。经济政策的目标是复杂的，往往是互相冲突的。如果过分强调货币供应就会犯错误，正如同不管在什么情况下都坚持固定汇率一样。其理由也大多相同，即成本，特别是工资成本的运动可能与某些事先确定的目标不相适应。没有灵活性地承担这样的目标会证明是十分不合算的。就像有些力量使再回到金本位或平衡预算非常困难一样，要在一个不确定的环境中穿上一件无条件的货币目标的紧身衣同样是不明智的。

必须坚持认为货币政策不能归结为简单的货币供应量，正如不能把财政政策狭隘地说成是预算盈余或赤字的单纯财政后果一样。很有可能读了像理查德·塞耶斯的关于英格兰银行的二卷著作[①]这样广泛的货币政策史，却不必操心人们是否知道货币供应方面发生了什么情况。但如果不因中央银行进行了广泛的活动，而这些活动却与货币供应没有什么关系而获得深刻印象，那是不可能的。货币政策和财政政策二者都包含有范围广泛的措施，对经济有十分不同的影响。如果把它们压缩成一种简单的措施，即使是只讨论宏观经济方面时这样做，那也是滑稽可笑的。如果非从单一方面去着想不可，那就不可能合理地把货币供应量的变化

① R.S.塞耶斯：《英格兰银行，1891—1944年》，剑桥：剑桥大学出版社，1976年。

看作是货币政策的一种措施，正如不能合理地把预算盈亏的变化看作是财政政策的一种措施一样。货币供应中发生的变化是一个十分复杂过程的最后产物。在这一过程中货币当局所促成的发展遍及整个经济。这些发展包括对汇率和收支平衡的影响，对预算支出（即较高的利息支出）和税收的影响，对金融机构的信贷政策的影响，以及对整个经济的货币需求的影响。当局在所采取的措施中所表明的意图可能与最终结果大不一致，而且也不一定方向相同。完全有理由把货币政策理解为当局实际要做什么，而不是他们自称要达到什么目标。

货币政策和财政政策的共生

正如不能把财政政策仅仅看作是货币政策的附属物或者相反，也不能把货币政策和财政政策看作是好像它们完全互不相干。必须把不同的政策手段结合起来使用，从而混合政策中的各种因素的影响也不能分开来衡量。所有经济政策手段都互相影响。任何一种手段的采用会产生什么结果取决于其他政策手段的采用以及当时的主要条件。政府支出的增长对生产的刺激取决于采用哪一种收入政策和它带来的成功。对汇率变化的反应也会受伴随着它的财政措施的影响。如此等等。

货币政策和财政政策的所谓“共生”是特别密切的。[①] 预算赤

① 拉尔夫·C.布赖恩特：《相互依赖的国家的货币和货币政策》，华盛顿：布鲁金斯研究所，1981年，第231页。

字的扩大要求额外借贷，而这又影响利率、货币供应和汇率。货币政策的某种形式的变化，例如高利率，包含着加重国库的负担，并通过公共投资的变化对财政平衡产生其他影响。而如果活动水平缩减，又会通过税收的下降产生影响。

当金融市场有较大的借贷需求，或者有货币供应的膨胀性增长，而且后者几乎是前者的自动后果时，两种政策的相互影响更加紧密。在这种情况下，宣布实行扩张性财政政策，即使在更多借贷发生之前，也足以导致预期利率的提高，不论政府有意扩大货币供应与否都是这样。这种利率的提高也会伴之以货币供应的扩大，即使政府本来希望这样做会降低利率。当市场对通货膨胀的危险高度敏感时，政府方面任何扩大需求的动向都会遇到市场强烈的、反常的反应。需求受利率和信贷条件变化的影响，比受收入的直接变化的影响大得越多，上述情况也就越重要。

虽然货币政策和财政政策难以分开，但很清楚，对一些政策目标的实现来说，某一套手段比另一套更适宜。例如，通常都认为财政政策主要受国内因素的支配，而货币政策受国际因素的支配。这并不意味着外国的英镑持有者对英国的预算状况不在意，或者政府感到不应宣布与纯国内目的有关的货币目标。也有可能利用预算来达到国际收支平衡，这是通过征收外国英镑持有平衡税，或在相反的情况下，征收英国海外投资利润税来达到的。当出于选举的考虑，不能额外加重纳税人的负担时，可实行货币紧缩政策以代替提高税率。但是，货币政策在互不相同的国内和国际压力间进行协调的限度是狭窄的。正像难以同时控制货币价格和货币量，即利率和货币供应量一样，在英国，也难以同时控制货币量和兑换成外币的条件，即汇率。如果货币供应过度扩大，一些过多的货币就会泛滥起来去兑换外汇，把英镑的价值拉下，从而以这样或那样的方式提高国内价格。由于国际资本的高度流动性，利率的下降也会产生相同的，或许更加强烈的效果。相反，如果政府确定包含高利率在内的货币目标，它就不再能阻止汇率的上升和资金的流入，这将有助于缓和所造成的货币短缺状况。没有资本控制（有时虽然有资本控制），任何国家放松或紧缩相对于其他国家而言的信贷条件的能力都是有限的。但是，这种制度中有很多摩擦足以提供一些余地，在货币政策方面，国家有比流行的理论所允许的更多的独立性。

国际因素也限制着个别国家为稳定需求而有效地运用财政政策的能力。国际经济活动的波动几乎不可避免地要反映到活动的主要参与国的国内市场上。如果他们试图在本国经济内部缓和和抵消这些波动，只靠财政行动而不管它们的收支平衡状况是不行的，如果它们能够把资金从国际转到国内用途上，甚至如果它们有大量储备或者能从国外借贷，它们也只能逃脱“分担”国际萧条，而这种必要的转变是不易实行的。

扩张的限度

在通常情况下货币扩张的限度是很狭小的。货币主义者提醒人们注意，过多发行货币会在收入有额外增加之前先促进价格上涨，这一点他们是正确的。不论是什么原因引起的，是通过国内资产价格的上涨还是汇率的下降，货币扩张都会带来通货膨胀的危险,对这种危险过去没有足够的认识,也没有把它与财政扩张相区分。如果认为货币不可能过多发行,因为对货币的需求必须总是与供应相等,而如果人们发现他们的货币过多,就会摆脱它们,那么通货膨胀的危险是不能消除的。无疑人们会抛出过多的货币,但这个过程会使价格上涨。

另一方面,认为任何货币供应的增加快于国民生产总值的增长必定是通货膨胀性的,这同样是错误的。确实,货币平衡与国民生产总值之间的关系有高度稳定性。要使二者之比在一年内变动少许几个百分点,就需要额外的紧缩或额外的放松。但这并不能使我们有理由设想更多的货币必定意味着更高的价格,而不是更多的生产,或者设想货币平衡的需求永远不变。我们所能说的只是,如果二者之比果真有了可察觉到的变化,这就应看作是给管理经济的人敲响了警钟。

财政政策方面的限度有所不同。大量和持续的借贷需求增加了总的债务。这对经济会产生什么影响取决于多种因素。首先,取决于它在多大程度上会取代私人债务的创造,同时使经济活动水平不发生变化。在这种情况下,没有明显的理由说明为什么利率应大受影响。其次,它取决于政府借贷创造的资产所带来的收入,以及这种收入是不是足以抵补债务支出,或者是留下一个愈益增大的余额,把政府收入的越来越大的一部分吸收掉。再次,它取决于通货膨胀率。这无疑会造成利率上升,从而增大预算中的利息支出,但同时它又会侵蚀掉某些实际债务负担。最后一个要考虑的因素是私人部分的财富的增加,以及这种增加对储蓄率的影响。

很明显,后两个因素是相互影响的。如果私人手中现有债务因通货膨胀而减少,而且减少得比新债务的创造和向公众的发行更快,那么私人部分的净财富就不会有所增加。这种情况绝不是假想的。尽管由于近几年来(英国)政府经常发生财政赤字和大量借贷,国债名义额大量增加,但英国政府债务市场拥有量的实际价值却连年下降。财政赤字本身在很大程度上是有假象的,因为它们由于高利率而膨胀,对新发行的债券必须提供这种高利率,因为正是通货膨胀使现有债务贬值。

那么,为什么政府在严重的经济衰退时还对更多的借贷犹豫不决呢?这大概不是由于他们持有货币主义观点。如果这种借贷增加不了多少或完全不增加货币供应量,像英国过去10年来的情况那样,那么在增加公共部门借贷需求方面,没有什么与正统的货币主义观点是不一致的。政府的犹豫不决部分是出于怕发生愈益严重的通货膨胀,部分是担心这会使利率上扬。在有些情况下,这些顾虑是很有根据的。例如,如果政府错误判断经济萎缩的程度,像在1972—1973年曾有过的那样,在资本需求之外,就会再加上高借贷需求。而资本需求本来已经使财政受到压力,当已达到财政能力的限度时,就会使需求膨胀。但是当经济活动大大呆滞时,对通货膨胀的影响就会大不相同。随着经济活动从低水平扩大到某种较高水平,不管是由于什么原因,都会对价格和利率产生额外的压力。但是,如果工资的提高并不那么快,额外压力也许会小些,并且这种提高与需求超过能力从而对价格水平产生经常的压力情况下的那种提高是完全不同的。

对利率的影响会更明显。没有货币供应的扩张,可得到的资

金会更紧张，利率的某种上涨也就迟早是必需的，因为汇率受到了更大的压力。此外，如果政府开支起着代替私人开支的作用，那么只有当利率水平更高时，才会产生同样的活动水平，因为这两种开支的拨款方法不同。私人投资，特别是在制造业，多数是由利润拨款，很少依靠广泛的长期借贷。在经济萧条时期，利润消失了，而政府的赤字开支却可通过从政府担保的市场上筹集的货币来维持。因此，除非政府愿意扩大货币供应，否则利率很可能提高，并从而造成私人投资进一步被“排挤”。但是，这通常只不过是对政府最初刺激的部分抵消。

结　论

这样，过去50年间，着重点从货币政策转向财政政策，然后又回到货币政策。这种摇摆是随着一系列变化发生的：经济活动参数的变化，经济学家关于经济是如何运行的思想的变化，决策者的目标的变化，以及经济制度所反映的人们的态度和预期的变化。老的一致意见已经消失，而新的一致意见还没有形成。在这种不确定状况下，如果政府的活动完全信任任何一种经济模式或偏爱任何一种政策手段都将是错误的。不同的政策互相影响，它们单独造成的结果几乎是不能衡量的。始终需要有一套政策，以适应当时的环境。

从这种观点出发，我们必须承认我们缺少这样一种手段，它既能降低通货膨胀，又不使生产受损害。还必须承认，如果通货膨胀不减退，就会危及充分就业。在通货膨胀情况下，货币政策和财政政策二者都有严重的局限。但在不充分就业的情况下，当通货膨胀被消除时，它们又都盛行起来。在这种情况下，首要的任务是稳定货币工资，只有有了这个条件，才有可能通过货币政策和财政政策对就业施加必要的影响。

在这个制度中还必须有一种经久不变的因素限制它的不稳定性。这种经久不变性曾经一度是金本位制，后来是固定汇率，现在是货币指标。前两者已经放弃了，而第三个又不是真正需要的。为了传递必要的惯性，需要有一种固定的安排，使货币工资得到稳定。没有这种稳定性，这种制度本身也将是不稳定的，对充分就业的允诺也是虚幻的。但是，如果货币工资拥有合理的稳定，财政政策和货币政策就可以再次结合起来，以恢复高生产和就业水平，而不致出现令人难以忍受的通货膨胀。

十一、作为政策手段的英镑汇率

自20世纪初以来，英镑汇率起了多种作用，它逐次所起的作用几乎一直是不断争论的问题。

第一次世界大战之前，在英国普遍认为与黄金挂钩的固定汇率是最好的制度。当时英镑并不是金本位，而黄金倒是英镑本位，因为黄金的世界价格在很大程度上是由伦敦市场决定的。战争结束后，有几年时间实行的是完全不同的浮动汇率制，有些经济学家本希望这种制度延续下去。1925年金本位恢复，但延续了不到6年多，就在大混乱中放弃，继之以另一段浮动汇率的时间。两年后，到1933年年底，英镑仍然是浮动的，但又退回到它以前与美元的平价水平。直到第二次世界大战前大约一年，它一直稳定在这一水平上，好像汇率固定一样。1939年9月英镑贬值，1949年又贬值，1967年再次贬值。在每两次贬值之间以及到1972年，即在33年之久的时期内，其汇率都保持固定，起初是受到整套国际贸易控制措施的支持，在整个这一时期又都受到各种外汇管制措施的支持。

在1972年，固定汇率再次被放弃，进入了新的10年，这期间

本文是1982年5月在奥本大学所做的布鲁门纪念演讲的修改稿。

英镑汇率起初令人惊异地下降，后来又同样急剧上升。1972年后10年的前半期，政府大力干预外汇市场，下半期它又几近于允许“自由”浮动，即放弃这种干预。到1979年，即浮动汇率实行40年之后，外汇管制中止。这样，在过去大约半个世纪内，除复汇率外，英国有了实行差不多所有各种汇率制的经验。实际上，在大多时间内，就连复汇率也是存在的，这或者是当英镑不能兑换美元时存在于黑市上（即直到1955年或者甚至到1958年），或者存在于投资货币市场上（即直到1979年）。

意见也随着这些经历而动摇不定。人们把希望寄托于一种特定制度：固定汇率或浮动汇率，英镑可兑换或不可兑换，以这种或那种方式稳定，这些希望不断发生大的变化。起初，一反战前的经验，达成了布雷顿森林国际协议，各国均应保持其汇率固定，并时时调整平价以应付“重大的不平衡”。后来，在50年代和60年代，也有人建议实行浮动汇率（至少在英国是这样），作为促进经济较快增长的药方。现在这种议论已很少听到了。在一个时期，有人设想加入共同市场就应自动接受固定的但可调整的汇率。还不时有人提出最好回归金本位。关于自由浮动或不自由浮动的斗争，关于外汇管制或不管制的斗争，关于美元或自由提款权或其他某种国际本位的斗争，都随着注意力的增强和减退而带来的环境的变化而时盛时衰。但是英国由于承担限制英镑波动的国际义务，除了1972年短时外，多年来对此都是冷淡的。

我们在下面将会看到，关于汇率政策还有另一种意见的变化，即政府该不该有控制汇率，并把它的意见强加给市场的权力。如果它能这样做，这会不会在经济管理中造成任何真正的不同。它如果运用一些不同的政策手段，如进口限制，这是不是就根本不明智。

汇率政策

在讨论这个问题之前，让我先说明我所说的汇率政策是什么。这种政策可能是为了达到有限的目的，如缓和汇率的日常波动和保持一个有秩序的市场；或者使汇率在一个时期内多少保持固定，抵制任何方向的市场压力，或者当局完全有意识地试图提高或压低汇率。这些目的需要中央银行依靠或增加其储备来干预外汇市场。缓和波动可能不需要外汇市场之外的其他行动和交易。但是要保持固定汇率，进而试图操纵汇率的上下变动，就需要有其他政策手段。可以想象，只运用储备，当局也可以达到它们的目的。但是，它们很容易发现它们不得不设法影响市场舆论，或变动利率，或加紧外汇管制，或采取预算措施，或其他旨在改变收支平衡的行动，以强化储备的运用。它们必须采取一套补充措施，以影响外汇市场的供需平衡，而不像运用储备那样，直接作用于汇率。

汇率政策包括在其名目下的所有东西。这就是说，它包括能影响收支平衡的所有行动，无论当目的是要保持固定汇率时采取减轻对汇率的压力的行动，还是当汇率浮动时对它施加压力使之上下浮动。

现在汇率政策只是整个经济政策的一部分。当局用以影响汇率的方法要与管理经济的手段相符。它们运用汇率政策所要达到的目的应当与它们的经济管理目的相吻合。它们可能把汇率的变动看作是对就业稳定或价格稳定的一种威胁，因而急于加以阻止；或者它们积极寻求汇率的变动，以便扩大就业或加速经济增长，或降低通货膨胀。

作为汇率政策的基础的是有关汇率是怎样决定的这样一种固有的理论。长期以来，公认的意见是汇率反映经常项目收支平衡状况，后者又受与其他国家相对而言的成本和价格的运动的支配。这种观点的一种表现就是购买力比价理论。这种理论指出汇率的水平应反映与他国相比较的价格水平的相对提高（或购买力的相对下降）。另一种理论认为资本的流动对收支平衡和汇率的影响比商品和劳务更加重要，在有些情况下甚至是决定性的。例如，收支平衡的货币理论把货币供应行为看作是支配通货膨胀率的因素，因此在其他国家一定的价格水平下，也支配着货币的兑换价值。目前应估计到的是国与国之间其他财政资产的交易，而不仅仅是货币的交易。从而理论应反映任何国家拥有的各种金融资产组合的变化，这种变化是随着优先资产的变化发生的，而优先资产的变化又与可能有的风险和收益的变化、汇率预期的变化以及金融资产总额的变化有关（因为政府为弥补赤字而进行借贷）。在这种资产组合平衡理论中，汇率的短期变动受资本流动的支配，这种流动是不易预见的。而长期平衡则只有当经常项目也是（在某种意义上）平衡时，才能达到。[1]

对理论的这种发展我们下面还要再回过来加以论述，它是与

① 目前理论状况的一个有用的总结，参见“汇率的决定：美元——一项研究”，载《中部银行评论》，1985年冬季号。

国际金融交往中时限缩短和数量大大增加相适应的。在 19 世纪，汇率的变化是比较少见的事，而资本流动又主要是由于外国政府和企业在伦敦市场上进行长期贷款；而现在汇率逐日大幅度波动，资金在各种外汇间的流动又多与为长期目的而获得资金无关。因此，理论所要说明的已不再是什么因素支配着平衡的缓慢变化，而是目前成为外汇市场上的典型现象的多变性。

我不想过多地探讨这些理论问题，只是想指出，旧理论集中注意的是受工资和成本的行为影响的商品市场，而现代理论则集中于受利率、预算赤字和预期影响的资本市场。在现代理论中，一国经济越来越受国际经济的支配，国内经济政策的作用范围也相应缩小了。特别是汇率政策在防止国内活动受国际影响中很可能成为不过是一种很虚弱无力的手段。在一个极端，有些人认为货币供应是支配着货币的国内和国外价值的因素，并且不相信政府为稳定汇率而进行的直接干预，认为政府应减少对货币供应的控制。任何类似的经济政策手段，包括汇率和财政政策，都表现为或者是多余的，因为它们不过是伪装了的货币政策，或者是没用的，因为它们改变不了任何事情，除非货币供应也发生了变化。在另一个极端，人们对汇率与经济的其他部分的相互作用抱有更大的希望，把它看作是经济管理的重要武器，对就业水平、收入的增长和分配，以及与其他国家的贸易条件都有有力影响。不管你持有什么观点，如果起作用的经济力量在发生变化，经济开始以不同的方式运行，你就必须准备随着控制的多少、通货膨胀的高低、各国经济一体化的强弱修正你的观点。

政策的范围

直到最近，一般都设想汇率是一种有力的手段，把它与其他最重要的政策手段，如预算或利率，并列在一起。经济学家们对它都相当重视，特别是当他们从国际观点讨论宏观经济政策时，更是这样。他们往往用汇率来解释为什么一个国家能维持价格或生产的稳定，而它的邻国却做不到这一点，或用来解释诸如西德或日本之类的国家经济的超速增长。例如，出口导向的增长理论似乎是说，汇率可经常估价过低，使出口有强大的竞争优势，从而使经济有不受收支平衡困难的限制而持续扩大。经济学家如果这样看重汇率，他们也许是错误的。但传统经验是，如果汇率过高或过低，确实会对一国经济的繁荣造成大不相同的后果。

但是，也有另一种传统想法，它建议国家充分利用汇率。这种思想在讨论贬值问题时会最明显地表现出来。例如，斯塔福特·克里普斯爵士(1949 年英镑贬值时曾任财政大臣)就曾认为，贬值在原则上是错误的，应当做的事是实行必要的控制，使汇率钉住现有平价。当时财政部最著名的经济学家拉尔夫·霍特里爵士对 1949 年的英镑贬值不予考虑，说它是不适当的和代价高昂的。罗伊·哈罗德爵士把贬值看作是"一桩不幸的事件"，它"对需求和成本膨胀二者的影响都非常严重"。

无疑，汇率的下降会产生严重的通货膨胀性影响。当提议要进行贬值时，我们必须很好地记住这一点。但这并不是像现在一些经济学家所坚持认为的那样，一旦名义汇率下跌，起作用的力量就一定把价格普遍提高，直到很久以后，有效汇率不再像过去那样具有更大的竞争力。在有些条件下会出现这种情况。但是，如果真是这样，这个国家的问题就不是贬值所能解决的了。

认为贬值改变不了任何事态的观点，早已从1945年之后指导经济政策的实际前提中排除了。战后，政府立即对全部外汇通过兑换外流实行控制，对整个经济活动的非常大的部分进行控制。当时听说政府如果不使国内价格发生一种抵消的运动，它就无权提高或降低利率，这是使人惊异的。而在整个战后年代，当整个经济为过多的清偿手段所充斥时，政府仍对变动货币供应量无能为力，那就更加令人惊异了。

再往前，在20年代，如果说名义汇率难以改变，凯恩斯也同样会感到惊异。他在20年代用了很多时间探讨汇率问题，警告不要过早回到太高平价的金本位上去。当做出这种决定时，他当即予以批评。总之，他把汇率管理作为当时经济政策的最重要问题。他是不是在欺骗自己？由于价格运动会使实际汇率最终趋于同样水平，因此名义汇率的变化就是无足轻重的吗？

或者如果我们进而看一看1931年、1949年和1967年相继发生的贬值引起的骚动，能不能说那些骚动实际上是被误解了呢？不管80年代的情况是怎样真实的，那几次贬值确实对经济产生了经济学家们所预示的那种重大影响。

然而自从1967年以来情况发生了重大变化。国际经济对各国经济产生了越来越大的影响，限制了它们按照本身条件选择政策的自由。特别是各国间资本的流动现在已达到巨大规模，远远超过了商品和劳务的流动。汇率趋于受这些难以预见的资本流动的支配，而这些流动又为金融市场多变的预期所左右，而不是受更稳定的和可预见的商品和劳务的流动的制约。金融条件的这些变化大大限制了积极的汇率政策的范围。

现在让我们转而谈谈政府必须决定的实际政策问题。

可供选择的汇率制度

头一个这样的问题是要不要争取有一个固定汇率。有个时期固定汇率意味着决心固定黄金的价格和遵行金本位的法则。在战后时期，它又意味着接受布雷顿森林协议，并且事实上使各国货币钉住美元。在 80 年代，它大概还意味着参加欧洲货币体系。即使一个汇率的固定性也要涉及两个国家，而不是一个，而固定汇率体系则涉及这个体系内所有各成员国。一个国家与其他国家的汇率固定，只有那些国家与这个国家的汇率固定。这就是说，固定汇率是相互的。没有一个国家可以建立固定汇率。它所能做的只是使它的汇率钉住其他货币，这种货币可以是自行浮动的，或者是参加一个受保持汇率固定的协议约束的国家集团。在已经有了一个固定汇率的国际体系的情况下，它可以依附于这个体系并接受它的规定。

实际上，所承担的固定汇率的义务并不是绝对的，它也不是不可取消的。说它不是绝对的，因为汇率通常允许在既定限度内变动，而不是保持在一个固定点上。说它不是不可取消的，因为各国时时都能宣布实行新的平价，使它们的货币贬值或升值。因此需要进一步做出决定，规定允许波动的限度和平价可以改变的条件。

所要选择的并不是绝对的固定汇率，也不是允许完全自由浮动的汇率。在这二者之间有许多等级。在一个极端，当局可不对外汇市场进行任何干预；在另一个极端，它们可宣布它们能允许的狭窄的和固定的波动限度，并实行原则上不受约束的干预以加强这些限度。在这两个极端之间，可以有不同限度，它可宽可窄，可以变动，也可能是固定不变的。可以是事先宣布的，或者只是政府当局才知道的。可能是偶尔进行干预的，或者是经常进行干预的。干预可能是小规模的，或者是大规模的；可能是仅仅为了缓和大的波动和保持有秩序的市场，或者是为了把政府自己的意见强加给市场。这些意见表明了基本趋势是怎样的，或者应该是怎样的。

这后一种选择必然是对浮动汇率进行管理。对固定汇率是没有选择的。政府必须决定一个适当的汇率并设法维护它。但是不论实行什么制度，都有这样一个问题，即政府准备怎样容许市场力量起作用，它在坚持其意见并对作为一种政策手段的汇率行使其权力时应该走多远。

在这点上，会做出大不相同的决定。政府或者用买进或卖出外汇的办法直接影响汇率，或者设法影响收支平衡间接地影响汇率。除非它拥有巨额储备，或者能够自由地从国外借贷，它不大会面对着持续的压力使自己只限于实行直接干预。如果政府想要对汇率施加不是暂时的，而是更大些的影响，它们会发现它们不能不采取其他措施来加强直接干预。这里它们又可以进行选择。为了设法改进收支平衡，它们可以采用：1.直接措施以限制进口（例如通过进口限额），或者扩大出口（例如以控制和补贴支持既定出口指标），以及实行外汇管制以影响更大范围的国际交往；2.传统的金融武器，如银行贴现率，来影响资金从一国向另一国的流动；3.旨在改善收支平衡状况的措施，方法是对需求水平、进口商品和劳务的相对吸引力以及资金在国内和国际市场上的分布施加影响。

例如，当实行货币贬值时，一个关键的问题是政府能采取什么样的辅助行动以加强汇率的变动。

同样，当政府防止货币贬值时，一个关键的问题是它愿用什么样的措施来加强收支平衡以及这些措施会有多大效果。问题很少是这样简单的：我们要不要实行贬值？它往往以这样一种形式出现：采取一套怎样的措施才会使我们维持汇率，这套措施与会带来贬值的那套相比又是怎样的？对每一套措施都必须加以估价，不仅要看它对收支平衡可能带来的效果，而且要看它对经济的总的影响，并必须按照这种可能是很不确定的估价，对政治上的承受力加以估量。

市场的反应和政府的控制

至少这是一种可采取的合理的方式。但是在濒临贬值的状况下，无论是政府还是市场都不是显然合理的。政府会纠缠于政治上是否可接受的问题，以致不重视任何经济估量，特别是那些必定会有人公开提出问题的经济估量。市场必须估计政府将怎样变动它的决定和过分重视象征性的行动，如失业津贴率的变动，这类行动对收支平衡没有多少直接影响。市场也会在政府所赞成的某些正确行动与它所不赞成的其他行动之间做出十分清楚的划分。这种区别的合法性并不重要，重要的是它所引起的资金的投机性转移的规模。正是短期资金的这种投机性转移常常冲破任何固定汇率的最后防线，不管在这之前是什么削弱了经常收支项目或长期资本项目。

但是市场划分的是些怎样的区别呢？一方面市场不大欢迎诸如征收进口附加费、进口保证金、进口限额或加强外汇管制等措施，而希望取消这一切，认为它们不能改善不稳定状况。另一方面，较高的利率、紧缩的货币、严格的预算政策往往又被看作是为恢复平衡而采取的合理的和有效的途径。这种区分有某些正确性。紧缩行动不仅会直接改善收支平衡，而且也会在较长时期内抑制成本的上涨，并有助于不断提高竞争力。这是进口控制所不及的。但是进口控制会赢得时间（这可能是所需要的全部东西），也能避免紧缩通常所产生的生产上的损失。至于外汇管制，则很难使它有效，而且随着时间的推移，它作为另一种调节方式效果会更低。英国的经验表明，某些外汇管制办法效果不大，另一些办法使英国的借贷比其他国家更昂贵，利率更高，这些办法在很大程度上是多余的。大部分资金的转移往往是在商业信贷中超前或滞后进行的，它不受外汇管制的影响。然而也有一些大规模资本流动，如外国证券的交易，即使在40年之后，外汇管制仍然有效。为限制或制止这种资金流动，不能完全取消外汇管制，把它说成是非法的和无效的。

通货紧缩和进口限制或外汇管制只是政府为加强收支平衡和维持汇率所能采取的各种措施中的两种措施，政府还拥有许多其他手段。它所能实行的控制不限于对外汇交易的直接控制，还可

以设想采取其他控制方法，以达到同样效果。花费外汇多的交易可多征税。而可能节省外汇的活动就应予以补助。政府可调节它自己的外汇交易，以避免对汇率产生不应有的压力。它可从事对外的大量借贷活动，或者鼓励各级政府或国有部门进行这种借贷；或者它可以向外国债权人先期偿还所欠债务。在政府支出占国民收入一半的经济中，政府免不了要有意或无意地影响汇率。如果政府不有意识地抱定一种观点，希望汇率朝着什么方向变动，这种观点也会包含在它所实行的那套政策之中。

我并不建议政府必须实行一个又一个控制措施，以便使它能把汇率钉住。它应该沿着这条路走多远，这是个很好的问题。许多经济学家也许会认为政府甚至不应走上这条路。但是它能进行选择。而且在我看来，政府有时会成功地利用它，有时则不会取得成功。所谓成功，我的意思是指汇率在相当长时间内被控制住，足以使它所受的压力减退。回顾以往，没有理由为汇率不随市场压力做出相应变化而感到遗憾。

自动性与管理

当汇率固定时，所有这一切都是十分清楚的。如果政府的政策是维持一种固定汇率，它就必须使它的全部政策都与这个目标相一致。一旦政府接受任何一个固定点，不管它是黄金价格，或者是货币数量，或者是一种平衡的预算，它都必须使它的政策适应这种固定性。现在也许有人认为，在金本位条件下，没有实行这种政策的必要，因为外汇会自我调节。如果国际收支产生逆差，外汇将降到黄金输送点上。黄金就需要从中央银行拿出，并从储备中流出，货币基数将收缩，在适当时候收支平衡将随着利率上升和经济活动的收缩而发生变化。政府不需做任何事，假若它想让情况自行好转，它就应无条件地什么事也不做，这是不待说的。同样，如果政府想允许"完全"浮动，汇率的变动仍然会使逆差消除——如果政府不使事态加重的话。但是当人们依靠自动的、自行纠正的经济力量时，也要了解这些力量是怎样起作用的，以及对恢复国际收支平衡来说，它们是否过于严苛。有可能不需要政府进行干预这一事实并不表明自行调节机制比周密的政策更具有优越性。

对与自动性相对立的外汇管理的有条理的理论说明，是凯恩斯在 20 年代首先做出的。他指出金本位调节机制远不是毫无痛苦的。如果像英国这样的国家回到高平价的金本位上去(像他相信在 1925 年曾发生的那样)，人们会发现外汇将抵制黄金，黄金将退出使用。这将迫使政府提高利率，而货币将持续昂贵，直到成本水平下降，足以恢复竞争力并消除对外汇的压力。但是在短期内，成本水平主要是指货币工资水平，而货币工资的下降将需要一个长时间。高利率不会自动做到这一点。高利率可能通过减少外国借贷和吸收国外资金而有助于资本项目的改善，它也可能由于货币昂贵造成经济萧条和进口减少，而在一定程度上有助于经常项目的改善。但是，由于减少货币工资"根本上不可能"，不能依靠高利率使国内成本与国外成本相一致。这样，经济可能在一个很长时间内是就业不充分的，除非国外成本和价格上涨。

这种汇率观点使汇率的行为在很大程度上依赖于货币工资的运动。实际上凯恩斯是认为把汇率按货币工资水平进行调节比试

图把货币工资按汇率进行调节为好。其他经济学家持有不同观点。其中有些人把固定汇率看作是减缓货币工资上升的可以采用的不多的政策手段之一。他们争辩说，当货币工资和其他成本与其他国家的水平显然不协调时，调整汇率是可以的，但这种情况很少。轻易让步是错误的，事先宣称有让步的意图更是错误的。在他们看来，变动汇率以使成本和价格的上涨合法化，与扩大货币供给以使成本和价格的上涨合法化是一样的。

他们之中有些人，即所谓国际货币主义者，走得更远，把高汇率看作是能降低通货膨胀率的手段。由于以其他货币表示的价格将不因英镑的增值而大受影响，因此所有贸易商品的英镑价格都将被压低。例如，如果英国的货币比价从1美元对1英镑变为2美元对1英镑，而小麦的美元价格仍然不变，则小麦的英镑价格将下降50%。这肯定会使通货膨胀得到缓和。但是迫使一种货币升值是一种危险的事，除非收支平衡坚强有力。即使在这种情况下，除非其他价格，特别是工资也被压低，否则这个国家的竞争地位将被削弱，并且被迫因高汇率的反应而后退，首先在出口上，其次在所有必须面对外国竞争的活动的利润上，最后在这些活动的就业和生产水平上。如果真的必须后退，则通过汇率对通货膨胀的进攻将被证明是代价高昂的失败。

一个更极端的说法是提高汇率可以形成一个成本下降、效率提高和竞争力加强的良性循环。例如，英国1978年关于欧洲货币体系的绿皮书就持有这种看法。出口起初可能对外国人来说变得更昂贵些，但是进口对我们来说会更便宜，生活费用会增长得较慢。这样，据说名义工资增长也较慢。高汇率对成本的压力会刺激节约成本和提高效率，这些好处将弥补高汇率对出口商的不利，同时会提高整个实际收入。这个说明听起来与早先在60年代的说明一样有吸引力，当时曾预言汇率的下降会进入一个良性循环。不论是汇率的上升或下降似乎都没有带来所允诺的幸运。如果说汇率的上升有助于阻止通货膨胀，它也有损于企业利润，造成工业萧条和失业，从而增加更多的麻烦，直到最后还是要回到更现实的汇率上来。

货币供应量的作用

经济学家们关于汇率政策的观点的某些抵触只不过是他们之间在货币供应量变化的意义上观点分歧的副产品。货币主义者把控制货币供应量看作是以此可控制货币工资，同时又可控制汇率。凯恩斯主义者则把这事情反过来从另一方面进行考虑，认为货币供应量在很大程度上受货币工资的支配，而汇率则与这二者互相影响。

例如，假设与20年代的情况不同，现在是持续的充分就业和直线上升的通货膨胀。那么我们该怎样估计汇率的变动呢？按照货币主义关于收支平衡的理论，这应从被它看作是通货膨胀的根源，即货币供应量过多来解释。公众应设法消除他们过多的货币余额：部分通过多购买商品和劳务，在充分就业情况下，这些商品和劳动必须进口，或者从出口中抽出；部分通过现金余额和其他资产之间的资产组合的调整，这些资产包括外国证券和外国货币。这样就会有资本的外流，从而对汇率造成压力，同时也由于支出增加而对经常项目造成压力。如果汇率固定，收支平衡逆差会从储备中得到弥补，这个逆差也就是被输出的货币平衡中过多的那部分。如果汇率是浮动的，它将被压低，直到经常项目、现金持有量和资产的变动互相平衡。

在上述假定情况下，这是一个有启发性的说明。它提出一种理由，表明为什么汇率被通货膨胀压低往往比国内价格的上升要快。如果货币供应量增加的速度足以引起人们对进一步通货膨胀的预期，人们就要设法减少他们手头的货币，而这就会使商品价格超过货币供应量。他们也会设法拥有外国货币以代替本国货币，从而会产生投机资金的外流，并且使汇率的下降甚至比商品价格的上升更快。对通货膨胀过程的这种描述补充了传统的购买力平价理论。这种理论对不同的调整速度不予说明，只是告诫我们，在通货膨胀时期的最后，货币的对外价值和它的国内价值最终将有同样大小的变化。

然而，所有这些都与很特殊的环境有关。我们必须自问：当经济的停滞达到相当程度，通货膨胀的危险（如果有的话）由于更多的货币流出而尚未发生时，又会有什么情况。汇率会继续在较大限度内波动，收支平衡的货币理论即使在逻辑上是正确的，对说明这种波动也少有启发。

在和平时期这三次英镑贬值的每一次中，没有什么证据说明货币供应量的行为起了多大作用。1931 年英镑的贬值部分是由于外国银行家对英国政府的预算政策的不信任，但也许更多地是由于 1931 年夏相对于伦敦在国外拥有的流动资产而言，即相对于似乎已经形成的不能兑现的危险状况而言，对伦敦的银行资金进行了不适当的宣传。1949 年的贬值是随着储备的流失而发生的，而储备流失的根源又在于美国的萧条，而且是在战后年代收支平衡状况大有改善之后发生的。在 1967 年，而且只有在 1967 年货币供应量有了显著的增加。但即使这样，货币的增加较之收支平衡的突然减弱也是十分次要的。而收支平衡的减弱可以很容易地一方面归之于世界市场增长的暂时受阻，另一方面则是公共开支的大增。

一些经济学家对政府试图影响汇率不信任，其根据在于如下四点：

1. 政府肯定会搞错；

2. 即使政府搞对了，市场对汇率也有更大的支配力量，政府的意志将被压倒；

3. 即使政府成功地影响汇率，它也不会是为了任何有用的目的；

4. 即使政府是为了一种有用的目的，也还有其他更好的办法。

让我们对此逐一加以考察。

没有人要求政府不犯错误，但人们可能朝着相反的方向走得很远。在汇率问题上，没有一种客观的方法判定谁对谁错。无疑可以认为(事实上也是这样认为的)，汇率的变动是由实际国际交往而不是由空想者的声明决定的。因此，它反映那些最喜欢从金融方面支持自己判断的人们的经过深思熟虑的观点。如果他们不能证明常常是对而很少是错的话，他们就不能从市场活动中谋生，并被解职。而政府却仍能犯错误而不受惩罚。

这不是有说服力的论据。企业所做的交易，如公司账目所表

明的那样，会有亏损，许多投机者也是这样。但实际上并不止于此。外汇市场不是一种猜谜游戏，谁猜对了就怎么说也是对的。问题是，谁对长期汇率的判断最可能被证明是正确的。长期汇率会与当前市场汇率大有出入，这取决于各时期所受的压力。对情况会怎样逐日发展很有眼光的市场经纪人却可能对后面的压力全然做不出什么判断。为了做出一种判断，他们必须采用和经济学家所采用的完全一样的推断过程。虽然他们可能比一个旁观者能更好地了解一些事实，但他们对判断长期发展却不能自以为更聪明。如果政府和中央银行不进行干预，逐日的汇率只受市场支配，那么在这个意义上，可以说市场是不会犯错误的。但从长期看，如仍然没有政府的干预或环境的任何显著变化，汇率将逐渐发生一种大不相同的状况，完全有理由问，这是不是表明市场的判断是短视的或是错误的。

市场是不会错的。例如，在1949年，在英镑贬值30%之后不久就恢复了对英镑的压力。而这个30%曾被认为是足够了，而事实证明是过了头。在1950年，在市场重新有了信心之前，储备已经恢复了几个月。1967年的贬值使人们更有理由对其结果感到犹豫。但是到1968年年底，有力的证据表明收支平衡向另一方面变动。但在1970年经常项目当年出现盈余之前，英镑对美元的即期汇率并没有上升到平价之上。同样，在美元汇率从1979年年初的2美元兑换1英镑降低到1981年年初的2.40美元兑换1英镑，而在6个多月后又上涨到1.80美元兑1英镑的过程中，也很难看出市场怎样是正确的。

更显著的是80年代前半期美国经常项目大量逆差时的美元

价值提高。预期逆差越大，美元似乎越要升值。因为美国的利率越高，流入美国的资金也越多，这是理所当然的。市场年复一年地把美元价值维持在高水平上。这种水平显然是与美国经济的长期前景相悖的，因为美国不能无限借贷而不使美元下跌。同样它也不能减少借贷，除非利率下降。只有美国发生一场大衰退才能延长高利率，而1986年的情况是，或者是维持高利率以吸引外资，从而迫使美国发生这样一场衰退，或者美元汇率急剧下降以避免衰退。

市场可能失误并不能使政府不失误。相反，有明显的理由认为政府易于失误。特别是在固定汇率下，政府被迫采取一种立场，而且以后难以放弃这种立场。在英国，政府始终不愿实行贬值，有时有理由，但往往没理由。大臣们不愿接受市场对他们行动的裁决，并过高估计他们运用政权来压制或驾驭市场力量的能力，像投机者那样企图消除金融市场上使人讨厌的趋向。

在浮动汇率的情况下，许多这类困难都不再存在，因为这时已没有政府必须承担或拒绝的公共义务。政府可做出让步而不致感到为难或出现贬值之类带有戏剧性的事，并能改变其干预的规模以对付它所遇到的压力。政府可以把除了少数战略决策的一切都交给中央银行，让它自由地去做出纯技术性的判断。但是即使实行浮动汇率有较大的灵活性，政府仍然会犯错误。

不可能根据简单的纯逻辑推理来说明是市场还是政府更易正确。经验表明两者都会搞错。如果不考虑时间和地点条件，就不能说哪个更好。但是，有根据认为在固定汇率下政府的错误会比浮动汇率下更多、更严重，因为固定汇率承担的义务没有灵活性。

第二种论点认为市场的力量比政府权力更强，这是有说服力的。当我们回顾第一次世界大战前英格兰银行只有很少的黄金储备时，似乎难以想象只以几百万英镑的自由储备就能保证英镑的平价，而当时世界交易的1/3以上都是用英镑进行的。但在那时英格兰银行可以用以英镑汇票形式向其他国家发放的大量商业信贷进行活动。只要把银行贴现率提高10%就可从世界各地得到黄金。

自那以后，虽然中央银行大大增加了它们的储备，全世界的私人商业和金融公司的金融资源却有了更大规模的增加。它们资金的流动性也增强了，因为它们已组织起来以防汇率的变化。现在不受任何政府或中央银行控制的欧洲美元市场所拥有的资金大大超过任何政府可得到的流动资金。以各国间交往的方式进行的经济活动占世界经济的比重不断提高，目前已达25%或更高。供外币持有者或负有外币债务者使用的信息服务业已发展到难以辨认的地步。

因此，如果一种货币的汇率出了问题，市场舆论有办法提出它的看法，以纠正有关国家的中央银行和政府。还在1931年8月，凯恩斯就曾告诉拉姆齐·麦克唐纳首相说："当对一种货币产生了怀疑，像目前对英镑存在怀疑那样，一切就都完了。"①

在1949年斯塔福德·克里普斯承认失败之前也说过同样的话，当时已决定实行贬值。他说："已经造成……一种气氛，如不实

① S.豪森和D.温奇：《经济顾问委员会，1930—1939》，剑桥：剑桥大学出版社，1977年，第89页。

行贬值,英镑就不能稳定。"

在 1967 年,政府曾以 15 亿英镑的借款再加上 20 亿英镑以上的期货合同支撑当时的平价。但这是不够的。虽然对进一步借款的可能性有争论,但政府没有多少选择的余地,只有接受市场的裁决。

在 1976 年,曾有两次进一步显示了金融市场的力量。第一次发生在当年春季。当时英格兰银行策划英镑贬值,汇率从当年年初的 1 英镑兑 2 美元降下来。这在市场上引起了一种不信任情绪,担心贬值很快会超过政府的预期。当年秋季爆发了新的危机,英镑一天之内就下降 5 分。有谣传说国际货币基金认为适宜的汇率不高于 1 英镑兑 1.50 美元。曾有一种悲观的预期,即英镑将继续下跌,直到其价值不多于 1 美元。但是事实上在 1. 55 美元的水平上就到头了。在 4 月和 5 月,英镑在两个多月中下降了 20 分;在 10 月,则用了一个月。

很明显,一旦有了这种变动的势头,政府或多或少是无力阻止的。仅在 10 月一个月内,英格兰银行的官方储备就减少了 4.55 亿英镑,但这并没有阻止汇率下降 20%。

以后发生了相反的运动。在 1976 年英镑在 8 个月内从 2 美元下降到 1. 55 美元之后,又在两个月内增长了 15 美分,在 1977 年初达到了 1.70 美元。在那一年内,货币当局把储备增加了不少于 96 亿英镑,力图压低汇率,即平均每月 8 亿英镑。即使这样,在当年整个下半年,英镑对其他货币的实际汇率仍不断上升,年底比年初的汇率上升几近 7%。

1977 年的情况是在最后证明市场不可压制的时候出现的。

当局没有做出更进一步的长期努力来压低货币的价值。在其后三年,英镑对美元的汇率从1英镑兑1.92美元上升到2.40美元,后一汇率在1975年曾出现过。如果这个范围内的波动是真正不可制止的,那么任何汇率政策起作用的余地显然是非常有限的。当人们看到英镑对美元的汇率从1981年1月的2.40美元跌到8月的1.80美元,人们必定要问,在这样一个反复无常的市场上,是否不能达到更大的稳定性。诚然,英镑的波动由于美元的波动而大大加强,因此反复无常的绝不是一种货币。英镑以其他货币(而不仅仅是美元)衡量的实际汇率,在1981年8月降低了14%,而不是25%。但是人们一定会有某种疑问,1979—1980年英镑的最后升值是不是不可抗拒的。如果政府坚决把汇率保持在1979年年中的水平,即使这意味着大大增加储备,也一定会成功,并最终会证明政府能比市场对长期汇率做出更好的判断。如果政府不坚决利用市场舆论紧缩其货币政策,而是对汇率上升更表关心,就可让市场起主要作用,使其发挥力量压低汇率。

如果说人们对货币主管当局把它们的意志强加给市场的能力(即使它们的目的是有节制的)有所怀疑的话,那么对汇率的波动所产生的实际影响是不会有什么怀疑的。这表现在实际汇率的变动上,即汇率因国内成本和价格的变化而进行的调整变动上。当英镑从1.80美元升值到2.40美元时,这并不是由于美国成本的提高比英国更快的缘故。相反,英国成本的提高要快得多,从而增强了高汇率造成的竞争方面的不利条件。其后英镑对美元的汇率的下降并不伴随着英国和美国之间通货膨胀率差距的扩大,相反,它们更加接近了。

同样,回顾一下过去汇率的更显著的变化,如 1931 年、1949 年和 1967 年英镑的贬值,这里并没有任何征兆表明由于工资或其他成本急剧上升而使竞争优势迅速丧失。在 1931 年贬值后,实际发生的情况是价格又一年继续下降,而 1932 年以后货币工资平均每年上涨 1%—1.5%。贬值对价格的反馈作用与人们广泛期望的恰恰相反,因为向英国提供食品和原料的那些国家也同时实行了货币贬值,并且随着萧条的加深和它们市场的收缩,它们必须在一定时期内接受较低的英镑价格。1949 年英镑贬值 30%之后,一旦朝鲜战争结束,英国和美国价格上升的差距实际是不大的。1954 年美国国内生产总值的通货膨胀扣除指数比 1949 年高 13%,而英国则提高了 16%。像 1931 年以后一样,贬值的成本利益在连续几年内仍实际保持着。即使在 1967 年之后两年内工资的增长也不比贬值之前几年内更快。诚然,在 1970 年工资曾剧增,这是由于取消了工资紧缩政策。但是贬值对工资和消费价格的净影响是在 1967 年到 1971 年期间多上升了 6%或 7%,少于贬值的一半。

在另外时间和另外环境下情况会有所不同,这总是可能的。在高通货膨胀的环境中,贬值的效果会减弱。更重要的是,这种效果取决于当局所采取的其他行动。如果起初国际收支有逆差,对经常项目必须加以调整,就有必要减少对收入而言的吸收。贬值本身并不能影响这种减少。必须采取行动减少最终需求以腾出资金,并重新加以吸收以改善经常项目。如果最终需求不减少,那么国内和国外需求的竞争只能更加剧烈,并导致更大的通货膨胀,足以把额外的国外需求排挤出去。

贬值通常反映某些现有的不平衡，其效果要么是消除这种不平衡，要么是使其减少。因此，重要的是认清产生不平衡的原因，并确定它是否会以其他某些方式予以消除，还是在贬值之后依然存在，抑或是不会再起更大的作用。如果经济起初是平衡的，那么，贬值就毫无意义，如果贬值，就只能导致回到先前存在的价格关系上去，那是不足为奇的。如果贬值是由通货膨胀造成的，而通货膨胀的力量未被抑制，那么贬值仍不能对消除困境起什么作用。但是，如果情况是不平衡不是出于简单的可补救的原因，而价格结构已严重扭曲，贬值可能是为消除扭曲和恢复经济据以达到平衡的基础的最有效和最合意的方法。

我们所讨论的并不是可以假定为从一种平衡状态到另一种平衡状态一直保持不变的那些长期关系。我们讨论的是可以延续若干年的短期关系，在这期间，当汇率变动时，各种价格关系都要发生变化。首先，外贸商品的价格相对于非外贸商品而言发生变化。货币贬值使进口和出口的价格都上涨，其中每一变化都会对贸易平衡产生影响。如果需求弹性足够大，贸易平衡就会得到改善。但是价格构成将开始朝着它的最初形式转变。如果出口的价格比在国内市场上出售的货物为高，这二者就会有某种愈益靠近的趋势。进口价格的上升将以同样方式影响国内市场，因为进口会减轻本国产品价格所受的竞争压力。但是以为所有这三套价格是为世界价格严格支配，并只会发生相互关系的短暂变化，这种意见并未被我们的研究所证实。相反，研究表明，国内价格远比外贸商品有更大的惯性。而且即使外贸商品，特别是制成品，也不完全按照汇率的变化而变化。贬值影响现存价格结构的变化，这些变化又导致国内和国际市场之间商品量的变动。

其次，外贸商品价格的变化并不伴随着工资的同样变化。斯堪的纳维亚理论认为当贬值使外贸商品价格上升时，工业工资不久也会因受影响而上升。这或者是因为雇主企图获得更多的工人，或者是因为工人看到企业利润较高而提出更多的要求。这样，工资的增长就会遍及整个经济，而工资和价格结构就会在更高的水平上重新建立起来。这种理论可以应用于小的开放国家的经济，但它适用于英国的地方似乎并不多。工资与进口或出口价格并不紧密同步。

不仅如此，当汇率上升而不是下降时，价格和工资之间的联系就变得更加脆弱。外贸商品的价格下跌不会对有关工业部门的工资谈判产生多大影响。工资不能反映价格和利润的下降将导致失业的增加，这将压缩收入，并且在一定时期内，也会压缩工资率。但即使当出口工业部门经谈判降低工资，其他部门和职业支付的工资率仍可能不变。20 年代和 30 年代受保护部门和不受保护部门之间的差异在两次大战之间一直存在，但并不构成转变性的背离。最近一两年来制造业的工资安排再次表明，面向对外竞争的各种行业的工资并不一定与避开这种竞争的行业的工资平行运动。

对此进行概括的更大困难在于汇率变化对资本运动的影响。这种影响在贬值后（即平价下调之后）与在浮动汇率急剧下降之后可能大不相同。贬值会恢复信心，并使投机资金回流。而在浮动汇率的下降之后却未必会有这种情况。人们费尽心机来解释在各种不同的环境中人们的期望是怎样受影响的，但是否有任何一种理论能顾及所有的可能性却是大有疑问的。在一个问题上就显然会有不同，即首先是什么原因使汇率变动。有的人可能指望不断兑换成贬值的货币，如果有令人信服的证据表明这种贬值已使经常项目得到改善。有的人可以有更大的信心指望它，如果（也是很可能的）这种改善是一种信号，表明价格未因货币贬值而大大上涨。

还有最后一种说法；它反对依靠汇率的变动，把汇率变动当作是一种政策手段。他们争辩说，为什么要试图通过汇率下降来改善收支平衡逆差，这会带来两个不希望有的结果。第一个是要接受不太有利的贸易条件，第二个则是通货膨胀的加剧。为什么不消除我们无力支付的进口。当失业率高时，这会创造更多的工作；而且因为新就业者会把他们较高的收入花掉，这就产生了一种乘数效应，社会将更富有并要从国外购买更多的东西。这样，进口限制最终并不意味着使国外就业减少。收入和支出的较高水平能淹没进口壁垒，保持过去的进口额，这样，贸易伙伴也没有什么真正的理由可抱怨的。

对于一个有大量对外逆差和高失业的国家来说，这是一个诱人的图景。这并不是新的图景，50 年前卡恩勋爵在他关于“乘数”的著名文章中就曾用大致相同的词句描绘过。但是这里是有意外障碍的，特别是如果其他国家也有高失业，并且如果它们的对外逆差更大。我们即将说到北海石油的更加复杂的情况。

首先，可以达成一致的是，改变汇率并不是处理收支平衡逆差的唯一方法，也不一定是最好的方法，即使逆差似乎已成为持久的。当汇率保持稳定时，我们会有其他消除逆差的方法。当其他办法失效或被认为是更加痛苦时，降低汇率通常被当作最后的一着。在浮动汇率下，着重点可以颠倒过来：汇率可以拉紧，只有当汇率的波动已令经济难以承受时，才采取其他方法作为辅助。总会有一些方法可以代替依靠汇率的变动，而可能的替代方法总是需要全面的论证。此外，即使认为没有其他行动方式比变动汇率更有吸引力，也只有把这种变动与其他可成为部分替代的措施结合起来，才能得到最佳效果。

这里有很多选择，从公开地或隐蔽地扩大黄金输送点（或者扩大汇率自由变动的限度）到实行进口限额和严格控制外国贷款和投资。其中有些方法从政治考虑，或由于有国际协议可排除不用。根据这些理由可把使用限额看作是非政治性的。限额不能用来针对欧洲共同体的其他成员国。而如果用以针对其他国家，则要公开被贸易集团和国家指责为歧视。即使进口总额没有减少，进口货单也会在不同供货者之间进行再分配。因此，关于进口将保持不变的保证不会有多大作用，也不能有力地阻止对方的报复。

采取变动汇率的办法也全然不能避免政治障碍。这里其他国家仍然会提出反对。它们会在它们对贬值的反应中处心积虑地制造不确定性，或者，如果它们认为平价的变动不合理，它们也会以贬值本国货币相威胁。十分奇怪的是，虽然这种变动对不同国家影响的方式不同，但它很少被说成是歧视性的。相反，在战后时期，趋势是愈益加强以至完全依赖汇率变动，把它当作对付对外不平衡的国际通行办法。不仅如此，自由浮动往往比“不自由”浮动更优先采用。甚至对动用储备和更多从国外借款以支持汇率也会表示不满。这是把市场力量神化的表现，相信应让汇率受这些力量的支配，而不必试图把它作为一种政策手段加以利用。

只要世界外汇市场坚持这种观点，寻找其他方法来代替汇率变动的尝试就会严重受阻。除提高利率和普遍紧缩通货等经典做法之外，其他任何为加强收支平衡所采取的措施都不受重视，被说成是“人为的”，并被看作是政府不愿采取“根本”方法的表现。在这种情况下，汇率所受的压力会比市场经纪人所赞许的供求力量更多地参与心理战。汇率不再是通常的经济交易要求的那样，也不再朝着市场认为适宜的方向运动。

在这种条件下，仅仅全面实行限额可能被证明不是降低汇率的替代办法，而是它的一个原因。市场将断定将要实行的扩张政策是在没有限额情况下的货币贬值，而且当限额取消时，小的贬值是不会适应这种情况的。因此，汇率将立即开始下降。

但是为什么无论如何限额比汇率的下降更好些？在战时或非常时期，有理由实行限额。这里非常时期是指外汇必须定量分配，而且这种分配能令人满意地以数量限制，而不是以价格来掌握。但是这种环境早已过去。例如，在1980年，当英镑对美元的汇率已达到1英镑兑换2.40美元时，再坚持反对降低美元汇率就没有什么意义了。当英镑汇率降到1.80美元时，过去曾有过的担心，怕这会带来严重的通货膨胀，被证明是大大夸大了。后来，失业人数超过了300万，工资调停走下坡路，就很难明白为什么进一步贬值会比实行进口限额对工资和物价产生更大的影响，以及为什么必须要采取这种自称为暂时的措施。

之所以必须采取这种措施的一个理由也许是如果汇率因北海石油而保持浮动上升，它就不会再降低到与新的工业扩张相适应的汇率水平。有时人们议论说，1980—1981 年英镑的强势反映了北海石油对收支平衡的支持，并且说这种贡献越大，收支平衡中的其他因素(如制成品的出口)也就越将被排挤掉。如果汇率受国际收支项目中的纯贸易因素所支配，而且如果整个经济活动一直稳定，这将是真实的。在这种情况下，毫无疑问，石油出口越多，汇率也上升得越高，直到其他商品的出口消失。但是，这既不是正常时期汇率实际决定的方式，也不是在经济下降时期汇率决定的方式。1980—1981 年英国比其他工业化国家都更深地陷入衰退，这对进口水平产生的收入方面的影响完全超过了同时石油贸易发生的任何变化，进口大大下降，收支平衡产生顺差，并且随着衰退的加深，盈余也增长。这本身在 1980 年就是对汇率的有力支持，但它未能阻止 1981 年汇率的急剧下降。然而对汇率的主要影响通常并不是来自贸易平衡，而是资本项目。资本项目受市场情绪的有力影响。这从下述事实中就可以看得很清楚：在 1979 年 5 月保守党的第一个预算公布后两个月内汇率就上升了 10%，是市场对政府的经济政策，特别是它的货币政策的感觉促成了 1979 年英镑汇率的不寻常上升。无疑，当年年底石油价格的上涨也有所帮助。但在 1979 年 5 月和 1981 年 1 月达到高峰之间汇率的变动，表明英国、美国和其他各国的货币因素起了更重要的作用。

当我们考察制造业活动的下降时，也会得出同样的一般结论。还在油田的发现有任何明显的影响之前，制造业的活动早已下降。例如在 1976 年的危机时并没有这种影响，但那时制造业的就业人数已比 1966 年的顶峰时下降了 17%。从 1979 年到 1982 年几乎同样大的下降无疑与汇率的上升以及这种上升对制造业竞争地位带来的损害有联系。但是,正如事态所表明的,到 1981 年 1 月汇率上升到顶点并不是由于北海石油的供应增加之类的不可逆转的力量造成的,它与高利率以及随着衰退的加深收支平衡变成顺差有更大的关系。

当我们从更长远的观点来看这个问题时,我们必须估计到资本的长期和短期运动。1979 年取消外汇管制改变了本国和外国证券的相对吸引力,这是由于停止了给予投资货币的鼓励。随之在资产偏好方面发生了有利于外国证券的变化,并引发了资本大规模外流购买这些证券。这种外流可能反映了偏好的长期变动,但实际上这种变动只延续了几年。此外,资金转移的更大自由倾向于加大因汇率的运动及其预期而造成的资本运动的波动。英镑的进一步贬值将提高包括外国证券在内的海外资产的英币价格,从而抑制资本的外流。换句话说,汇率对从石油来的出口下降的任何反应都会诱发资本外流的抵消性减少,反之亦然。

因此,不管是有意识的还是无意识的,汇率成了任何政府经济战略的关键因素之一。当它全然未被采用并且是固定时,它能施加最有力的影响,因为这时所有其他因素都围着它转,像围绕太阳转一样。如果汇率浮动,它就会使经济政策不受外部限制,但是,这些被赶出汇率大门的限制又会在通货膨胀的窗口出现。汇率作为国内经济和国际经济的桥梁,不能像一种政策因素那样放弃,除非是在闭关自守的状况下。在国内发生的和国外发生的情况的每一差异都会显示为对汇率在这一或那一方向上的压力。如果政府维持汇率稳定而不采取进一步行动,经济就会像单一的国际经济的任何其他部分那样行动——扩大和收缩,通货膨胀和通货紧缩。

这些都会毫无阻碍地通过汇率之桥，正像它们从英格兰进入威尔士或苏格兰一样。有些人怀疑政府是否能有力地阻止接受来自世界经济的冲击。但是，只要一个民族国家的政府设法使本国经济有可能走自己的路，它必须自由地运用它的汇率，不仅在外汇市场上直接运用，而且通过它对构成收支平衡的各种因素的影响间接地加以运用。

十二、就业政策的浮沉

在两次世界大战之间，没有任何经济问题像如何对付失业那样引起大众这么深切的关注，或对经济学家的表白提出这样大的挑战。两次大战之间的文献充满着灰心丧气和焦虑不安：灰心丧气是因为找不到什么办法能为所有要工作的人提供就业机会，焦虑不安是担心这一失败在国内和国际上产生的后果。特别是英国，严重的失业在整个这一时期一直存在，失业问题是人们辩论的头号问题。

当时，几乎没有什么人曾经想到有可能实现充分就业，像我们在 1945 年以后所看到的那样。贝弗里奇勋爵在 1936 年对这个问题进行了广泛的分析，结论是即使在有利环境中，英国的失业也不一定会降到 10%—12%以下。次年，当失业刚刚下降到 150 万人时，凯恩斯曾担心经济将因重新扩军的高潮到来而过热。在 1940 年夏季英国战争中间，仍有近 100 万人无业可就。然而在短短几年内，失业水平就降到只有 7 万人，低于 0.5%。

英国战后的情况是另一个极端。从 1931 年的 300 万人失业

本文是作者曾于 1982 年在华盛顿大学，其后又在卡尔加里大学和不列颠哥伦比亚大学所做的演讲的修改稿。

到1944年减至7万，在战后初期也只有30万，到80年代失业又回升到300万人以上。当贝弗里奇于1945年提出3%是战后政府的合理目标时，就连凯恩斯也认为这过于乐观，对它的可行性表示怀疑。但是战后20年间，很少高于2%，更低于3%。在60年代，3%似乎是灾难性的高失业率，足以使政府垮台。

那时当然有温和的周期波动，使失业反复有大致10万人的升降。整个50年代，失业人数一直在大约30万人的水平上。60年代已经清楚，这种情况再不会存在。从一个周期到下一个周期，失业水平缓慢但不断地上升。在1950—1954年这个战后相当具有典型性的时期中，失业平均是30多万人。在1960—1964年，平均数超过40万人。在1970—1974年，上升到69万人，或刚好低于3%。以后从1974年开始就持续增加，只是在1978—1979年稍稍减少。到1980—1984年，平均数达250万人，超过了10%。在1976年年底失业曾达到130万。当1979年新的保守党政府上台时仍然停留在这个水平上。但在以后几年内急剧增加，到1982年增加了一倍。以后很快超过了300万，并停留在这个水平上。这样，在80年代中期，英国的失业已经是战后头10年曾认为的正常水平的10倍。

从70年代中期到80年代中期英国失业人数的增长比其他国家大得多。美国的失业在1985年比在这之前1976年的高峰明显降低。在欧洲大陆，增长要大得多：在1975年的高峰之后的10年内，失业平均增加了一倍。但是，没有其他一个欧洲国家失业的增长像英国这样持续不断和剧烈。

英国的情况特别值得注意，因为它不仅失业水平大幅度波动，而且政策也大幅度变动。它正好兜了一圈。1944 年的联合政府承担了失业水平的责任,这是政策的革命性变化,标志着凯恩斯勋爵的主张为官方所接受。1979 年上台的保守党政府抛弃了这种主张,拒绝承担责任,是与过去同样彻底的决裂。在我说到这两次思想的变革时,我将少许涉及作为政策指导的学说的是非,虽然我并不隐瞒我自己对我认为是新凯恩斯主义立场的实质的信奉。我甚至还要更多一点地涉及政策在多大程度上能控制事情的进展。当情况与宣布的政策合拍时,那就很容易认为政策控制了情况的进展。如在政府宣布实行充分就业政策的情况下有了充分就业,那必定全是政府的功劳,因为它是这样说的。而在政府放弃保证就业水平的责任的情况下有了严重失业,也就会把它归咎于政府,说这是它的政策的必然结果。我不想多说这些问题,而主要谈谈政策及其背后的思想的发展。

就业政策白皮书

英国的就业政策可追溯到 1944 年 5 月的白皮书,其中写道:“政府要遵循的国内政策方针是为了维持尽可能高的就业水平。”

这个白皮书不同于美国 1946 年的就业法案,它从未体现在法律中,但它同样表明政府坚决承担就业水平的责任。然而要谨慎,不要认为政府会保证做出什么带有“充分就业”的标记的事。一个“高度而稳定的就业水平”只是目标。

白皮书的作者从未保证要达到这个目标。在开宗明义的第一段中,他们强调指出就业依赖于对外贸易和国外情况。战争期间失去外国投资,使对进口的支付更加困难,其成功有赖于大量增加出口,使其超过战前水平。对所需贸易的扩张来说,“各国间的合作”是必不可少的。这会有助于保证有一个合理的稳定的汇率,抑制世界商品价格的波动,并允许“面临暂时收支平衡的困难”的国家“采取可能招致反对的措施(这里指的是进口限额)来调节它们的进口,并呼吁其他国家,作为好邻居,对它们进行帮助”。

政府认为,当贸易发生衰退时,它不会自行恢复,或者至少在像英国这样的复杂的工业社会,恢复过程“即使有效果,也会拖得很长,并伴随有普遍的不幸”。

因此,政府准备“负责在尽可能早的时期采取行动遏制衰退”。至于这该怎么办,政府相信有赖于需求管理。它坚持认为:“必须保持商品和劳务总支出,使之不致下降到出现普遍失业的水平。”

当时提出了需求管理的四条指导原则。第一,必须避免不利的对外收支平衡(经常项目)。虽然承认对外平衡的波动是造成不稳定的两个主要来源之一,但除了没有特别指出的与其他国家联合采取的国际措施之外,没有明确指出该有什么行动可以限制或消除这种波动。如果英国的出口急剧下降,“单靠扩大国内需求并不是适宜的办法,而且它必定会……引起通货膨胀”。提出的唯一正面的意见是出口必须大大超过战前。

第二个主要易行的要素是必须减少私人投资的幅度。由于战后要实行廉价货币政策,因此起初不进行利率的变动,虽然以后可以实行。代替它的是(也是第三个指导原则),政府提出依靠事先制订的五年公共投资计划,使公共投资能减缓或加快,以抵消私人投资的反向波动。同时,政府希望说服私有企业按照同一原则——“与总的稳定政策相一致”——计划它们的资本开支。

第四，有必要遏制和扭转消费支出通常随着私人投资波动而出现的那种变化（由于某种原因，出口的波动在议论中未予考虑）。需要的是“按照事先确定的并为公众很好理解的规定，自动施加某种正确的影响——类似于热静力控制那样”。

政府喜好的固有的稳定器（这是詹姆斯·米德的发明）是“出于对就业状况的同情”，实行对雇主和雇员每周缴纳的社会保障金进行变更的计划。另一种更具尝试性的意见是“按照贸易状况调节分期付款交易”。还有一种可能性，即经常管理预算盈余，并在不景气的时候把多余的钱退给纳税人。这种意见也被犹犹豫豫地提出来，说是“也可予以考虑”。但是财政部坚持认为一定不能“在逊于正常的贸易活动年份蓄意计划在国家预算中出现赤字”。

白皮书明确指出，根据这些一般原则实行需求管理本身是不够的。必须有“工人在不同职业和地区之间的流动”，并且采取措施保证地区的平衡发展。还有也是“重要的，即雇主和工人在工资问题上都要有所节制，以使萧条开始时增加的开支能用于增加就业量。……工资率一般水平的增长必须通过效率的提高和更大的努力与劳动生产率的增长联系起来”。

白皮书认为价格和工资的稳定是“就业政策成功的重要条件”，从而它坚持“工人必须检查他们工会的活动和惯例”，以保证不妨碍生产的扩大和“破坏充分就业计划的目标”，而雇主方面的紧缩协议则是政府采取“适当行动”的问题。

关于实行就业政策必需的行政机构，政府决定从经验中学习，并“随着我们的前进改善我们实行新政策的工具”。曾有“一个小的中心班子，他们有能力衡量和分析经济趋势，并把他们的评价提交给有关大臣……所需要的许多决定……有赖于迅速和准确的判断。……时机的问题同样是微妙的：要判断不断增长的繁荣什么时候达到它的高峰……并采取正确的行动是不容易的”，需要掌握有关当前经济运动的准确的定量的信息。白皮书的末尾建议在官方经济统计中进行一次改革。

这些段落描绘了战争接近结束时有关意见的相当准确的情况。当时政府要实行稳定政策仍然有点犹豫，人们对调节就业的目标比达到这个目标的方法抓得更紧。重点放在收支平衡、稳定价格和收入、把失业限制在局部范围以及需要得到准确及时的信息上，这些都经受住了时间的考验。这些也确实是曾存在的问题。

手段的不适宜

回顾过去，使人感到奇怪的是，在上述情景中，几乎完全看不到财政政策和货币政策应起的作用。说到财政政策，公正地说，白皮书所采取的方针既不符合当时预算的计划方法，也不符合准备这个文件的经济学家们的意见。而货币政策一般又认为没有什么效果，特别是在受控制的经济中。因为关于变更缴纳社会保障费的建议从未被采纳，而用所设计的公共投资的反向波动来抵消私人投资的波动的意见也没有多大进展。所提出的调节需求的方法现在看来对解决这一重大任务来说是很不适当的。至于说判断和时机的选择，这些恐怕比白皮书中所包含的那种简单说明要重要得多。

在大臣们那方面，他们是不是对他们面前的任务有任何清楚的理解，这是很可疑的。他们已习惯于战时那种由各种控制办法所支撑的经济计划，支出是受行政决定限制和指导的，而不是出于财政的考虑。预算是控制消费开支和资本投资的唯一的但绝不是最重要的手段。在1946年年底，官员们从财政方面分析了经济面临的问题，起草了一份经济评论，正像他们在以后各年份做的那样，他们的报告却被大臣们搁在一边。大臣们被一整套思想所迷惑，只限于从人和物的平衡上，而不是从现金平衡上去想问题。1946年的第二份经济评论仍然把预算作为规划和平时期经济的重要手段，这次它又遭到了拒绝。货币政策作为一种就业政策的手段更受到漠视。战后第一任工党政府财政大臣、前伦敦经济学院经济学教授休·多尔顿，致力于在高涨的经济中降低长期利率，他在短期内成功地把政府债券利率降低到了2.5%。控制短期利率的银行利率，从1932年到1951年一直是2%。第三个政策手段——汇率——只是在战后头20年内起过一次作用，即1949年的英镑贬值。而当贬值发生时，很难说有哪一位大臣把它看作是为完成任何有用目标而实行的。有几位大臣，包括财政大臣斯塔福特·克里普斯在内，把这种变动当作是计划化的对立面。

如果说在最初年份一直有充分就业，这不是由于巧妙的需求管理，只不过是因为当时不缺乏需求，而与英国的政策没有多大关系。当时有战争期间被抑制的需求。这些需求又有战争年代积累起来的储蓄和过多的支付能力的支持。还有战时的破坏需要恢复，在英国和外国都是这样。需要有更多的投资以与较高水平的开支和需求相适应。在6年战争之后，国外需求有了巨大增长。

为了支付必要的进口，必须把出口从1944年的低点扩大4倍。当时的问题不是维持充分就业，而是避免通货膨胀和在与其他国家交往中恢复对外收支的平衡。但由于有充分就业，而且政府承担了保持就业水平的责任，公众乐于信任政府会做那些过去没做过的事，并且把将来它也同样会成功当作规律来接受。

政府确实做了，并取得巨大成功的，是恢复了对外收支平衡。英国在半个世纪内第二次因一场持久的和造成巨大破坏的战争中背上了沉重的外债，并大大缩减了其海外资产。必须严格节约进口，并在战后10年内把进口控制在低于战前的水平上。尽管英国依赖进口食品和原料，但必要的节约并没有使就业受到损害。而出口则迅速增长，到1948年就恢复了对外收支平衡。

通货膨胀的控制大大有赖于工会的友好，再加上食品补贴使生活费下降。在战后的头5年，失业约为战前水平的1/5，周工资每年增长4%，比30年代中期萧条年份快不到一倍。劳工大臣能说服工会领袖们在1949年英镑贬值30%时不再为取得更高工资施加压力，除非生活费的增长超过5%(事实上生活费的增长少得多)。

就业政策直到50年代没有受到真正的考验。即使是50年代，考验也并不很严重。在世界性繁荣中间，如果只是英国遭受某种深度的衰退，那是令人惊异的。但是，随着战时实行的控制一个个地放弃，而货币政策又大多未实行，政府发现它所拥有的调节需求的手段减少到只有预算一个。预算成了政策的中心，不仅用它来调节需求的压力和就业水平，而且用来实现政府的一整批经济目标——从稳定成本和价格到平衡国际收支，鼓励生产性投资和更多的经济平等。让一种政策手段来承担这么多不同的目标显然是太多了。

依靠预算有很大不利之处，因为一年只有一个预算。它的判断在另一年过去之前是不能得到纠正的。这使政策高度依赖于对一年内情况的预测，而这预测本身又是根据过去 6 个月左右时期的信息做出的。因此，政府寻求其他可更灵活运用的武器。它开始实行对银行信贷的控制，方法不是控制货币基础，而是由英格兰银行总裁给各银行发出函件，要求它们合作。它也在几乎每一次危机中实行紧缩消费者信贷，规定最小的定金或全部付清的最大期限。后来在 1961 年，政府寻求在两次预算之间变更直接税的权力，这是通过他们所说的两种"调节器"进行的。一种是恢复了变更缴纳社会服务费的主张，但很快就放弃了；而另一种，即调节关税和国内消费税，允许政府在上下 10%的范围内变更直接税，这种办法在多种情况下曾被采用过。除这些权力之外，英国政府与其他大多数国家的政府不同，可立即使大多数预算变动生效，无须等待财政法案颁布。因此，虽然它影响消费和就业的能力有限，但它可把它的意见(一旦形成)立即付诸实行，这通常是与银行有关的，而不是预算政策。

权力是一件事，而意见是另一件事。当有干扰时，仍然是极难做出决断的。由于 50 年代在就业政策所需经济统计的收集和分析方面的进步，做决定已稍稍容易些了。经济预测的技术愈益完善。然而，困难仍然存在，如能得到的数据总是不及时的，难免互相冲突和不大可靠，并且往往模棱两可。同样，预测据以做出的模型很容易把根本关系搞错，而这些关系本身也在变化，这些变化可能会使模型的建立者感到吃惊。

停停走走

进行干预的时机的选择受到越来越多的批评。在50年代末就开始听到抱怨，说需求管理给经济活动带来波动，而不是阻止波动。起初是对“停停走走”政策感到焦虑。人们认为政府似乎是这样选择它干预的时机，即正当经济开始有了一些前进势头时，就采取措施限制购买力或紧缩信贷，从而使经济扩张完全停止。另一方面，政府又被指责说当经济已经在下降时仍对经济进行打击。诚然，50年代的生产并不是年复一年地沿着总趋势顺利增长，而是短暂的骤然增长，不时为生产的间歇性停滞所中断。这使人感到，政府在抑制经济增长。如果它不采取任何行动(虽然它如何才能这样做从未说明)，也许会更稳定，增长也会更快。

有些意见是很可疑的。在任何经济中都必不可免地有某种波动。以英国的经历与其他国家相比较表明，这种波动是共同的，其幅度与其他国家也一样。主要的区别是，由于英国的增长较慢，所以对经济扩张的阻碍看起来更加严重。因为它不仅使经济增长缓慢，而是完全使扩张受到抑制。是不是停停走走政策应对低增长率负责还是个问题。当然，持续不断的扩张允许人们对经济事先更有效地做出计划。但没有一个国家有这种情况。快速增长与缓慢增长一样地不稳定。另一方面，如果允许扩张不受限制，在过剩生产能力不多的情况下，甚至在周期的“停止”阶段，也会有通货膨胀加快和收支平衡出现严重逆差的非常现实的危险。正如政府很快就懂的那样，就业水平不是唯一有关的问题。必须同时考虑可能影响经济平衡的其他危险。

然而，对“停停走走”的关心给政府带来了压力，迫使它对发展有一个长期观点。英国公众突然意识到欧洲大陆国家战后有了更快的进步，特别是对法国在戴高乐将军领导下发生的变化深有所感。由于某些原因，他们把这些变化归之于法国的计划化，他们把计划化看作是“停停走走”的对立面。对他们来说，计划化之所以受欢迎是因为它坚持追求固定的目标，而不是长期预测，并且不需要对需求管理做令人烦躁的所谓“微调”。

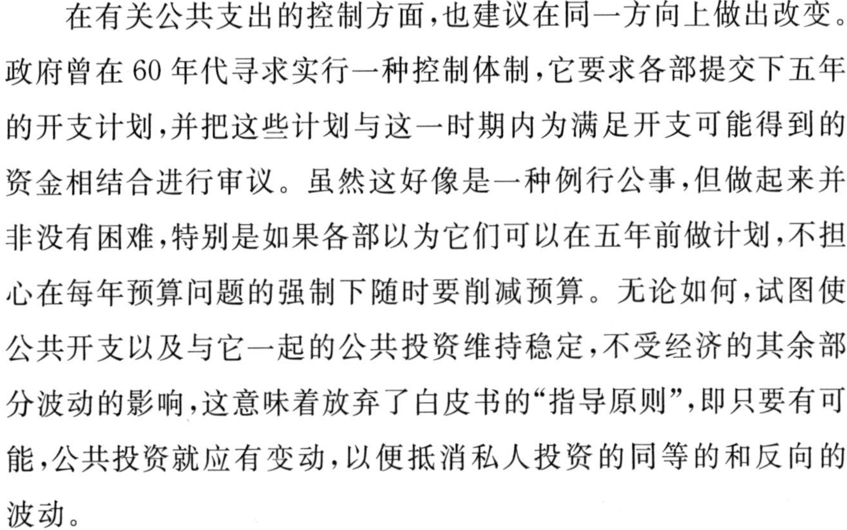

在有关公共支出的控制方面，也建议在同一方向上做出改变。政府曾在60年代寻求实行一种控制体制，它要求各部提交下五年的开支计划，并把这些计划与这一时期内为满足开支可能得到的资金相结合进行审议。虽然这好像是一种例行公事，但做起来并非没有困难，特别是如果各部以为它们可以在五年前做计划，不担心在每年预算问题的强制下随时要削减预算。无论如何，试图使公共开支以及与它一起的公共投资维持稳定，不受经济的其余部分波动的影响，这意味着放弃了白皮书的“指导原则”，即只要有可能，公共投资就应有变动，以便抵消私人投资的同等的和反向的波动。

1944年以来发生的情况似乎使这个目标越来越不切实。正如白皮书本身承认的，政府开支计划中的一大部分是受“迫切的公共需要”所支配，不易削减或增加，以满足紧急需要。此外，政府对地方当局、国有部门和其他开支机构的权力有限。最重要的是，政府的决定总是落后于事态的发展，实行需要时间，以致当公共投资对控制的努力做出反应时，情况可能已发生了根本变化，要求在相反方向进行调节。这并不仅仅是假想。在60年代就曾有过这样的情况，即当大的投资项目被批准，以力图减缓地区失业，并最后开始建设时，失业已在两三年后出现的繁荣高峰时消减下去。

60年代初期流行一时的计划化，以1965年的国家计划为顶点，寿命是不长的。它并未充分显示对短期经济管理的反应，表明充分就业必须被看作是理所当然的，不能由于追求其他目标，如经济增长，而使它遭受损害。然而，有一种愈益增强的趋势详细追究短期政策目标和长期政策目标之间的冲突，并坚持对不稳定的各种转化形态抱更宽容的态度。这方面的一个例子就是，从1968年在财政部召开的政府官员和国际货币基金组织经济学家小组的会议开始，货币主义主张的影响日益增长。

70年代态度的变化

直到70年代官方和内阁的思想还没有发生重大变化。1970年政府对经济形势做判断的方式，以及它认为适当的措施，与15年前并没有太大区别。诚然，它对货币供应或对新奇的观念，如国内信贷膨胀予以更多的注意。对前10年失业逐渐增加的解释也有些怀疑，因为失业的增加并没有伴随劳动力市场紧张程度的同样变化。但是，到1970年失业连续三年稳定。在1967年英镑贬值后国际收支平衡终于出现大量顺差。物价虽比贬值前增长更快，但在贬值后3年内平均每年上涨率在6%以下。就业政策仍然处于接近走运的顶点。

下一个10年态度的变化是显著的。这部分归因于实际情况的发展,部分归因于经济体制运行的新学说的影响。70年代初所谓的“冷酷无情的经历”是那些年通货膨胀急剧加速。60年代消费价格每年平均上涨3.8%,70年代为13%,比前10年平均增长率高两倍多。但更糟的是,1974—1975年价格每年上涨20%以上,并于1975年第二季度达到年率36%以上的高峰。此外,公共开支似乎失去控制,收支平衡出现严重逆差,外汇储备流失,汇率本身下降,失业增长到战后空前的水平。

这种情况导致1976年秋发生严重危机,这本身就已经够令人吃惊的了。但是,使大臣们对新思想感到失望的是,需求管理的惯常方法似乎无力对付这种形势。正如卡拉汉先生在1976年9月工党代表大会上所做的常被援引的讲话中所说,“我们总是想,采用减税和增加政府开支的办法就可以走出衰退和增加就业。我坦率地告诉你,这种选择已不再存在了,而且即使当它存在时,也是起了对经济注入通货膨胀的作用。而每当这种情况发生时,平均失业水平就增长。随着更高的通货膨胀而来的是更高的失业。这就是过去20年的历史”。

对卡拉汉先生所说的这种历史可以有疑问,但是他对高通货膨胀条件下实行需求管理的困难的感受是人们广泛同意的。产生需求管理的思想革命的基础是供给可创造它本身的需求这样一种主张的否定。而70年代发生的情况又否定了相反的主张,即需求会自动创造它本身的供给。与此相反,正如卡拉汉先生坚持的,这只会提高价格或压低汇率和政府债券价格。

对1972—1975年的情况可有相反的解释。有些经济学家争辩说，困难的根源在于，在 1972—1973 年实行放松信贷控制体制后，货币供应量大增。他们认为正是这种货币供应量的增加，两年后导致价格水平的提高，造成了通货膨胀，使政府无能为力。因此，最好是密切注视货币供应量，忘掉预算开支的调节。有些人甚至说，根本无须调节开支，如果政府本身满足于健全的货币政策，经济就会自行调节。失业将回降到它“自然的”水平，生产将以“自然的”速度增长。

没有一种观点为人们普遍接受。英国多数经济学家都倾向于为“自然的”失业率的概念找出一个数字，并说明这个数字大概是从低于 2%到高于 10%。当他们让人相信任何高于自然失业率都是出于自愿，他们怀疑，1981 年是否能比 1980 年的自愿失业者多 100 多万人。1980 年的自然失业率并没有什么不同，而失业水平却少 100 万。至于说到货币供应量所起的作用，他们回想到 1945 年经济中的清偿手段比 70 年代初多得多，但在那时价格上涨很小，而在 70 年代初却上涨得非常快。1974—1975 年的价格上涨，被 1979 年上台的保守党政府归咎于早先同样政治色彩的政府于 1972—1973 年实行的放松性货币政策，但它可以有各种不同的解释。其他任何国家在 1974—1975 年都发生了某种通货膨胀。如果说英国更严重，这大概与贸易条件发生 25%的逆转，以及其他一些问题有关。英国的政策对 1972—1973 年世界商品价格的大涨或 1973—1974 年石油价格的猛升所起作用不大，或没有关系。如果它特别经受不起这种上涨，这主要也不是因为前两年实行了错误的货币政策。

不管新观点是对还是错，都产生了越来越大的影响。还在

1976 年，工党政府就确定了货币目标，从此这些目标一直采用。这些目标本身意味着货币供应量的变化比就业或实际国民生产总值的变化更为重要，特别是如果没有一个相应的、受到同样重视的就业目标。因此，货币目标的确立表明就业政策受到贬低。1974—1979 年工党政府没有明确放弃就业政策，但是它没有采取有力的行动减少失业。于是，在它当政期间，失业翻了一番。

一种新的经济哲学

因此，1979 年上台的保守党政府在依靠货币目标方面没有做什么新的事情。这些目标据以提出的经济哲学曾经是新的，即认为控制货币供应量是控制通货膨胀的关键，但对增加生产和就业没有多大效果。政府对“高度的和稳定的就业水平”不感兴趣。虽然政府后来采取行动通过创造工作机会计划和其他途径缓和失业的后果，但就业水平在它的经济战略中丝毫没有表现出来。相反，这个战略几乎完全是通过货币供应、公共部门借贷需求和后来的汇率表现出来。这在 1979 年还没有完全形成，但在 1980 年的预算中宣布了一个中期财政战略，提出在今后 4 年内逐年降低货币供应量增长率，并计划公共部门借贷需求相应下降，以保证利率不致受压而上升。这些变化在政策中对其他因素而言处于优先地位。1980 年和 1981 年普遍预期，如果政策不变，生产将下降，失业将上升，所采取的这些措施的总结果是紧缩性的。据政府自己表示，1980 年的预算估计会在一场严重的衰退即将来临时使需求减少 10 亿英镑。应当记住，在战后世界，总产值的真正下降是很少见的，它必定包含经济活动的大大减弱。1981 年失业者增加了 100 万人，却又制定了另一个紧缩通货预算。只是在 1982 年，当失业又增加了 50 万人之后，预算才稍稍趋向扩张，但却连续第四次在预算演说中不提它可能引起的失业方面的变化。

因此，1981 年发生的这些情况等于放弃战后经济政策的全部传统。对此，英国经济学界不表欢迎。当时，许多经济学家签署了一封抗议信给《泰晤士报》。也不是所有政党都普遍放弃传统，正像是 1944 年联合政府宣布战后就业政策时并不被普遍接受一样。甚至保守党是否将继续支持现行政策背后的思想也并不一定。在该党上台后这些思想有了很大变化，而且在说的和做的之间以及所期望的和实际发生的之间也有某些显著差异。对这些差异我就不多说了。

未来的一些问题

有三点一般意见可能更使人感兴趣，我将以此作为结束：

首先，人们自然要问，如果没有新意见，一个党永远墨守一种可称之为货币主义的主张，而另一个党则赞同新凯恩斯主义政策药方，那又会怎样呢？在英国，我们有一种思想影响经济事务的丰富经验，这种影响的某些方向，在两党制度下颇不易协调。我们已经看到一些部门国有化后，又私有化，之后再国有化。我们也已看到价格和收入委员会被委任成立，然后解散，再成立，再解散。一个党要建立而另一党要解散的各种各样的机构数目好像没有限制。但是，至少一种制度是有限度的。如果一个政府把它的整个政策从属于货币供应或公共部门借贷需求，而接着上台的政府对这两者都不特别重视，却把降低失业作为头等大事，又该发生怎样的情况呢？

头一个问题可以让经验去说明。古老的地心吸力可以使各党朝着共同思想框架活动，即使它们的重点各不相同。在这方面，刚刚走上舞台的新党——社会民主党可能扮演重要角色。但也可能没有一个中心，没有政策开始时朝一个方向，然后又在所认可的限度内朝着另一方向的摆动。过去，当一个党接替另一个时，财政政策和货币政策的摆动与党的路线并没有密切联系，虽然保守党被认为是不顾一切的扩张主义者，而工党则总是执行一种小心谨慎的紧缩性方针。所有这一切现在都变了。我们可以从撒切尔政府的那种极端不干涉主义摆向以行政行动取代财政控制。行政行动从新政时期以来已愈益完善。如果主要政党对经济在如何运行的意见大有分歧，并且谁也不真正知道，那么对稳定就业（而且远不止此）的全部希望就将彻底破灭。

第二个问题关系到收入固定的方式以及工会在收入固定中的作用。几年前有人认为通货膨胀主要归咎于工会，有人则认为它是货币供应行为的一种反映，这是当时的基本意见分歧。有可能认为价格随着工资亦步亦趋，或者相反，认为工资只不过照例跟着价格走。现政府从这样一种立场出发，即为工会开脱了一切责任，并且几乎公开鼓励它们全力向雇主施加压力。这种说法已经销声匿迹。政府和工会在围绕工资的旷日持久和代价高昂的斗争中打得难解难分。需要有适度的工资问题的解决办法已成了经常的话题。但是，这两个传统的政党对收入政策都无热情，而保守党是肯定反对它的。事实上，在大量生产过剩和制造业生产急剧下降的影响下，工资的解决办法已有了节制。但是，工资仍然在以这样的速度增长，这种速度在战后头25年中的几乎任何一年都会使人惊愕不已。因此，多数经济学家都倾向于如果通货膨胀继续缓和，则某种收入政策是不可避免的，而且就业必须扩大。然而，使人伤脑筋的是，迄今所实行的政策，没有一个证明是合意的、有效的和经久的。每一种想象中的收入政策似乎都充满漏洞。

其背后有一个比任何有关就业或通货膨胀更为根本的问题，那就是我们怎样才能恢复对未来的希望。这并不仅仅是个就业问题。英国的青年们难以或不能把他们的眼光从阴沉昏暗的现实转向未来令人激动的幻想。现在已不存在大英帝国，已没有我这一辈曾经历的像西班牙内战那样的战争，已没有希特勒们和墨索里尼们要我们起来与之战斗。那时人们感到炸弹挂在他们头上，也挂在整个人类头上，人类的生存成了问题。在过去，似乎总有某些要为之斗争的目标、一些令人钦佩的团体、某种乌托邦在前头。现在那些目标已经放弃，那些团体不见了，乌托邦变成了有关最后决战(Armageddon)[①]或世界末日的科学幻想。理想让位于一种无益的令人沮丧的意识。

大卫王说，人没有幻想就会死亡。但是，也许人会先变得凶暴和破坏成性。现在英国已经有暴乱，而且必然会越来越多。也已经有一种纯属破坏行为的日益高涨的浪潮。我们都记得从30年代初的大规模失业中产生了些什么。对于我们面临的同样失业的

① 圣经所说的世界末日善恶决战的战场。——译者注

前景，我们自然感到某种惊恐。在这种失业时期，曾一度带给我们希望的就业政策的主张本身现在已公开为人所嘲笑并遭到摒弃。

十三、就业政策是已经过去的事了吗？

自从战时联合政府发表就业政策白皮书以来，已近40年了。那个历史性文件的经济哲学至少到1976年为不同政治主张的历届政府所坚持，只是到1979年才被彻底放弃。

这份白皮书的主题是政府承担维持就业水平的责任。对白皮书中所提出的为取得“高水平和稳定的就业”应采取的方法是否适当，使政府能履行这种责任，可能有怀疑的余地。但是对充分就业的承诺（或者类似的事）本身就是一种有力的斗争手段，不能轻易放弃。英国政府是世界上首先做出这一承诺的政府。而现在这却似乎成为过去的事了。

充分就业永远也不能像美国那样成为土地法的一部分，因此不需要废除任何立法以逃避对它应承担的责任。所需要的不过是有时可以优先考虑实现其他某种目标，例如控制通货膨胀。在其他一些曾正式要求实行某种就业政策的国家，也发生了同样的逆转。政府倾向于不再承担维持就业水平的责任，并认为当通货膨胀仍然尖锐时，力求降低失业是无益的。其他国家与过去的决裂

本文曾刊于1983年9月的《三家银行评论》。

也许不像英国那样果断，但也是与非常类似的思想有联系。

如果看一看失业的情况，这种观念转变的时机是很奇怪的。过去半个世纪的共同经历是，失业在30年代初期达到非常高的水平，然后逐渐下降，第二次世界大战时基本消失，战后近30年间其水平较低，接着水平提高，在有些国家竟可与30年代达到的最高水平相比。例如在英国，失业的记录波动在1931—1932年的300万人和1944年最低的7万人之间(当年恰好是白皮书发布的一年)，1986年又超过了300万，这时的劳动力数量比50年前多20%—25%。在其他国家这种波动不这么显著，而且近几年来的变化较迟，也较缓和。而在英国，自从1975年以来，失业增加了两倍。欧洲大陆的主要国家增加了一倍，美国则比1975年的水平高不了很多。比20年前"新边疆"时期被认为最理想的水平高一倍多一点。然而，失业到处都达到这样一种规模，人们自然希望政府立即采取行动，而不是宣称无法可想或者放弃责任。

为什么没有采取这种行动呢？为什么政府竟默认这么高的失业水平以及与之相伴而发生的生产和收入的巨大损失呢？为什么我们的观念发生了转变，导致就业政策的放弃，而在50年前的类似情况下，却终于经过深思熟虑采取就业政策？谈到这些问题时，我的目的是对历史的展望中会出现的一种令人费解的事态转折提供一些说明，而不认为这种说明是为无所作为进行辩解。相反，我将概略提出那些我很不赞成的意见和态度。

对市场力量的乐观观点

对当前情况的部分解释是根据对任何政府干预的看法有了变化。现在多数国家都很少倾向于指望政府把事情做好,很少相信政府知道该做些什么或怎样去做,更多渴望对政府的作用和政府机构的规模加以某种限制。这也是由于纳税人的反抗和对福利国家日益增长的要求的攻击。这类人物对市场力量抱有乐观观点,承认这些力量的强大,怀疑政府的努力是否能控制它们,这种怀疑是根据对市场力量如何起作用的真正了解。结果则认为政府对市场的干预只能把事情搞得更糟,或者证明全然无效。

公众态度的这种变化与一个学派的出现相吻合,这个学派试图说明无论如何国家的干预都是不必要的。据说,经济基本上能自我调节,不需要政府采取行动也能回到与劳动力的基本偏好相一致的就业水平。当然,由于这样或那样的原因以致市场信号被看错,也会发生错误,这就会导致就业的波动。但是这些围绕着易于使人误解的所谓“自然失业率”所发生的波动是短期的,并且会自我矫正。

这种观点就是试图说明失业的任何持续增长似乎都是自愿的。这或者是由于工人力求取得比雇主所能提供的更高的实际工资(在这种情况下工人们由于要价过高而无工可做),或者这表明工人宁愿懒散度日,领取失业津贴,而不愿为取得某种报偿而工作,如果这种报偿不够高,使他不值得付出努力的话。

这种观点并不是新的,因为同样的论点在30年代就时有所闻。在1930—1931年,在凯恩斯和雅克·鲁弗之间曾有过一场关于"高"工资的作用和那几年对严重失业的"救济"问题的著名争论。几年前本杰明和柯钦在芝加哥的《政治经济学杂志》上发动了一场极其类似的争论,而且更为激烈,争论的问题是30年代英国的失业在多大程度上是自愿的。[①] 但是,如果任何人生活在这样的国家,在他的一生中看到失业在300万和7万之间来回波动,而且失业在一个月内就增加一倍并连续多年停留在10%以上,他都必须擦亮自己的眼睛看一看这种学问高深的见解,认为失业几乎全是自愿的,政府对此无能为力。[②]

人们公认有证据表明,过去20年间,在许多国家,这样一种失业水平都在逐渐增长,在这种失业水平上,劳动力的短缺开始出现,并达到足以搅乱劳动力市场平衡的程度。为什么会是这样尚不完全清楚。在英国70年代的失业数字的变动与劳动力市场的其他指标(如空缺、加班、人员补缺和所申报的熟练工人和非熟练

① 对本文的评论之一是P.A.奥默罗德和G.D.N.沃斯威克的"两次大战间英国的失业",载于《政治经济学杂志》,1982年4月,第400—409页。该刊同一期还刊有本杰明和柯钦的长篇反驳:"20世纪英国的失业和失业津贴:对我们的批评者的回答",第410—436页。受到鼓励为寻求今天英国就业问题的解决而参加讨论的还有S.J.尼克尔:"失业和长期失业救济金的影响",载《经济杂志》,1979年3月,第34—39页;G.特林德:"工作和失业时的收入",载《国家经济研究所评论》,1983年2月,第56—61页;以及P.明弗德等人与J.A.凯和C.N.莫里斯在《财政研究》上的意见交换,1983年2月,第66—73页。

② 当然,在一种意义上,所有失业都可以说成是自愿的:任何个别工人都可提出减少工资或降低对工作条件的要求来增加他的就业机会。但是,就业总数能否因普遍削减货币工资或因接受较不利的工作条件而增加则是一个很不同的问题。如果开支相应下降,雇主随着他们成本的降低而相应地降低价格,则货币工资的削减并不会使实际工资受影响。只有需求(包括海外需求)增加,就业才会扩大。

工人的短缺等）全然不一致，而且差距非常大。如在1979年春，其他各项指标所表明的情况与1972年春非常相似，而失业数字却比那个时期高出100%。这可能在某种程度上表明劳动力的供求之间日益不协调，也可能表明人们对有偿工作的态度的变化，工人接受雇用工作的条件已经固定化。有些年轻工人似乎更愿干混合轮班工作和换班休息。但是，态度的这种变化恐怕并不能说明为什么从1979年开始失业会突然大量增加。

通货膨胀的“冷酷经历”

对失业的想法的第二个也是更加有力的影响是通货膨胀。只要通货膨胀率较缓和，政府就可以不去管它，或者只需间或做些努力去控制它。但是在70年代，当它增至10%、20%甚至30%时，政府就感到不能不对反通货膨胀措施比其他所有目标（包括充分就业）都予以优先考虑。对政府来说，70年代的“冷酷的经历”是通货膨胀，正像30年代的失业一样。

过去政府所采取的所有权宜之计都未能消除通货膨胀，因此它们感到必须有一种新的更坚决的办法。有些经济学家很自信地提出了这样一种办法，他们认为控制货币供应量是达到这一目的的必要的和足够的手段。这种办法也不是新的：它的历史可以追溯到18世纪大卫·休谟以来的货币量理论。这似乎确与常识相一致，即货币量越多，它的价值就越少。因此结论是货币供应量越是紧缩，通货膨胀的可能性就越小。还有比这更合乎自然规律的吗？可惜，很可能是生产水平，而不是通货膨胀率要下降，而生产水平下降，失业就会增多。

在70年代期间，多数国家的所有各种政治倾向的政府都越来越强调首先必须控制通货膨胀，其次限制货币供应量，以此作为实现那种控制的手段。而随着时间的过去，甚至当货币指标已被证明是使人误入歧途的银根紧缩的指示器时，它们也就不再成为手段，它们自身就是一种结局。有时似乎政府愿意让货币目标的规定压倒所有其他重大经济政策目标。例如，英国在1980年宣布在其后4年内实行一项中期财政战略，其中规定整个这一时期内政策的中心是实现一系列使货币供应量的增长不断下降的目标。同时，财政政策则被降低到只起支持作用，目的是缓和货币紧缩政策可能对利率造成的紧张。这种战略的目的是要使人深切地感到政府决心"一劳永逸地根除通货膨胀"，并对经济制度的运行加以限制，使之保证达到这种成效，从而改变人们的预期。其他一些国家也沉溺于类似的希望，并也依赖类似的手段。

这类政策，不论其理性上有什么优点，也不论其最终效果如何，必定意味着降低以前确定的目标，如充分就业。控制通货膨胀处于优先地位。但是政策的变化远不止于此。通货膨胀问题占先，而就业问题全然不予考虑。调节货币供应可望消除通货膨胀，却对生产和就业没有多大影响。还可能由于发生平衡危机而遇到某些过渡性困难。但据说这不过是在走向恢复一种健康的、无通货膨胀的经济的道路上的后撤征兆，很快就会过去。随着经济向稳定的价格、利率、汇率以及与之有关的货币工资率的转变，经济活动最终必会改善，生产得以扩大。不论失业情况如何，政府都应设法影响通货膨胀。然而，越来越清楚的是，政府为降低通货膨胀率所采取的方法所产生的主要结果,却是失业水平的提高。

对持有我在这里所提出的观点的任何人来说,这种后果是没有什么可惊异的。货币供应量,除特殊情况外,并不是现代借贷经济中通货膨胀的原因,甚至也不是它的一种征兆。其更深的原因通常在于工人或能源、原料、资金的供应者的有组织的集团的不妥协性。这些集团能够迫使成本水平上升,阻碍向下的调整,而不管需求水平是否有理由使价格产生相应的变动。它们所造成的压力如果受到阻碍,就能使利润缩减,从而使当前的经济活动水平无利可图,也就不能持久。而如果不受阻碍,这种压力就反映在较高的价格上,到了足够的程度,就会出现通货膨胀。对来自成本方面的压力的一种默许的形式是让货币供应量增加,而一种阻碍这种压力的形式就是降低货币供应量(通常是通过提高利率的办法)。如果资金的供应受到限制,变得更加昂贵,雇主就会发现更难以提高价格,只能面临不能降低的成本压力,包括更昂贵的资金压力,这样就业和生产就要做出牺牲。通货膨胀方面的任何缓解都要伴随着经济活动和就业方面可能成为灾难性的损失。

我在这里不可能全面讨论通货膨胀的原因、货币主义的种种形式以及宏观经济政策的理论基础。我关心的是在70年代出现通货膨胀高潮后目标和观点的变化,即以通货膨胀政策代替就业政策,把它作为主要工业国家政府活动的中心,并强调货币供应量和货币目标,以此作为通货膨胀政策的手段。这些变化等于放弃战后经济政策的整个传统。在几年以前,如果政府所采取的措施不在预算中包含就业的内容,那是不可思议的。但是自从1979年以来,特别是英国政府在一个又一个的预算中引人注目地保持沉默，那以后的任何时候都不再发表关于失业的预测，把未来失业水平几乎当作禁止议论的问题，就像60年代中期的英镑贬值问题一样。

应当把通货膨胀放在比失业更优先的地位吗?

然而如果问为什么要把通货膨胀放在比就业更优先的地位，作为经济政策的中心，对此没有令人信服的回答。可以肯定的是，生产、就业和生活水平比货币价值的变化更紧要。如果通货膨胀和货币的不稳定使政府有必要默许从充分就业后退一个时期，这主要是因为如果通货膨胀不加抑制，最终将会对经济活动造成更加惨重的崩溃的威胁。如果通货膨胀可以无止境地持续下去，不会对生产水平或稳定的就业机会带来任何显著的损害，那么也就不必把消除通货膨胀当作一种政策目标，放在这么高的位置上了。伴随着通货膨胀而来的分配上的不公正也不足以把通货紧缩放在比就业政策更优先的地位上，因为解决这种不公正所需的代价比我们目前所遭受的生产损失要小得多。其后阶段的严重失业的危险才是迫切需要立即采取行动的理由。但是如果这一点被确认，那么最终的目标仍然是就业目标，而不是为通货膨胀而定的目标，更不是货币目标。

如果我详细讲到通货膨胀和关于通货膨胀的货币主义观点，是因为这些构成了对经济恢复的主要障碍。当失业增长到10%或更高时仍然坚持实行通货紧缩政策的政府大概不会做出猛然向

相反方向的改变,因为现在通货膨胀率已经从20%下降到10%或5%。如果它们采取一种极端的货币主义立场,它们就或者认为失业会自然而然地消失,或者固执地认为不断增长的失业是扼制工资通货膨胀的唯一有效方法。无论如何,它们将永远看不到有任何需要实行扩张性政策。相反,它们宁愿对失业采取一种“兴办舍粥场和兴建救济工程”的观点,试图使其减轻一点痛苦和沮丧情绪。或者如果它们持有强硬观点,认为失业会得到充裕的供给,不需要再找工作,它们就可以削减失业津贴,或对失业津贴征税,使得失业不再有多少好处。

扩张政策的限度

但是,假如政府急于促使经济扩张,而不迷恋于货币供应,那又如何呢? 能希望这会得到什么结果呢?

首先,它很可能仍然对不管通过任何它可用的手段而导致的需求压力的增强有所顾虑,因为这会增加通货膨胀的危险。这种争辩的方式与着重把货币数量看作是通货膨胀的原因不同,因为它把通货膨胀与需求水平而不是货币供应量联系在一起。它的根据是这样一种见解,即生产水平越高,对劳动力和原料等稀缺资源的压力就越大,从而令价格急剧上涨的危险也越大。但是,从这里我们能不能得出结论,只有当价格真正下降后再搞扩张才是安全的呢? 当失业很少可以略而不计时和当它数以百万计时,过大压力的危险是大不相同的。甚至当通货膨胀显然在减退时,也总会有人争辩说,任何额外需求的出现都将使这个过程减缓。确实如此，不管过多的需求是政府创造的，还是通过私人消费的增加而自动产生的。一旦通货膨胀成为需求管理的试金石，那么在政府经过反复考虑制订一项扩张计划之前，我们必须等很长时间，眼睁睁地看着就业下降很大一段。

这是很可能的，尤其是因为一般需求水平的变化是否对通货膨胀率有非常显著的影响，是完全不清楚的。毫无疑问，在经济活动水平高的情况下，额外的压力会对工资和物价产生可觉察到的影响；但是，当全世界都已存在着大量多余生产能力和高失业水平时，不大的扩张所产生的影响就不会很有力。当经济活动已经在下降时通货膨胀率继续保持较高水平这一事实本身就应使人对这二者之间是否有确定关系持怀疑态度。

我至少希望现在不再有人试图以菲利普斯曲线（它要在失业水平和工资增长率之间建立起一种函数关系）来说明工资的动态（工资是成本和价格中的最大成分）。更多的失业并不一定会使工资从而使价格的上涨缓慢下来。劳动力市场是十分复杂的，它远远不能归结为一个简单的等式。要通过工资谈判使之达到与稳定的或相当稳定的价格相适应的水平需要时间，这也很可能要涉及整个集体谈判的机构发生变化。但不能等这些来维持经济的恢复。

从这里应该得出的结论是，当经济已经十分疲软乏力时，政府应毫不迟疑地扩大需求，因为这可能对工资安排或对成本的其他要素有反弹作用。有这样的可能性，即在高失业水平情况下工资谈判的效果不会大，而随着较大量的工人调整而来的生产率的提高会弥补原料成本的任何增加而有余。

收支平衡的困难

但是事情至此并不算完。如果一个国家实行扩张政策而其他国家并不参加进来,又当如何呢?是否会由于收支平衡的困难而被迫走回头路?需求的某些扩张会超过进口,这必将在金融市场上引起反应,即产生资金的外流,并对汇率产生压力。在像英国这样的对进口需求有很高的收入弹性和对海外投资有很强的偏好的国家,这种危险更是特别明显。

任何一个国家都是世界经济的一部分,并愈益紧密地与它的邻国联系在一起,从而使它活动的自由受到限制。除非它拥有有利的收支平衡状况和大量储备,或者它准备使用进口限额或其他限制,单是一个国家很难独自实行经济扩张。当然,它可以设法以降低的汇率来保卫自己。但这会导致其他危险。它将提高进口价格,并且尽管有高失业,也会使对工资的要求增强,从而使反通货膨胀的斗争受挫。这并不是不可避免的结果。在有些国家,低汇率本身就是合乎需要的,并不是对实行扩张犹豫不决的正当理由。在另一些国家,对工资的要求可能不受影响。但是维持对外平衡的需要在任何情况下都会减少坚决实行扩张计划的热情。

由于不同国家经济状况各异所造成的紧张使单纯以一国的条件设想的货币政策以及不管利息和汇率所受的国际影响而规定货币指标变得毫无意义。如果像美国这样的大国必须为弥补看来可能超过其储蓄潜力的高预算赤字而筹资,那么它只有像它在 1929 年的情况下所做的那样提高利率并从其他国家吸收资金,才能弥

补这些赤字。这样,所造成的高利率会传播到其他国家,在这里高利率是很不适宜和极其有害的,除非这些国家愿意让它们的汇率下滑,并面临新的通货膨胀的危险。政府在管理它们的经济时,需要得到其他国家政府的支持,正如它们需要得到本国拥有经济力量的各集团的支持一样。

各国愈益紧密地相互依赖的这一事实会限制它们发挥主动性。但是,这种情况就要求更占优势地位的国家带头承担更大的义务。一个占统治地位的大国必须实行扩张性政策,同时提供推动力和一种安全网,使其他国家也实行类似的政策,这种做法已行不通。相反,必须使一个分成许多部分的世界经济有所进展,其中国家的差异必须得到协调,任何一个国家的利益都已不再能保证所有各国的繁荣。我们只能希望各国都知道应少用诸如高利率之类的政策手段,这些手段只会对他们的邻国造成巨大的损害。我们也希望那些最强的国家互相合作,以加强不论何处所实行的新的经济扩张,而不是挫伤它。

阻　　碍

其次,有一种意见认为扩张会遇到阻碍,并会因产业结构的弱点而停顿。存在阻力,这永远是如此。在30年代中期,英国的建筑业和机械工业中就有过严重的阻力,当时的失业超过200万,尤以克莱德这样一些地区的阻力为甚,那里的失业最为严重。不管就业水平如何,旧的技术已经过时,新的技术必须学习。旧的工业生产能力已经报废,新的生产能力尚待建立,以便从技术变化或成本价格的变动中取得利益。这些变动是由于新的资源供应和新的消费需求的出现而产生的。结构调整过程需要时间和投资,而当结构调整进行时,需求的扩张是没有效果的,并且对就业的增加很少有作用或毫无作用。因此,弄清生产的增长受阻是由于需求的普遍不足还是由于结构调整的迟延而造成的,这是至关重要的。

现在可以提出许多理由来说明当前的失业中的重要因素是结构性的。有些经济学家指出,能源成本的上涨使许多现有设备(汽车、房屋、工厂)陈旧,而适应过程注定将是长期持续的。这样来说明美国持续的高水平投资也许有些道理,但是我还没有看到有任何证据说明能源危机引起的设备报废过程的加速对失业的增加有多大关系。

非工资性的劳动成本

在欧洲大陆提出了一个更加普遍的论点,认为目前的投资太少,不足以产生更多的生产能力,使就业恢复到过去的水平。而缺乏投资又被说成是由于低利润和低利润预期造成的。而这些又归咎于国家对社会保障开支负担过重和其他劳动成本过大。很难说所有这一切有多少是正确的。在这个领域,说说容易而证明却很困难。无疑,在欧洲大陆国家非工资性劳动成本是很高的。但是,在 1983 年前很久早已如此,那时并没有严重的失业。在 60 年代甚至有人宁愿使劳动更昂贵,方法是加速用新的、节省劳动的机器来代替旧的、成本高的、耗费劳动多的机器。同样无疑的是利润水平低,但这通常是在生产下降时发生,而且它反映的更多是需求的状况，而不是成本的水平。至于整个这种观点所再三说明的生产能力的不足，只要有需求，即使在50年代和60年代的高涨情况下，也不是不可能从现有生产能力中挤出更多的产量来。在英国，全国经济研究所曾提出以现有生产能力提高工业生产15%，但同时，必须不使就业人数大增。如果就业真有大的增加，那就一定会使生产能力更显著地增加，而这就既要求较高的投资，也要求建设大量新企业，以适应当前还不能清楚地预见到的那些需求。

经常提出的另一种观点是，工业化国家的老的生产中心，现在正受到亚洲和拉丁美洲的新兴工业化国家的挑战，制造业的就业将越来越多地向后一类国家转移，使头一类国家的失业总数不断增长。这种挑战确实存在，但用它来解释当前的失业水平还远远不够。从发展中国家的进口平均只提供发达国家制成品市场的大约3%，而且这个百分比增长的速度很慢。此外，在过去10年内，制成品对发展中国家的出口的增长远远超过同一时期从这些国家的进口。因此，所谓发达国家"工业基地的受侵蚀"是由于工业活动从这些国家向发展中国家大规模转移，那是不正确的。这个创伤是自己造成的。

扩张的结构性障碍

无论如何，结构性的局限不能使我们遭受当前规模的无限延续的失业。除非认为全部失业都是结构性的，这没有别的办法，只有限制扩张的速度。这些结构性的局限迫使我们默认有一个长时期的高失业。如果在需求增加之前在正确的方向上工人受到培训,生产能力得以建立,这种失业就可望减少。但是不管事先做了些什么,对生产扩张的速度总会有一种逻辑上的限制,这种限制起初是由动员他们所需要的更多资源时所产生的一个又一个的障碍所致,同时也由于这个过程包括有一个时差。

然而,即使失业每年降低不到一个百分点,这也就能使生产和就业大不相同了。60 年代英国财政部的工作准则是失业下降一个百分点,就业就会上升 3%,生产就会增长 5%。显然,适用于多年前接近充分就业时的这些关系,现在不会再保持下去了,现在经济中的失业率已达 13%上下。但是很有可能的是,生产不是以失业的 5 倍,而是譬如说两倍来变化,据此,如果在 1980 年秋季失业下降 5%,那时的国民生产总值就会增长 10%,这还不算因生产率的长期提高而带来的增长。目前如果我们能使国民生产总值增长,即使失业没有相应的变化,政府(和家庭)要使收支相抵所面临的某些困难也会小得多。

当然,也可能会有另一种结构性变化。例如,雇主决定再也不比他们平时所雇人数增加更多的工人。他们这样做,是因为担心工人人数更多会使他们对罢工和劳工纠纷更加软弱无力,或者是因为立法使再减少工人更加困难,或者更简单地是因为他们已不再想扩大他们的企业。这样,增加就业的唯一途径就是通过自我就业,或者政府增加就业,或者在某些情况下,减少工作时间,把工作和工资一起分出去。还没有一个国家达到了这个阶段。但是在所有国家,如果雇主认为劳动太昂贵,他们就不愿招收更多职工。而这个更通常的理由时常被提出。有一些国家实际工资的增长与失业的提高相伴而行,但这一定会使生产的扩大减慢。这种观点与另一种有所不同，后者简单地指出雇主身上有多年担负的重担。如果在萧条时实际工资继续增加，这可能反映工人方面不愿默然同意为了增加就业而提出的条件。实际工资的某些增长可能是因为需求和利润边际的下降。但是，如果工人坚持要求增加名义工资，当努力增加需求时，这就会阻止实际工资的再调整（如果面对不利的就业市场条件有所谓“实际工资阻力”），他们就确实会使自己遭受失业。

我们可以不管这样一种普遍观点是否有助于我们对现状的理解。这种观点认为失业的增加是由于使用新的节省劳动的手段（计算机、微电子、机器人等）造成的。这些永远会减少对非熟练劳动力（相对于熟练劳动力）的需求，并使这两类劳动力的目前工资关系越来越不适宜。但是，直到最近这一两年，劳动生产率已不再突然增长（如果在生产中采用节省劳动的方法就会导致劳动的大量节约）。相反，人们到处抱怨说，劳动生产率的提高比石油冲击前的充分就业时期要慢得多。

不论工业国的生产扩大或扩大的步伐受到怎样的结构性阻碍，最近几年失业增加，大部分反映需求的缩减，正像30年代所经历过的情况一样。在扩大需求时慎重些是明智的，而且很可能在这个10年之内我们将不会看到失业降到10年前的低水平。但是，这并不是无事可做和不致力于争取可能的进步的理由。

扩大需求的困难

上面我曾假定增加需求没有困难，而且假定政府知道为此目的要采用什么行动。但是这件事并不是这么简单。政府影响需求的一个方法是多开支、少征税。但是,如果这两者都大大做过头,就必然会造成预算赤字,或者如果预算一开始就有赤字,预算赤字就会更大。现在总有一些人认为预算赤字原则上是错误的,还有更多的人认为政府已不需要经济学家的鼓励,太易于造成赤字了。当英国政府于1944年发表就业政策白皮书时,政府内部关于用预算来调节就业应该说些什么曾有过长时间的争论,财政部曾反对做出任何一般许诺实行赤字预算,把它作为增加有效需求的一种方法。相反,它满足于看到政府采取一系列办法致力于实现充分就业,而这些方法似乎对这件事很适宜,就像试图蹬自行车爬上珠穆朗玛峰一样。英国政府及时地转而实行财政政策,把它作为需求管理的主要手段。但人们总有一些怀疑,在实行赤字预算方面它将走多远。而人们对英国政府可能有的任何怀疑,比起其他国家所引起的怀疑来,都不算什么事。

如果财政政策意味着大量赤字,政府不愿依赖它是可以理解的。赤字必须拨款补偿,而当政府到市场上去寻求资金时,它就要受市场的支配。如果市场舆论认为预算赤字天生就是通货膨胀性的,或者像在美国那样,预期还会有更大的赤字在前头,政府债券的价格就会下降,而利率就会相应地上升。这也就意味着至少对需求的某些财政刺激会被货币成本的提高所抵消,不仅对政府,而且对工业和私人借贷者都是如此。即使市场舆论不把预算赤字与通货膨胀等同起来,一个指望市场同意其意见的政府也会怀疑,用增加赤字的方法扩大需求会得到多少好处。换句话说,头一个危险是市场可能反常,还有一个危险是政府可能反常。这样就不能安然说明，在萧条中预算赤字不会是通货膨胀性的。这一点也就是说，任何形式的反常都能在扩大需求的过程中出现。

同样情况对第二个主要需求管理手段，即货币政策，也是适用的。如果市场被告知，不论环境如何，也不论货币平衡的需求同时发生了什么变化，都要把货币供应量的扩大看作是未来通货膨胀的确切信号，这种扩大就会由市场做出反应影响需求而受到阻止。通货膨胀的预期会再次使利率提高，从而像经济扩张的制动器一样起作用。此外，有些多余的货币会兑换成其他货币，这并不是由于自然溢出，而是由于已形成的通货膨胀的预期。外汇的兑换会迫使汇率下降，使以本国货币计算的进口价格提高。然后这个价格的提高会扩及其他物品，终于刺激工人提出更大的工资要求，直到最后市场所担心的通货膨胀成为现实。这样，刺激需求的行动又一次被阻断，这在很大程度上是由于反常的市场影响。

这种影响在30年代对凯恩斯来说是很熟悉的，他在他的著作中进行了讨论。但是，在通货膨胀还只是地方性的环境中，它只是被假定更加重要，实际上还不是这样。凯恩斯经过研究确认，供给不会自动创造它本身的需求，我们必须估计到需求减少的可能性。他并没有详细论述相反的意见，即需求不会自动引起供给方面的同等反应，但可能受到市场反应的阻挠，或者只是推动价格上涨，而不是生产上升。

这样，经济恢复的道路存在于实际工资受阻的岩礁妖魔(Scylla)[①]和市场反常的旋涡之间，进退两难。原则上(虽然我想

① 希腊神话中居于意大利墨西拿海峡岩礁上的六头女妖。——译者注

不是实际上），这二者一起能破坏现有经济制度，因为它们会引起工人为争取高工资而进行的顽强的罢工和资本家反对扩张政策的罢工。这两类人在追求他们的自身利益时，无疑总会造成严重的经济衰退。这样，由于国民收入会下降（工资和资本收益都是来自国民收入），他们自己的真正利益也要受到损害。工资收入者会因持续的通货膨胀而最终减少就业机会，或实际工资下降，或者二者兼而有之；而资本家会看到利润消失，他们得到的任何更大的利益都会被政府的税收挖走——政府支出的大部分来自税收。

但是我们对市场或工人组织的行为绝不能抱宿命论的观点。相反，这二者都能接受一个坚定的、头脑清楚的政府的影响。如果我强调指出市场的反常，这主要是因为我相信货币主义的情况就是依靠这些反常现象，而不是像货币主义者所说的那样依靠市场的长处。市场怎样反应以及劳工组织怎样反应主要取决于它们对经济形势的了解和它们对政府意图的判断。如果我们能消除当前的混乱，所有各政党对经济恢复的条件就会有更一致的看法，并且相信政府会找出维持这些条件的办法。

这种一致意见的一部分将是更富于扩张性的预算。阻碍政府多开支或实行减税的大量赤字完全是虚假的。在适当的通货膨胀情况下，它就会消失。代替强制使开支适应缩减的、就业不充分的经济这样一种做法，政府应审查它怎样才能首先为了主要目的而有效地增加开支。现在公共投资比 10 年前低 40%，开支大有增加的余地。

说到底，如不大量增加需求，我们就不能走出当前的萧条，而没有政府的主动性，也就不会有需求的大量增加。认为生产会自行恢复那纯粹是幻想。在工业崩溃的景象中，新的企业将建立起来，并且会蓬勃发展到所需的数量，而老企业则鼓起勇气进行前所未有的投资。相反，在紧缩货币、高实际利率和坚持力图消除预算赤字所造成的经济环境中，有什么力量鼓励新企业的兴建和新项目的开工？而如果这样，我们如此经常许诺的经济恢复和如此必要的失业下降又会有什么希望？

图书在版编目(CIP)数据

经济学与经济政策/(英)阿列克·凯恩克劳斯著;李琮译.—北京:商务印书馆,2017
(汉译世界学术名著丛书:120年纪念版:珍藏本)
ISBN 978-7-100-14112-3

Ⅰ.①经… Ⅱ.①阿… ②李… Ⅲ.①现代资产阶级经济学②经济政策—西方国家 Ⅳ.①F091.354②F110

中国版本图书馆CIP数据核字(2017)第138582号

汉译世界学术名著丛书
(120年纪念版·珍藏本)
经济学与经济政策
〔英〕阿列克·凯恩克劳斯 著
李 琮 译

商 务 印 书 馆 出 版
(北京王府井大街36号 邮政编码100710)
商 务 印 书 馆 发 行
南京爱德印刷有限公司印刷
ISBN 978-7-100-14112-3

2017年12月第1版 开本 710×1000 1/16
2017年12月第1次印刷 印张 18½
定价:90.00元